清华 公共管理教材

中国传统治理思想经典导读 和光同尘

An Introduction to Chinese Traditional Thought on Governance

王 名 著

清华大学出版社
北京

本书封面贴有清华大学出版社防伪标签，无标签者不得销售。

版权所有，侵权必究。举报：010-62782989，beiqinquan@tup.tsinghua.edu.cn。

图书在版编目 (CIP) 数据

中国传统治理思想经典导读：和光同尘 / 王名著. —北京：清华大学出版社，2022.10
清华公共管理教材
ISBN 978-7-302-61868-3

Ⅰ. ①中… Ⅱ. ①王… Ⅲ. ①行政管理－政治思想史－中国－古代－高等学校－教材 Ⅳ. ① D691

中国版本图书馆 CIP 数据核字 (2022) 第 174860 号

责任编辑：周　菁
封面设计：常雪影
版式设计：方加青
责任校对：王凤芝
责任印制：宋　林

出版发行：清华大学出版社
　　　　　网　　址：http://www.tup.com.cn，http://www.wqbook.com
　　　　　地　　址：北京清华大学学研大厦 A 座　　邮　编：100084
　　　　　社 总 机：010-83470000　　邮　购：010-62786544
　　　　　投稿与读者服务：010-62776969，c-service@tup.tsinghua.edu.cn
　　　　　质量反馈：010-62772015，zhiliang@tup.tsinghua.edu.cn
印 装 者：三河市铭诚印务有限公司
经　　销：全国新华书店
开　　本：185mm×260mm　　印　张：19　　字　数：345 千字
版　　次：2022 年 11 月第 1 版　　印　次：2022 年 11 月第 1 次印刷
定　　价：66.00 元

产品编号：096954-01

"清华公共管理教材"编委会

编委会主任　江小涓　薛　澜

编委会委员（按姓氏拼音排序）

陈振明　程文浩　邓国胜　丁　煌　过　勇

胡鞍钢　姜晓萍　敬乂嘉　蓝志勇　李　勇

孟庆国　彭宗超　齐　晔　苏　竣　王亚华

王有强　吴建南　燕继荣　杨开峰　杨永恒

郁建兴　朱旭峰

总序

党的十八大以来,以习近平同志为核心的党中央高度重视和关心教材建设,提出"用心打造培根铸魂、启智增慧的精品教材,为培养德智体美劳全面发展的社会主义建设者和接班人、建设教育强国做出新的更大贡献"。为全面贯彻落实习近平总书记关于教材建设的重要指示精神,教育部推出多项政策,加快推进课程教材治理体系和治理能力现代化,鼓励高校根据人才培养目标和学科优势,制定本校教材建设规划。清华大学积极响应国家号召,出台多项举措大力推进教材建设,鼓励院系发挥学科优势建设体系教材。

教材是学科发展的知识载体和成果结晶。公共管理学科是研究政府及相关公共部门为实现经济、政治、文化、生态和社会发展目标,制定公共政策和实施综合管理行为的学科群的总和。中国公共管理学科的兴起与发展与中国改革开放四十多年的社会实践发展紧密相关,这需要中国的公共管理教育能不断追踪社会的发展和治理的进步。新时代的公共管理学科和教育发展对教材建设提出了更高要求,改革开放以来中国有效治理的伟大成就和丰富实践,也为教材编写积累了丰富的素材。我们要用好改革开放和社会主义现代化建设这座理论和政策研究的"富矿",借鉴国际治理的经验,结合中国公共管理的丰富实践,编写出有时代特色的优秀教材。尤其是当前课程思政的教学改革,更需要我们将中国的经验提炼总结,讲好中国故事。这方面公共管理教材责无旁贷。

清华大学公共管理学院建院二十多年来,在公共管理研究生教育方面坚持开拓创新,不断成长和发展,为培养深入理解中国国情与发展模式、具备国际视野并能洞悉全球治理走势、掌握现代公共管理知识的公共事务领导者做出了积极贡献。作为清华公管"十四五"时期学科发展的重要任务之一,"清华公共管理教材"系列丛书的编写和出版,旨在丰富我国公共管理研究生教育教材建设成果,推出融汇古今中外公共管理理论与实践、体现中国改革开放四十多年发展和治理经验、反映中国特色和时代特征的公共管理教材。我们希望这套教材的出版，能够回应各方面对中国发展模式认知与治理理论创新的期待，服务国家治理现代化对公共管理教育高质量发展的需求，并在课程思政教学设计方面作出探索。

本套教材在编写理念上力求把握好以下关系：一是把握好传授知识体系与反映治理创新前沿的平衡，二是把握好提供中国特色治理研究成果与吸纳国外学术研究进展的平衡，三是把握好学术理论性、现实针对性和实践操作性之间的平衡，四是把握好服务国内外教学普遍需求和体现清华公共管理学科特色的平衡。本套教材在教学手段上适应高等教育多媒体教学、网络化教学的新要求，在出版纸质图书的同时，配套多媒体教学课件、扩充资料、影像视频，采用融媒体形式，实现传统图书出版与新媒体技术的有机结合。本套教材力争做到形式和内容的创新，主要特点是：与学科建设紧密结合，具有特色化、专业性和创新性；与课程建设紧密结合，具有实用性、多元性和前沿性；与学院发展紧密结合，具有高质量、引领性和持续性。"清华公共管理教材"系列丛书的读者对象定位于公共管理研究生层次，包括学术型研究生和专业型研究生(MPA)，同时可供公共管理类学科或专业高年级本科生阅读参考，也可供公务员培训使用。

为做好丛书组织编辑工作，我们组建了编委会，邀请校内外公共管理教学和理论研究的著名学者，为本套教材的编写与出版工作提供专业指导，衷心感谢各位专家的参与。丛书编写和出版同时得到了清华大学出版社的大力支持，也表示衷心的感谢！我们将与全院教师及学界同人共同努力，力争将这套教材做成精品，为中国公共管理教育和学科发展尽绵薄之力。

江小涓　薛澜

2022 年 2 月

前言

《论语》《道德经》《周易》,并称"三经",是中华优秀传统文化之经典中的经典,被称为对中华民族影响最为深远的三部思想巨著。

在本书前言部分,分别简介《论语》《道德经》《周易》三部经典的成书年代、作者及影响,然后回到"和光同尘"的主题,谈谈如何学以致用的几点心得。

(一)

《论语》,儒家思想至高无上的经典,被称为"儒家的圣典"。

《论语》成书于战国时期,距今约2400多年,是孔子的弟子及其再传弟子记录孔子与弟子言行而成的语录文集,全书共20篇513章,约1.6万字。自西汉以来,《论语》作为中国读书人必读的经典,在大小家学、私塾、书院等各类私学及各种官学中都成为首选的教科书。宋明以来,作为"四书五经"之一,《论语》成为科举考试的必读书。最初流传下来的有"古论语""齐论语"和"鲁论语"三个不同版本,西汉张禹(?—前5年)、东汉郑玄(127—200年)先后改订汇编,形成后来通行《论语》的祖本。历史上注解《论语》的著作可谓汗牛充栋。历代最为著名的注解本有三:一是三国时期何晏(195—249年)所著《论语集解》,集汉儒注解旧义之大全;二是南宋朱熹(1130—1200年)所著《论语集注》,集宋儒理学家思想之大成;三是清中期刘宝楠(1791—1855年)所著《论语正义》,集前人及清儒考据学家注疏之总汇。近代以来当首推钱穆(1895—1990年)所著《论语新解》一书,为其多年研学心得集成并反复修订,20世纪50年代以来多次印行,1988年在台北公开出版,大陆首刊为九州出版社2011年版本。该书"备采众说,折衷求是"，作者在深厚的史学和国学功底上读解《论语》，实为现代儒学思想之集锦。

孔子，名丘，字仲尼，公元前551年9月28日（农历八月二十七）生于鲁国。中国古代最著名的思想家和教育家。相传孔子有弟子三千，贤弟子72人。孔子曾带领弟子周游列国14年，晚年回到鲁国，修编"六经"，开创儒学。孔子73岁卒于鲁国。历代以来，孔子一直被尊奉为"至圣先师""万世师表"。近代史学先驱、儒学大师柳诒徵（1879—1956年）在《中国文化史》中评价说：①

> 孔子者，中国文化之中心也。无孔子则无中国文化。自孔子以前数千年之文化，赖孔子而传；自孔子以后数千年之文化，赖孔子而开。

本书导读的《论语》原文，主要根据中华书局出版的《十三经清人注疏》之一刘宝楠所著《论语正义》（高流水点校）及中华书局出版的杨伯峻所著《论语译注》整理；注解部分另参阅九州出版社出版的钱穆所著《论语新解》。

（二）

《道德经》，道家思想的最高经典，被称为"万经之王"。

《道德经》成书于春秋末期，距今约2500多年，是老子出函谷关云游前留给世人的一部经典。全书共81章，分"道经"和"德经"上下两篇，共约5000余字。《道德经》自战国后期开始流行，先后出现了许多版本并不断有学者解注，其名亦为后人所加。《道德经》最早的解注是战国韩非（前280—前233年）所著《解老》一文，解注其部分章节。东汉时有河上公流传于世的《老子道德经》，相传为汉文帝时道人河上丈人所传。三国时期王弼（226—249年）著有《老子道德经注》。唐初魏征（580—643年）著有《老子治要》。北宋苏辙（1039—1112年）著有《老子解》。元代吴澄（1249—1333年）著有《道德真经注》。明代焦竑（1540—1620年）著有《老子翼》。清代毕沅（1730—1797年）著有《老子道德经考异》。近代罗振玉（1866—1940年）基于金石考古著有《道德经考异》。1970年台湾大学陈鼓应在前人基础上著《老子今注今译》，以王弼本为主汇集各家集注，为现代通俗本首选。

老子，姓李名耳，字聃，公元前571年生于周朝陈国苦县，中国古代著名哲学家。20岁入周王室任守藏室史（相当于国家图书馆馆长）。老子博览群书，学问渊博，

---

① 柳诒徵：《中国文化史》，上册，271页，上海，东方出版中心，2007。

声名远播。其间孔子曾前往周地拜访老子以问礼。据《史记》载：①

> 孔子适周，将问礼于老子。老子曰："子所言者，其人与骨皆已朽矣，独其言在耳。且君子得其时则驾，不得其时则蓬累而行。吾闻之，良贾深藏若虚，君子盛德，容貌若愚。去子之骄气与多欲，态色与淫志，是皆无益于子之身。吾所以告子，若是而已。"孔子去，谓弟子曰："鸟，吾知其能飞；鱼，吾知其能游；兽，吾知其能走。走者可以为罔，游者可以为纶，飞者可以为矰。至于龙吾不能知，其乘风云而上天。吾今日见老子，其犹龙邪！"

春秋末年，天下大乱。老子弃官归隐，骑青牛西行至函谷关，受关令尹喜之请著《道德经》。随后归隐修炼于老君山。相传老子长寿，101岁卒于秦国。老子后来被奉为道家始祖，汉代尊其为"太上老君"，神格仅次于西王母。老子的思想成为中国文化的一座丰碑。

清末著名思想家、近代中国"睁眼看世界"之先驱魏源盛赞老子：②

> 老子道，太古道；书，太古书也。……老子救世之书也。……老氏书赅古今通上下，上焉者羲皇关尹治之以明道，中焉者良参文景治之以济世，下焉者明太祖诵民不畏死而心灰，宋太祖闻佳兵不祥之戒而动色。

> 老子之道，常居阴而治阳，处静而观动，养晦而治明，体柔以御刚，……故曰人君南面之术也。

胡适在其《中国哲学史大纲》中称老子为"中国哲学的始祖"：③

> 老子观察政治社会的状态，从根本上着想，要求一个根本的解决，遂为中国哲学的始祖。

本书导读的《道德经》原文依据中华书局出版的《中华经典藏书》之一饶尚宽所译注的《老子》，注解部分主要参阅商务印书馆出版的陈鼓应所著《老子今注今译》。

---

① 司马迁：《史记》，第七册，2140页，北京，中华书局，1959。
② 魏源：《老子本义》，论老子，三页；跋，二页，上海，上海书店影印出版，1987。
③ 胡适：《中国哲学史大纲》，35页，南京，江苏人民出版社，2016。

（三）

《周易》，中国文化最古老的文献之一，被称为"群经之首"。

《周易》成书于西周时期，距今约2700多年。《周易》由本文的"经"和解说的"传"构成。《周易》之"经"共有64卦384爻，分为上下经，共约5000余字，是周文王姬昌在被囚羑里期间所作，传说中的文王拘而演周易即为其典，据传源自伏羲结绳画八卦。先秦应尚有《连山易》和《归藏易》，已失传，至秦汉统一并为《周易》。周易之"传"共有7种10篇，统称"易传十翼"，传为孔子所撰，具体包括：《彖传》上下、《象传》上下、《系辞传》上下、《文言传》、《说卦传》、《序卦传》、《杂卦传》，总字数约1.9万字。其成书约在战国时期。历代解释《周易》的思想称为"易学"。先秦易学有三支：道家易、儒家易和术家易。汉代易学主要分为象数学派、义理学派和黄老学派，其象数传统对后世影响巨大。三国时期先有虞翻（164—233年）著《周易注》，后有王弼著《周易注》《周易略例》，引领并复兴易学的义理学传统。唐代易学代表有二：一是孔颖达（574—648年）受唐太宗钦命主编《周易正义》，使易学走向正统；二是李鼎祚（生平不详）著《周易集解》，汇注易学象数各派思想之大成。北宋经周敦颐（1017—1073年）、程颐（1033—1107年）等以理学释易，至南宋朱熹著《周易本义》，集理学之大成，从义理和象数两方面复兴易学，成就宋易之盛。清李道平（1788—1844年）著《周易集解纂疏》，集汉易、唐易、宋易等30余家易学之成并疏通注解。近现代以来，《周易》长期被视作卜筮之术难登大雅之堂。"文革"期间，山东青年刘大钧在极其困难的条件下坚持自学易学；改革开放后很快在山东大学成立易学研究中心，全力恢复和推进易学研究，先后出版《周易概论》等一系列代表作，并将最新考古学研究成果引入易学，刘大钧教授成为现代易学当之无愧的泰斗。

《周易》的作者及成书被尊为"人更三圣，世历三古"①。"人更三圣"，强调《周易》的作者包括伏羲、文王、孔子三位圣人；"世历三古"，强调《周易》的成书经历上古、中古和下古三个大的历史时代。作为中华文明的源头，《周易》被尊为"大道之原"②，自汉唐及至近代，一直作为"六经"之首而备受推崇。爱因斯坦、黑格尔、荣格等西方科学家、哲学家也对《周易》及其中蕴含的人类智慧大为赞叹。

---

① 班固：《汉书·艺文志》，转引自叶长青：《汉书艺文志问答》，11页，上海，华东师范大学出版社，2015。
② 班固：《汉书·艺文志》，转引自刘大钧：《周易概论》，97页，成都，四川出版集团巴蜀书社，2008。

本书导读的《周易》原文依据中华书局出版的《十三经清人注疏》之一、清李道平所撰《周易集解纂疏》（潘雨廷点校），注解部分主要参阅中国书店出版社出版的徐芹庭所著《细说易经六十四卦》。

以上对本书所导读的三部经典及其作者作了极为简要的介绍。需要特别强调的是：尽管"三经"成书于不同时代，但其思想内容上有着重要的内在联系。在一定意义上可以说：《周易》因其成书最早且影响巨大，许多重要的思想影响《道德经》和《论语》，且因孔子韦编三绝、晚年续撰"易传十翼"，其思想受到《周易》影响，也因解易而将孔子思想体现在象彖辞之中。老子的思想也深受《周易》的影响。这些，在本书后续导读中都有涉及，请读者细心体会。

（四）

在《论语》《道德经》《周易》中，包含丰富的治理思想。

过去几年里，我为硕士研究生开设"中国传统治理思想经典导读"的选修课，陆续将"三经"搬上了清华大学公共管理的课堂。本书根据教学大纲和教学实践，基于作者的理解，尝试对包含在"三经"中的治理思想进行较为系统的梳理和解读。

需要说明的是：尽管"治理"一词并未出现在"三经"中，但治理思想贯穿这三部经典。简言之，这三部经典，堪称是从不同维度展现古圣先贤的治理智慧：《论语》旨在入世，《道德经》旨在出世，《周易》旨在敬天爱人。《论语》治理思想的核心是入世，入世以"修齐治平"，成就君子从而治理家国天下；《道德经》治理思想的核心是出世，出世以"悟道明德"，成就圣人以达天下善治；《周易》治理思想的核心是顺应天地人之大道，敬天爱人以自强不息、厚德载物。

比较而言，《论语》无论在内容、结构还是方法论上，都与我们的主题更为贴近，其治理思想不仅完整清晰且体系性强，因此本书以《论语》为主线和基本架构。在完整导读《论语》的同时，以主题的关联性为线索，选取《道德经》中主题关联度比较高的相关章节，共21章；同时选取《周易》中主题切近的相关内容，共选38卦，重点解读其义，力图较为完整和系统地学习并展现"三经"中的治理思想。

为弥补原著体系的局限，本书特设"绪章"，从公共治理、社会治理、法治、德治、道治、心治和君子七个方面，概括梳理"三经"治理思想之纲要。要而言之，我认为：今日所言治理的思想精髓，早在2400多年前就已见于中华文明最有代表性的三部经典之中，且其表达之精练，观点之精辟，分析之精到，体系之精致，足以展现古圣先贤思想中闪烁着的丰富的治理之光。

老子曰："和其光同其尘。"谨借圣人此语作为本书题名，以明心志：愿追随古圣先贤思想的治理之光，和其光以执古之道，同其尘以御今之有。

书法家林莹老师，特为我书写四字题名。"悠兮其贵言"，她墨宝之所迹，恰合圣人之贵言。

如何做到和光同尘？朱熹曾论读经法，他主张：①

从头熟读，逐字训释，逐句消详，逐段反复，虚心量力，且要晓得句下文意，未可便肆己见，妄起浮评。

这是古来学者读经的基本要求和要领。

依循这一要领，我主张要在熟读熟记经典原文的基础上来用心体会并理解消化，其首要在于熟读熟记。

朱熹在《周易本义》中自编了一个"上下经卦名次序歌"，② 是为熟读熟记《周易》之顺口溜，谨记如下：

乾坤屯蒙需讼师，比小畜兮履泰否。
同人大有谦豫随，蛊临观兮噬嗑贲。
剥复无妄大畜颐，大过坎离三十备。
咸恒遁兮及大壮，晋与明夷家人睽。
蹇解损益夬姤萃，升困井革鼎震继。
艮渐归妹丰旅巽，兑涣节兮中孚至。
小过既济兼未济，是为下经三十四。

参照朱熹的做法，我在学习诵读《道德经》的过程中，总结自编了一个"道德经次序歌"，是为熟读熟记之顺口溜，谨记如下：

道天不道天，谷天上持载。
三五宠视古，致太大绝唯。
孔曲希企有，重善知将以。
夫道知大执，将道上昔反。
上道天名大，天不为圣出。

① 转引自钱穆：《朱子新学案》（三），钱穆先生著作新校本，683页，北京，九州出版社，2011。
② 朱熹：《周易本义》，廖名春点校，易学典籍选刊，8~9页，北京，中华书局，2009。

道天使善含，知以其治治。
大道为其古，江天善用吾。
知民勇民民，人天天和小信。
信为八十一。

《论语》情形有很大不同，我在尽量采用类似方法的同时，导入数字律的概念，针对《论语》每一篇，总结自编了一个"论语篇章数字律及次序歌"，是为熟读熟记之顺口溜，附在每一篇的导读之首。

说到底，这些不过是我在熟读熟记"三经"过程中的一点小技巧，看似笨拙，贻笑大方，但主要针对年久不用的背诵力，以尝体会朱子熟读熟记之功。有心读者不妨一试。

最后回到本书"和光同尘"的主题，谈谈如何学以致用的几点心得。

研习经典，首要有温情与敬意。我常回味钱穆先生终生倡导的对待历史之"温情与敬意"。不妨在此再作强调，习读"三经"之首要心得，当是此"温情与敬意"。不管你是否学习过或学得深浅不同，或已知或无知，在每次面对经典时，请大家务必抱持一种温情与敬意，"虚其心，实其腹，弱其志，强其骨"（老子语），从头开始，逐字逐句，反复诵读，日行一步，月进一阶，"日知其所亡，月无忘其所能"（子夏语），终必有所成。

研习经典，要有止与静的功夫。"知止而后有定，定而后能静。"《大学》中所谓止与静的功夫对于研习经典尤为重要。何为止与静？朱熹在谈及读书时用了"半日静坐，半日读书"的形象说法，我的理解当是止与静的最好脚注。熟记经典后，当适时而止，停下来放空自己，于虚空中守静，于虚静中体悟。这里的止与静，当是基于敬仰的省思，是对古圣先贤思想的高山仰止、景行行止。诚如朱熹所言："静中有个觉处，只是常惺惺在这里。"① 他所谓的"常惺惺"，就是抱持敬仰，心不昏昧。故基于敬仰的静思，当是悟道之门。

研习经典，要有虑与用的妙处。钱穆先生强调古为今用，要从现时代中找问题，从经典中找答案。问题在当下，要直面问题；答案来自经典，要学之思之虑之得之，在融会贯通中提升思维并巧用妙用经典。比如：出自"三经"的常用成语就有 200 多个，皆为脍炙人口的圣言真知，在现实中常有画龙点睛之效；易之卦象连接天地，于生活中能发醍醐灌顶之功。更重要的是：现实中的许多治理问题，如道之不行，德之不倡，礼乐不兴等，经典中多有深刻的批判揭示，常是解开现实治理难题的思想之光。为帮助大家学习理解，本书特别选编增加了

---

① 转引自钱穆：《朱子新学案》（一），钱穆先生著作新校本，111页，北京，九州出版社，2011。

一批专栏，引用大量现代用典等以延伸阅读。

最后，研习经典，要通过教育传承古今。优秀的经典乃古圣先贤之言，其"祖述尧舜宪章文武，德参天地道贯古今"，乃千古之绝学，必当通过研习和课堂教育传承光大，使其思想代代相续，不仅光照当下中国和世界的治理实践，更能光耀万世之太平。

我非史家，亦非哲人，于经史子集之师承皆阙如焉。作为多年致力于公益与治理研究的读书人，喜读经典而思古及今，并常在教学中以古论今。今不揣浅陋敢撰此书，实为多年研思与教学心得，以用之于课堂，就教于大方。书中难免有疏漏谬误处，敬请不吝相告，谨诚心以祈。

2022 年 1 月 21 日
于北京双清苑求阙堂[①]

[①] 序卦曰：物不可穷也。老子云：大成若缺。子曰：吾犹及史之阙文也。皆谓求阙也。求阙者，未济所以求其升维者，若缺所以求其大成者，阙文所以求其良知良能者也。是故，明有王心斋作"明哲保身论"，清有曾涤生设"求阙斋"，今鉴之，名师有双清苑"求阙堂"也。（《求阙堂记》）

目录

绪 章 "三经"治理思想论纲	第一节 公共治理思想 …………………… 1
	第二节 社会治理思想 …………………… 3
	第三节 法治思想 ………………………… 5
	第四节 德治思想 ………………………… 6
	第五节 道治思想 ………………………… 8
	第六节 心治思想 ………………………… 10
	第七节 君子思想 ………………………… 12
	本章小结 ………………………………… 14
	作业与思考题 …………………………… 14

第一章 论学而	第一节 "三经"中的学而思想 ………… 15
	第二节 导读《论语·学而第一》 ……… 16
	第三节 导读《道德经·道可道》 ……… 23
	第四节 导读《周易·乾》《周易·坤》… 24
	第五节 讨论：元亨的智慧 ……………… 28
	作业与思考题 …………………………… 29

第二章 论为政	第一节 "三经"中的为政思想 ………… 30
	第二节 导读《论语·为政第二》 ……… 31
	第三节 导读《道德经·不尚贤》 ……… 39
	第四节 导读《周易·泰》《周易·临》… 40
	第五节 讨论：善政的智慧 ……………… 42
	作业与思考题 …………………………… 42

第 三 章 论尚礼	第一节 "三经"中的尚礼思想 …………… 43
	第二节 导读《论语·八佾第三》 …………… 44
	第三节 导读《道德经·曲则全》 …………… 51
	第四节 导读《周易·履》《周易·萃》 …… 52
	第五节 讨论：尚礼的智慧 ………………… 54
	作业与思考题 ……………………………… 54

第 四 章 论里仁	第一节 "三经"中的里仁思想 …………… 55
	第二节 导读《论语·里仁第四》 …………… 56
	第三节 导读《道德经·上善若水》 ………… 62
	第四节 导读《周易·大有》《周易·益》 … 64
	第五节 讨论：里仁的智慧 ………………… 66
	作业与思考题 ……………………………… 67

第 五 章 论为仁	第一节 "三经"中的为仁思想 …………… 68
	第二节 导读《论语·公冶长第五》 ………… 69
	第三节 导读《道德经·和光同尘》 ………… 76
	第四节 导读《周易·贲》《周易·渐》 …… 77
	第五节 讨论：为仁的智慧 ………………… 79
	作业与思考题 ……………………………… 80

第 六 章 论学问	第一节 "三经"中的学问思想 …………… 81
	第二节 导读《论语·雍也第六》 …………… 82
	第三节 导读《道德经·天下有道》 ………… 89
	第四节 导读《周易·蒙》《周易·旅》 …… 90
	第五节 讨论：学问的智慧 ………………… 92
	作业与思考题 ……………………………… 93

第 七 章 论为师	第一节 "三经"中的为师之道 …………… 94
	第二节 导读《论语·述而第七》 …………… 95
	第三节 导读《道德经·善行无辙迹》 …… 104
	第四节 导读《周易·师》《周易·节》 … 105
	第五节 讨论：为师的智慧 ……………… 107
	作业与思考题 …………………………… 108

第八章 论尚德

第一节　"三经"中的尚德思想 …………………… 109
第二节　导读《论语·泰伯第八》………………… 110
第三节　导读《道德经·上德不德》……………… 115
第四节　导读《周易·谦》《周易·恒》………… 117
第五节　讨论：尚德的智慧 ……………………… 119
作业与思考题 ……………………………………… 119

第九章 论君子

第一节　"三经"中的君子思想 …………………… 120
第二节　导读《论语·子罕第九》………………… 121
第三节　导读《道德经·宠辱若惊》……………… 130
第四节　导读《周易·屯》《周易·震》………… 131
第五节　讨论：君子的智慧 ……………………… 133
作业与思考题 ……………………………………… 134

第十章 论礼治

第一节　"三经"中的礼治思想 …………………… 135
第二节　导读《论语·乡党第十》………………… 136
第三节　导读《道德经·昔之得一者》…………… 142
第四节　导读《周易·观》《周易·睽》………… 143
第五节　讨论：礼治的智慧 ……………………… 146
作业与思考题 ……………………………………… 146

第十一章 论传道

第一节　"三经"中的传道思想 …………………… 147
第二节　导读《论语·先进第十一》……………… 148
第三节　导读《道德经·明道若昧》……………… 156
第四节　导读《周易·升》《周易·丰》………… 158
第五节　讨论：传道的智慧 ……………………… 160
作业与思考题 ……………………………………… 160

第十二章 论仁政

第一节　"三经"中的仁政思想 …………………… 161
第二节　导读《论语·颜渊第十二》……………… 162
第三节　导读《道德经·以正治国》……………… 169
第四节　导读《周易·豫》《周易·鼎》………… 170
第五节　讨论：仁政的智慧 ……………………… 172
作业与思考题 ……………………………………… 172

第 十 三 章 论善治	第一节 "三经"中的善治思想 …………… 173
	第二节 导读《论语·子路第十三》………… 174
	第三节 导读《道德经·其政闷闷》………… 182
	第四节 导读《周易·随》《周易·井》…… 183
	第五节 讨论：善治的智慧 ………………… 185
	作业与思考题 ………………………………… 185

第 十 四 章 论仁者	第一节 "三经"中的仁者思想 …………… 186
	第二节 导读《论语·宪问第十四》………… 187
	第三节 导读《道德经·古之善为士者》… 197
	第四节 导读《周易·蹇》《周易·艮》…… 199
	第五节 讨论：仁者的智慧 ………………… 201
	作业与思考题 ………………………………… 201

第 十 五 章 论知者	第一节 "三经"中的知者思想 …………… 202
	第二节 导读《论语·卫灵公第十五》……… 203
	第三节 导读《道德经·知人者智》………… 212
	第四节 导读《周易·坎》《周易·困》…… 213
	第五节 讨论：知者的智慧 ………………… 215
	作业与思考题 ………………………………… 216

第 十 六 章 论勇者	第一节 "三经"中的勇者思想 …………… 217
	第二节 导读《论语·季氏第十六》………… 218
	第三节 导读《道德经·出生入死》………… 224
	第四节 导读《周易·夬》《周易·革》…… 225
	第五节 讨论：勇者的智慧 ………………… 227
	作业与思考题 ………………………………… 228

第 十 七 章 论心性	第一节 "三经"中的心性思想 …………… 229
	第二节 导读《论语·阳货第十七》………… 230
	第三节 导读《道德经·圣人无常心》……… 238
	第四节 导读《周易·需》《周易·兑》…… 239
	第五节 讨论：心性的智慧 ………………… 241
	作业与思考题 ………………………………… 242

第十八章 论贤士

第一节	"三经"中的贤士思想 …………………… 243
第二节	导读《论语·微子第十八》 ……………… 244
第三节	导读《道德经·绝学无忧》 ……………… 249
第四节	导读《周易·无妄》《周易·遁》 …… 250
第五节	讨论：贤士的智慧 ……………………… 252
作业与思考题 …………………………………………… 253

第十九章 论既济

第一节	"三经"中的既济思想 …………………… 254
第二节	导读《论语·子张第十九》 ……………… 255
第三节	导读《道德经·小国寡民》 ……………… 263
第四节	导读《周易·既济》 ……………………… 264
第五节	讨论：既济的智慧 ……………………… 265
作业与思考题 …………………………………………… 266

第二十章 论未济

第一节	"三经"中的未济思想 …………………… 267
第二节	导读《论语·尧曰第二十》 ……………… 268
第三节	导读《道德经·圣人之道》 ……………… 272
第四节	导读《周易·未济》 ……………………… 274
第五节	讨论：未济的智慧 ……………………… 275
作业与思考题 …………………………………………… 276

参考文献 ……………………………………………… 277

后记 …………………………………………………… 279

专栏目录

专栏 1-1　有朋自远方来 …………… 17

专栏 1-2　不患人之不己知 ………… 17

专栏 1-3　礼之用，和为贵 ………… 18

专栏 1-4　吾日三省吾身 …………… 19

专栏 1-5　天行健，君子以自强不息 … 25

专栏 1-6　清华校训 ………………… 27

专栏 2-1　为政以德 ………………… 32

专栏 2-2　温故而知新 ……………… 34

专栏 2-3　学而不思则罔 …………… 35

专栏 2-4　举直错诸枉 ……………… 36

专栏 2-5　人而无信，不知其可也 … 37

专栏 3-1　每事问 …………………… 48

专栏 4-1　见贤思齐焉 ……………… 59

专栏 4-2　德不孤，必有邻 ………… 61

专栏 4-3　上善若水 ………………… 63

专栏 4-4　见善则迁，有过则改 …… 65

专栏 5-1　朽木不可雕也 …………… 71

专栏 6-1　好之者不如乐之者 ……… 86

专栏 6-2　知者乐水，仁者乐山 …… 87

专栏 6-3　祸莫大于不知足 ………… 90

专栏 7-1　学而不厌，诲人不倦 …… 95

专栏 7-2　三人行，必有我师 ……… 100

专栏 7-3　子钓而不纲 ……………… 101

专栏 8-1　战战兢兢，如临深渊，如履

薄冰 ………………………… 111

专栏 8-2　任重而道远 ……………… 111

专栏 9-1　毋意，毋必，毋固，毋我 … 122

专栏 9-2　何陋之有 ………………… 125

专栏 9-3　逝者如斯夫 ……………… 125

专栏 9-4　后生可畏 ………………… 127

专栏 9-5　匹夫不可夺志也 ………… 128

专栏 11-1　大象无形，大方无隅，大音

希声 ………………………… 157

专栏 12-1　四海之内皆兄弟也 ……… 163

专栏 13-1	其身正，不令而行 ………… 175
专栏 13-2	欲速则不达过犹不及 ………… 178
专栏 13-3	言必信，行必果；知者不惑，仁者不忧，勇者不惧 ……… 179
专栏 14-1	修己以敬 ………………… 196
专栏 15-1	工欲善其事，必先利其器 …… 205
专栏 15-2	己所不欲，勿施于人 ………… 208
专栏 15-3	自胜者强 ………………… 212
专栏 16-1	不患寡而患不均 ……………… 219
专栏 16-2	益者三友 ………………… 220
专栏 17-1	以百姓心为心 ……………… 238
专栏 18-1	往者不可谏 ……………… 245
专栏 19-1	博学而笃志 ……………… 257
专栏 19-2	仕而优则学，学而优则仕 …… 259
专栏 20-1	知命，知礼，知言 ………… 271
专栏 20-2	既以与人，己愈多 ………… 273

绪章 "三经"治理思想论纲

《论语》《道德经》《周易》（以下合称"三经"）中，包含丰富的治理思想。

为系统学习和理解"三经"中的治理思想，我基于多年治理研究及教学心得，尝试从公共治理、社会治理、法治、德治、道治、心治和君子七个方面，概括梳理"三经"中的治理思想之纲要，是为本书的绪章。

第一节 公共治理思想

公共治理，是"三经"治理思想的核心。

所谓公共治理，即国家和社会公共事务的治理。公共治理包括政府等公共组织的治理、各类公共政策的制定及公共服务的提供等。在"三古"时代，公共治理主要表现为治国、为政、事君、使臣、使民、用兵、祭祀、防灾减灾等各种公共事务及相应的活动。

《论语》旨在入世，入世以"修齐治平"，其最高理想就是成就君子以齐家治国平天下，因此各种公共治理问题是《论语》的核心命题。可以说，《论语》通篇都在论述公共治理，都在从不同角度探讨公共问题并表达了深刻的公共治理思想。《论语》中有许多是君主或执政者问政于孔子的言论，更多则是孔子与弟子们就各种公共问题深入讨论所产生的思想共创。分析可见，《论语》中至少有三篇的主题是公共治理：一是"为政第二"，主题是为政；二是"颜渊第十二"，主题是仁政；三是"子路第十三"，主题是善治。这三篇虽未连在一起，却明显可分为初阶、中阶和高阶：初阶讨论的主要是公共治理的入门问题，即谁来使用和如何善用公权力的问题；中阶讨论的主要是公共治理的战略问题，即如何并有效施行仁政的问题；高阶讨论的主要是公共治理的价值问题，即如何通过善治实现整个社会的公共价值。

《道德经》旨在出世，出世以悟道明德，其最高理想是成就圣人以达天下善治。尽管视角不同，《道德经》同样高度关注各种公共治理问题，相关的主题和讨论很多，包括"善为道""为善""其政""治国""用兵""民治"，等等，从多角度多层面表达了老子针对各种公共问题提出的政治主张和深刻的治理思想。老子关于公共治理的核心主张是无为而治，即他所谓："虚其心，实其腹，弱其志，强其骨。常使民无知无欲，使夫智者不敢为也。为无为，则无不治。"（3章）此外，老子特别关注军事，包括用兵、善谋、善战等，尽管与其所处的时代背景有关，但相关讨论和提出的深刻见解足见其高超的军事治理思想。

《周易》旨在敬天爱人，顺应天地人之大道，其最高理想是成就大人①以至自强不息、厚德载物的敬天爱人。《周易》同样很关注各种公共问题。其中有些卦象如"讼""师""豫""观""噬嗑""复""益""鼎"等，主题就指向公共治理，却呈现为天地万物之象，有的则在天地之象中隐喻着丰富的公共治理思想，在卦辞或爻辞中表现为"利涉大川""公用""迁国""王用出征"等，以及关于敕法用刑（司法）、公享立庙（祭祀）、行师伐邑（外交及军事）等国家或政府行为的记述，讨论的也都是公共治理的问题。

总起来看，各种公共治理问题是"三经"治理思想中最为核心的话题，围绕这些主题，"三经"的著述者从不同角度提出了大量卓有见地的公共治理思想。本书在认真研学经典基础上尝试将这些思想作一整理，根据《论语》的篇章体系在后续章节中逐步展开进行较为系统的导读。作者深深感到：尽管经过2000多年的发展，人类社会已今非昔比，但公共治理的思想早在文明初期的"三古"时代就已如此璀璨、精深和博大，仅就面前的三部经典而言，其表达之精练，观点之精辟，分析之精到，体系之精致，表明古圣先贤治理思想所达到的高度堪称是人类思想的珠峰，足以令后来者心生敬畏并高山仰止！

"三经"中的公共治理思想，有待诸位读者细心体察感悟。

---

① 阳明子曰："大人者，以天地万物为一体者也，其视天下犹一家，中国犹一人也。"（王阳明《大学问》，转引自钱穆：《阳明学述要》，钱穆先生著作新校本，92页，北京，九州出版社，2011。）

第二节　社会治理思想

社会治理，是贯穿"三经"治理思想中的基本线索及相应的主体架构。

所谓社会治理，即社会关系及其秩序的规范和调节。人类社会从远古走来，在生存、繁衍、发展和演进过程中形成了各种社会关系，社会治理主要是对各种社会关系的调节。在"三古"时代，从西周至战国时期，调节各种社会关系最普遍和较为有效的系统是各种形式的礼及忠孝思想，名曰"礼治"。

在《论语》中，有大量篇幅讨论礼治。在《论语》开篇和终篇中，都有关于礼治的重要论述。

在"学而第一"中，引孔子学生有子之言，强调礼治乃仁本，其作用是实现社会和谐：

> 有子曰："其为人也孝弟，而好犯上者，鲜矣；不好犯上，而好作乱者，未之有也。君子务本，本立而道生。孝弟也者，其为仁之本与！"（1.2）

> 有子曰："礼之用，和为贵。先王之道斯为美，小大由之。有所不行，知和而和，不以礼节之，亦不可行也。"（1.12）

在"尧曰第二十"中，以著名的君子三知总结并强调知礼的重要性：

> 孔子曰：不知命，无以为君子也。不知礼，无以立也。不知言，无以知人也。（20.3）

分析可见，《论语》中有两篇的主题就是礼治。按照内容的深浅，我们将其分为礼治初阶和礼治高阶。"八佾第三"以列举方式说明尚礼的种种表现和要求，实乃礼治的综述篇或初阶篇；与之相比，"乡党第十"堪称礼治的高阶篇，其中分门别类地讨论朝廷之礼、服斋之礼、饮食起居之礼、乡俗之礼、日常生活之礼及敬天地鬼神之礼。

因此，崇尚礼并致力于复兴和重建以周礼为蓝本的礼治，乃是贯穿于孔子治理思想自始至终的基本线索和主体架构。《论语》中有两段孔子和颜渊的对话深刻反映了这一立场。

在"颜渊第十二"中，孔子以"克己复礼为仁"，强调礼治乃为仁之本：

> 颜渊问仁。子曰："克己复礼为仁。一日克己复礼，天下归仁焉。为仁由己，而由人乎哉？"颜渊曰："请问其目。"子曰："非礼勿视，非礼勿听，非礼勿言，非礼勿动。"颜渊曰："回虽不敏，请事斯语矣。"（12.1）

在"卫灵公第十五"中，孔子以"时—辂—冕—韶舞—郑声—佞人"，勾勒礼治达至善治的主体架构：

> 颜渊问为邦。子曰："行夏之时，乘殷之辂，服周之冕，乐则《韶》舞。放郑声，远佞人。郑声淫，佞人殆。"（15.11）

进一步来看，在礼治思想中，作为核心的是被孔子反复强调的"忠孝"思想。礼与忠孝堪称社会治理的表里与义理，表为礼，里为忠孝；义为礼，理为忠孝。《论语》中有两次谈及"终身行一言"，指的就是忠恕。而关于孝，在谈及为政、里仁、为仁、君子等的篇章中，孔子都反复述及并从不同角度强调孝悌乃仁本、政本、君子之本的深刻思想。

在《道德经》中，老子不赞成繁文缛节的礼，强调敬天顺道、谦卑爱民的无为而治。但老子所否定的是过度烦琐的礼之形式，而并非其规范社会秩序的实质，他所谓"大道废，有仁义""六亲不和，有孝慈""国家昏乱，有忠臣"，并非否定仁义、孝慈和忠臣，相反是强调礼与忠孝在特定条件下的重要作用。而"人法地、地法天、天法道、道法自然"等著名论断中，亦包含深刻和朴素的礼治思想。

此外，老子从国际战略角度提出了"以下""为下"的礼让外交，与孔子提出的"以礼让为国"的思想不谋而合：

> 大邦者下流。天下之牝，天下之交也。牝常以静胜牡，以静为下。故大邦以下小邦，则取小邦；小邦以下大邦，则取大邦。故或下以取，或下而取。大邦不过欲兼畜人，小邦不过欲入事人，夫两者各得所欲。大者宜为下。（第61章）

《周易》中涉及社会治理的思想很多，本书后续将要导读的"履""观""睽""萃"等许多卦中，都包含丰富的礼、俗、祭、丧等礼治思想，而"家人"和"同人"两卦，则给出了最为原始的家族等共同体治理的核心原则。

总起来看，"三经"中包含丰富的社会治理思想。相对而言，《论语》中不仅有体系化的礼治思想，且内容丰富，论述详尽，展现了孔子及其弟子以倡导和践行周礼为核心大力推进社会治理的思想主张及其实践。《道德经》和《周易》或受时代的局限，并未给出系统的礼治或社会治理的思想，而主要强调人类社会的治理要遵循敬天爱人、天人合一的天道思想，体现了更为宏观和朴素的天地人的尚礼观念。

"三经"中的社会治理思想，期待各位读者在导读学习中发掘领悟。

第三节　法　治　思　想

法治，是珍藏在"三经"治理思想中一枚枚闪光的宝石。

所谓法治，即用法律治理国家和社会。"三古"时代尚无法治，但依法依律而治的思想古而有之。《周易》中的噬嗑卦就给出了最原始的法治原则："先王以明罚敕法"，即以重罚之刑为法。据《尚书·吕刑》记载：①

> 若古有训，蚩尤惟始作乱，延及于平民。……苗民弗用灵，制以刑，惟作五虐之刑曰法。

所谓"五虐之刑"，即臭名昭著的所谓刖刑、劓刑、黥刑、宫刑、大辟刑之五刑，是为最早的法律。

在丰卦、旅卦、中孚卦等卦象中，也都提出了明确的法治思想，包括"以折狱至刑""以明慎用刑""以议狱缓死"等重要思想。

在《道德经》中，老子一方面抨击了当时"法令滋彰"带来的社会混乱局面，另一方面强调"治人事天莫若啬"的所谓"早服"思想。他说：

> 治人事天，莫若啬。夫唯啬，是谓早服；早服，谓之重积德；重积德，则无不克；无不克，则莫知其极；莫知其极，可以有国；有国之母，可以长久。是谓深根固柢、长生久视之道。（第59章）

所谓早服，通俗地说，就是法前调解。苏辙在《老子解》中解释道：②

---

① 《尚书》，王世舜、王翠叶译注，318页，北京，中华书局，2021。
② 苏辙：《老子解》卷下，四库全书子部十四，二十五页。

> 夫啬者，有而不用者，……敛藏而用，至于没身而终不试之法，德积既厚，虽天下之刚强，无不能克，则物莫测其量矣。如此而后可以有国。

可见老子强调的是藏而不露的法治。

孔子和老子一样主张德治，故在《论语》中较少谈及法，但在很多场合还是表达了他对于法治的若干重要观点。例如，在"为政第二"中，孔子以"齐之以刑，民免而无耻"表达了德治的主张，但也说明法治有其一定的作用。在"子路第十三"中，在论及名不正言不顺时，提出"礼乐不兴则刑罚不中"；在谈到执法断案时，孔子难得夸赞子路"片言折狱"和"无宿诺"，他也不无自豪地谈到自己断案的做法："使无讼乎。"在《论语》的最后一章，以先师遗训的形式，明确提出了"审法度"的观点，等等。

总起来看，在"三经"中虽没有关于法治思想的系统表述，但古圣先贤在其治理思想中依然包含着许多法治的观念，涉及法律、法令、刑罚、司法以及法前调解，等等，并将法治与礼治、法治与德治结合起来，倡导更具教化性、民本性、尚德性的法治思想。

"三经"中的法治思想，期望各位读者在导读学习中进一步细心挖掘体悟。

第四节　德治思想

德治，堪称遍布"三经"绵密精致的治理思想之神经细胞。

所谓德治，指以德作为基本规范和行为准则调节社会关系以达善治的过程，是社会治理的重要基础。在"三经"中，以崇尚德、追求德、完善德性、改善德行为重心的德治思想，是"三经"治理思想中最具共识性的地方，可以说无论是《道德经》还是《论语》和《周易》，都体现了德治思想之集大成。

如前所述，《道德经》乃后人为老子附加的书名，并据其内容分为上篇"道经"和下篇"德经"。德经包括第38章至第81章共44章，主题即为德治，故德治可理解为老子思想的两大主题之一。这里择其要点简述如下：

第一，德治高于礼治。在德经开篇的第38章，老子分析了六种情形下的德行差异，上溯及道，探讨了道与德、德与仁等不同德行的关系，强调失道才有德，失德才有仁义礼，故德治高于礼治，也高于仁义。

第二，德治从于道治。在第51章，老子进一步提出德治从于道治、尊道贵德的思想，强调道生德畜，物形势成，故万物皆尊道而贵德。

第三，关于德治体系。在第54章，老子提出了德治体系的思想，强调修身以真德，修家以余德，修乡以长德，修邦以丰德，修天下以普德。故老子主张：由德治可以知人、知家、知乡、知邦，进而知天下。

第四，关于德治功效。在第55章，老子提出了德治（含德之厚）能够实现人与社会的和（知和曰常）、明（知常曰明）、祥（益生曰祥）、强（心使气曰强）四个主要功效的观点。

第五，关于德治致和。在第60章，老子提出了德治能化解各种矛盾冲突以实现"德交归焉"的德治致和思想。强调"治大国若烹小鲜"的奥妙在于德治，因"其鬼不神""其神不伤人"，并最终能实现"两不相伤"的效果。

第六，关于德治本质。在第66章和第68章，老子提出德治的本质在于"善下之""不争之德"，"以其不争，故天下莫能与之争。"

第七，关于德治化民。在第79章，老子提出了报怨以德不如以德化民的思想，主张为政者当力行清静无为的执政理念，"有德司契""不责于人"。

孔子高度重视德治，强调尚德崇德，以德治国，以德平天下。在《论语》中，与德治相关的内容实可谓汗牛充栋。粗略整理一下，《论语》中有关德治的观点散落在从首篇至末篇的几乎每一篇中，内容涉及德性之修养、德性与良知、德性与里仁、德行与为仁、德行与尚礼、崇德与辨惑、君子之德行、小人之德行，以及为政以德、使民以德等诸多方面，并列举史上至德尚德的圣人以为德治之楷模。在"泰伯第八"中，以尚德为主题，分别从德行在人、德性在养、品德在心三个方面，通过孔子自己的言论及行为，优秀的弟子之德行，古代圣贤之大德，说明孔子的尚德思想。在"子路第十三"中，进一步从六正、六义、六德、六道四个方面，说明德治之为善治的思想。《论语》中还有许多批判如"乡愿""道听途说"等种种缺德行为的言论，表明孔子对缺德之憎恶。

《周易》强调尊道崇德，乃天地之大义。《周易》中有许多卦的象辞直接指向德治，如坤卦"以厚德载物"，蒙卦"以果行育德"，小畜卦"以懿文德"，否卦"以俭德辟难，不可荣与禄"，蛊卦"以振民育德"，坎卦"以常德行，习教示"，晋卦"以自昭明德"，蹇卦"以反身修德"，夬卦"以施禄及下，居德则忌"，升卦"以顺德积小以高大"，渐卦"以居贤德善俗"，节卦"以制数度，议德行"，等等。此外，《周易》中不少卦的义理和卦辞、爻辞中都含有德治之义。如：比卦象曰："比，吉也，辅也，下顺从也。"强调顺从之德。小畜卦上九爻："既雨既处，尚德载。"强调尚德。谦卦象曰："以裒多益寡，称物平施。"强调君子尚谦、利他之美德。益卦九五爻："有孚惠心，勿问元吉。有孚惠我德。"强调诚信积德。困卦象曰："险以悦，困而不失其所亨。"强调困境中乐观之德。艮卦象曰："时止则止,时行则行,动静不失其时,其道光明。"强调知止之德,等等。

总之,德治是"三经"治理思想中最有特色和最为丰富的内容,因而是我们研读理解"三经"治理思想的重中之重。德治思想博大精深,源远流长,承载着人类从蒙昧走向文明进步中最有价值和分量的几乎全部密码。德治一面取法于天地之大道,藉由"事上磨炼"的德行终接天地万物的一体之体;一面植根于礼义廉耻之人心,藉由"知行合一"的德性致达明明德即"致良知"的一体之仁,因此是人之为人、家之为家、乡之为乡、邦之为邦、国之为国的全部根由。理解了德治就理解了社会,理解了家国天下,也才能真正解码"三经",获得人类文明从古至今的香火不断并走向进步进而走向未来的真正钥匙。

"三经"中的德治思想,希望各位读者在导读学习中不断深入习得领悟。

第五节 道治思想

道治,堪称"三经"治理思想最顶端的桂冠。

所谓道治,即顺应天道,遵循大道,以道化治,化成天下善道。

《道德经》始于道,成于道,止于道,道是老子哲学的至上观念。道经主言天道大道圣人之道,故为上经;德经主言地德人德民生之德,故为下经。道经共37章,直言天地、道与圣人的一共30章,其中有19章的主题是道。当然,并不限于道经,整个《道德经》中几乎无文不见道,无言不喻道。在这部5000余字的不朽圣典中,老子以其如诗如画优美灵动的文心,丝丝化喻,层层剥茧,阶阶升维,勾勒博大微妙之道象,阐释精深玄奥之道心。简单梳理一下,其道治思想要略有五:

第一,道乃天地万物之本。老子强调:道混成于天地之间,不知其名,无状其形,难周其行,只好勉强称之为"道"。道超越了人类感知,却是真实的存在,"其中有象""其中有物""其中有精""其中有信",并且是永恒的、运动的和处在不断变化中的存在。正因如此,道乃"天地之始""万物之母""道生一,一生二,二生三,三生万物"。

第二,道之运行有章可循。老子认为:道虽恍惚无形、微妙玄奥,但其作用于万物还是有其章法规律,"反者道之动,弱者道之用",其"反"其"弱",皆可为人类行为提供某种循据。《道德经》中解释的这些规律性,至少包括两个方面:一是事物相反对立、相互转化的规律,即如"有无相生,难易相成,长短相形,高下相倾,音声相和,前后相随"(2章),"祸兮,福之所倚,福兮,祸之所伏"（58章）等所见；二是事物反复运动、循环往复的规律，即如"夫物芸芸，各归其根。归根曰静，静曰复命。复命曰常，知常曰明。不知常，妄作凶"（16章），等等。说明天有其道，道亦有道。

第三，依循天道，无为而治。老子主张：既然天道有其规律性，人类就要努力认识并依循天道。老子从道象、道心、道行等各种视角，刻画出天道作用于万物的迹象及人类依循天道的种种尝试，如"道可道，非常道"（1章），"道冲，而用之或不盈"（4章），"……处众人之所恶，故几于道"（8章），"功遂身退，天之道也"（9章），"执古之道，以御今之有。能知古始，是谓道纪。"（14章）"保此道者，不欲盈，夫唯不盈，故能蔽而新成。"（15章）"从事于道者，同于道，……同于道者，道亦乐得之。"（23章）"人法地，地法天，天法道，道法自然。"（25章）"道常无为而无不为"（37章），等等。一言以蔽之，依循天道，就是探其道，知其理，执其纪，顺其势，循其法，归根结底，就是《道德经》贯穿始终的"无为而治"的思想。

第四，天道自然，无为虚静。老子强调：天道属天地自然，是人类行为无所作为、无法企及的境界，且其虚静柔弱、不仁不争、处下守静，故无为虚静乃天道之本。只有遵循无为之天道，才能实现真正意义上的善治。老子说："我无为，而民自化；我好静，而民自正；我无事，而民自富；我无欲，而民自朴。"（57章）

第五，天道无亲，常与善人。老子强调：天道不分亲疏，没有仁义，亦没有爱恨情仇、喜怒哀乐，却常常和善人在一起，乃是因为善人之德合于天道，其行为总是依循天道。只有依循天道，才能有天道之"与"。

老子的天道思想与《周易》的天地人思想高度吻合，令人有足够的理由想象老子对于先其200多年前成书的这一人类文明更久远的圣典，不仅有深入的研思且极为赞赏。《周易》以太极为天道，以乾坤为天地，自始至终贯穿着顺天道、敬天地、爱人类、平天下的思想。

在《论语》中，道的思想可谓贯穿始终。孔子身体力行的好学之道、为师之道，孔门教学中所倡导的君子之道、尚礼之道、尚德之道、为政之道，孔门师生习道闻道悟道的精彩场域，皆呈现在这流传千古的不朽篇章中。其中"先进第十一"专门论述道，堪称《论语》传道思想之集大成。其中从弟子之贤、弟子之亡、弟子侍侧、升堂入室、闻斯行诸、以道事君等各个方面，层层递进地以弟子的品性、为学、为人、为政等主题，展示孔子传道的精彩内容，最后以一场精彩的师生对话，展现了孔子传道、弟子为学精进之互动升维的学习道场。

总之，道治乃"三经"治理思想的最高级。古圣先贤皆尊道仰道、循道求道、明道致道，尽管观点不同，维度有异，体系亦差别很大，但学道传道、顺道尊道的道治精神息息相通，体现了治理思想的最高境界。

"三经"中的道治思想，或在静谧之灵域中等待着我们用心体悟。

第六节　心　治　思　想

心治，堪称"三经"治理思想之灵魂。

所谓心治，即注重内在心性修省，倡导里仁为仁，通过修身正心诚意等不断向内的心性治理，达致善治。

《论语》和《道德经》《周易》在心治上各有所侧重。

《论语》重在仁心之治。

《论语》中使用最多的词是仁，仁被认为是孔子的最高道德原则和儒家思想之精髓。朱熹说得更直接：一部《论语》"但云求仁之方""只说仁"。①《论语》中有两篇主题是仁。"里仁第四"的主题是里仁，即依于内在之仁，以极为严谨的逻辑和框架，从仁之核心（五仁）、仁之高度（六境）、仁之底限（六戒）、仁之体现（四孝）、仁之要点（五箴言）五个方面，全面而深刻地阐述了仁之理。"公冶长第五"的主题是为仁，即践行仁，主要通过两类人物行为的评价来说明为仁，一是对诸位弟子行为的评价，二是对古今贤人或知名人士行为的评价，通过这两类人物行为的评价，从正反两个方面说明仁之义。仁之理在心，仁之义在为，仁之义理相互映照，勾勒出孔子关于仁心之治的思想脉络。除这两篇外，"阳货第十七"的主题是心性，从心性在学、陶冶在为、良知在守、教养在人四个方面，阐述孔子关于修身、正心、诚意的心治思想。简言之，心性近乎良知。孔子强调人皆有心性，但人人心性不同。除天性有异，习性亦分善恶，他用"六言六弊"，说明同样心性，好学可以为仁为知为信为直为勇为刚，不好学则至愚至荡至贼至绞至乱至狂，进而反举心性不善之诸例批判之。

《道德经》和《周易》重在道心之治。

所谓"道心之治"，即强调圣人应顺应道心，虚其心、善其心、静其心、浑其心，通过不断向上的心性治理，达至无为而治。

"人心惟危，道心惟微；惟精惟一，允执厥中"，是儒家著名的"十六字传心诀"，据说源于尧舜禹禅让的传说，始见于《尚书·大禹谟》，《论语》中亦有所引。②

---

① 转引自束景南：《朱子大传》，168页，上海，复旦大学出版社，2021。
② 在《尧曰第二十》开篇部分引为"允执其中"。

自汉儒以至宋明理学，都高度重视这十六字。朱熹解释说：①

> 人心是此身有知觉、有嗜欲者，感于物而动，此岂能无。但为物诱而至于陷溺，则为害耳。故圣人以为此人心有知觉嗜欲，然无所主宰，则流而忘反，不可据以为安，故曰"危"。道心则是义理之心，可以为人心之主宰，而人心据以为准者，故当使人心每听道心之区处方可。然此道心却杂出于人心之间，微而难见，故必须精之一之，而后中可执。然此又非有两心也，只是义理与人欲之辨尔。

其实道心之治，在《道德经》中虽未言明，却清楚喻示。如：

第一，**圣人之治，在虚其心**。"是以圣人之治，虚其心，实其腹，弱其志，强其骨。常使民无知无欲，使夫智者不敢为也。为无为，则无不治。"（第3章）

第二，**天地不仁，道心守中**。"天地不仁，以万物为刍狗；圣人不仁，以百姓为刍狗。天地之间，其犹橐籥乎？虚而不屈，动而愈出。多言数穷，不如守中。"（第5章）

第三，**道心无尤，人心向善**。"上善若水。水善利万物而不争，处众人之所恶，故几于道。居善地，心善渊，与善仁，言善信，政善治，事善能，动善时。夫唯不争，故无尤。"（第8章）

第四，**执古之道，御今之有**。"执古之道，以御今之有，能知古始，是谓道纪。"（第14章）"……孰能浊以静之徐清？孰能安以久动之徐生？保此道者，不欲盈，夫唯不盈，故能蔽而新成。"（第15章）

第五，**无为无执，道心惟微**。"将欲取天下而为之，吾见其不得已。天下神器，不可为也，不可执也。为者败之，执者失之。是以圣人无为，故无败；无执，故无失。夫物，或行或随，或歔或吹，或强或羸，或载或隳。是以圣人去甚，去奢，去泰。"（第29章）

第六，**圣人无心，天下有心**。"圣人无常心，以百姓心为心。善者，吾善之；不善者，吾亦善之，德善。信者，吾信之；不信者，吾亦信之，德信。圣人在天下，歙歙焉，为天下浑其心。百姓皆注其耳目，圣人皆孩之。"（第49章）

《周易》中亦有许多关于心治的明示。如：

（1）复见天地之心。《复卦》彖辞曰："复其见天地之心乎。"

---

① 转引自钱穆：《朱子新学案》（一），钱穆先生著作新校本，104页，北京，九州出版社，2011。

（2）**诚信利于心治**。《坎卦》卦辞曰："有孚，维心亨。"

（3）**感知天下人心**。《咸卦》象辞曰："圣人感人心而天下和平。"

（4）**诚信慈心吉祥**。《益卦》九五爻曰："有孚惠心，勿问元吉。"

（5）**发于心治于事**。《井卦》九三爻曰："井渫不食，为我心恻。"

（6）**行不治心不宁**。《艮卦》六二爻曰："不拯其随，其心不快。"

等等。

总之，心治乃"三经"治理思想中最富灵性的部分，亦是超越时空、连接古今最柔软也最神秘的地方。心治既映仁知信义，又照道德礼法，乃知行合一之总归结。自"三经"以降，心性之治一直是中华文化中最富争议的学域，到宋明理学及至阳明心学，成就中国治理思想史上新一轮璀璨的圣学。此是后话，留待后叙。

"三经"中的心治思想，亦请读者诸君在研读闲思中留意体悟。

第七节 君子思想

君子，是"三经"中最重要的主体称谓。

孔子言必称君子。《论语》篇篇有君子，君子是孔子心目中的理想人格，也是践行治理最重要的主体。弟子所问不离君子，夫子所答必曰君子；弟子出仕为官行的是君子，夫子讲学传道论的是君子。君子在不同的地方不同的场合乃至与不同人交谈的不同语境中，常有不同含义。孔子所处春秋之际礼崩乐坏，君子不仅有丰富的政治含义，与地位、权势等政治因素相关，且有广泛和深刻的社会蕴意、文化内涵和道德伦理含义，更具有强烈的价值取向，成为当时人们心目中完美人格的体现者。孔子从"复礼"出发，形成以"里仁""为仁"作为基本价值，基于尚德、崇德，构建起一个包括仁者、智者、勇者在内的三维框架，进而树立起一个由士至贤乃至圣人的君子思想体系，成就中华历史上第一次集大成的人文思想之丰碑。

老子言下的君子多谓圣人。老子所处时代与孔子相近，故《道德经》中圣人与君子通义。圣人乃得道之君子，君子乃玄德之圣人。老子以天道解释人道，自道德释解仁义，建构起一套以尊道崇德、悟道明德、无为而治为主线的道德哲学与社会治理的思想体系。

《周易》乃三圣之作，中国思想史上的三位圣人——伏羲、周文王和孔子——在三个不同时代写成《周易》。易中有圣人亦有君子，无论圣人君子皆为通天地、阅古今、明道德的大贤之人，阳明子称之为"大人"，其上呼天地、先王、君主，下应万物、男女、庶民。所谓大人者，诚如乾坤两卦象辞所喻："天行健，君子以自强不息；地势坤，君子以厚德载物。"

《论语》中有四篇的主题即为君子，亦可细分为由君子初阶至君子高阶的不同层级。

"子罕第九"的主题是"君子"，以孔子为例讲述和展示君子之品性德行，进而展开探讨君子之德行，是为君子初阶，犹如学做君子本科阶段的学习，旨在允升君子之殿堂。

"宪问第十四""卫灵公第十五""季氏第十六"三篇合为君子高阶，分别从君子之"仁者""知者""勇者"三个面向展开，升阶步入君子之正室。

"宪问"篇的主题是君子之仁者，堪称学做君子的硕士阶段的学习，其中包括六门核心课：一是孰为仁者；二是仁者安仁；三是仁者不忧；四是仁者好义；五是仁者崇德；六是仁者行道，从仁者的角度阐述君子思想。

"卫灵公"篇的主题是君子之知者，堪称学做君子的博士阶段的研习，其中包括六门核心课：一是孰为知者；二是知者利仁；三是知者尚义；四是知者乐行；五是知者谋道；六是知者不惑，从知者的角度研习君子思想。

"季氏"篇的主题是君子之勇者，堪称学做君子的博士后阶段的研讨，以一篇政论文开篇，围绕季氏将伐颛臾，表达勇者捍卫正义的勇气、智慧和高度，进而分别提升眼界、行界和境界，从勇者的角度深入研讨君子思想。

由此可见，整个《论语》用了1/5的篇幅阐述君子思想，包括了堪称本硕博直至博士后的四阶进位，足见圣人煞费苦心，终于培养成堪能立心、立命、继绝学、开太平之堂堂君子！

对应于《论语》中上述君子四篇，本书分别选择《道德经》第13章"宠辱若惊"、第15章"古之善为士者"、第33章"知人者智"和第50章"出生入死"，导读理解老子论述君子之独立与贵身的品格，仁者之"微妙玄通，深不可识"的人格特征，知者之"知人"与"自知"的两个坐标，以及勇者之向死而生的独特视角，从四个层次展现老子的君子或圣人思想。

与之相应，我们分别选择《周易》之屯（3）和震（51）、蹇（39）和艮（52）、坎（29）和困（47）、夬（43）和革（49），计8卦，依次导读理解周易关于君子尚德、仁者乐山、知者乐水、勇者不惧的思想境界。

当然，《道德经》和《周易》中言及君子的远不止这些，篇幅和体系所限，谨选切近的上述部分，有兴趣的读者可循此展开探析，定会有更多惊喜。

总之，君子乃"三经"治理之主体，是其治理思想中的理想人格，亦是古圣先贤自身人格的化身。无论孔子语中的君子及仁者、知者、勇者，还是老子言下的圣人，抑或《周易》中以君子、圣人等现身的大人，虽其称谓不同，君子的指向皆如前引王阳明先生在《大学问》中所称"以天地万物为一体者也，其视天下犹一家，中国犹一人也"。此乃大写的正人君子也。正是因为有这样生生不息的君子，中国才能经万难而不溃，中华文化才能历百劫而不灭，而成为钱穆先生所谓"世界上历史最完备之国家"。

"三经"中的君子思想，犹值读者诸君在习读之余反躬自省，思之再三。

本章小结

以上从七个方面，系统而概略地梳理了"三经"治理思想之纲要。

概言之，"三经"治理思想之体在心治、道治和德治，其用在社会治理、公共治理和法治，而其主体则为君子。无论是为君者、执政者，还是为臣者或贤士，治理的实践必体现为以君子为主体的体用结合。当这样的治理思想借助于一代代以天下为己任的君子践行在中华大地上，如钱穆先生所揭示的家国天下之"由血统而政统而道统"的"中国文化大传统"便渐渐浮现了出来。

学习和理解这个大传统，便是我们开设"中国传统治理思想经典导读"这门课的宗旨。

当然，不管怎么说，这七个方面是按当今的话语体系所做的梳理，犹感不敬，诚惶诚恐。原拟作为"引论"附在书前，再三斟酌之后，斗胆以为"绪章"，为读者阅读经典并跟随本书的导读提供通俗而浅显的引子。我想特别强调的是："三经"治理思想博大精深且历久弥新，唯有阅读经典原著，如我在前言中引朱熹读经法所强调的"从头熟读，逐字训释，逐句消详，逐段反复，虚心量力"，才能进入并喜遇古圣先贤治理思想的圣光，和其光同其尘，体悟其中无限的奥妙。

闲话至此。

接下来，便进入本书经典导读的正题，期待与读者诸君共享"三经"治理思想的学习之旅。

作业与思考题

1. 背诵并感悟儒家"十六字传心诀"。
2. 如何理解君子、圣人和大人？试解三者的主要区别？
3. 如何理解"三经"治理思想之体用结合？

第一章 论学而

学习经典是理解传统文化的基石。从本章起，进入导读经典之道。

本章的主题是学而，借用《论语》开篇之语，在简要梳理三大经典中的治理思想的基础上，导读《论语》《道德经》《周易》各自的开篇部分。以学而为切入之要，从学习治理思想的角度理解这三部经典在入门之际所提出的不同要求。

在导读之后，围绕学而即元亨的智慧，贯通"三经"，开展较为深入的分析讨论，以达通透之效。

第一节 "三经"中的学而思想

学而，原为《论语》首篇用语，泛指开篇启智之元亨。

《论语》治理思想的核心是入世，学而入世。入世以修齐治平，以治理家国天下。在其开篇部分中，浓缩了学而入世修身养德以达仁人君子的主要思想，堪称《论语》治理思想之元亨。《道德经》治理思想的核心是出世，学而出世。出世以悟道明德，以达善治。在其短短几十字的首篇中，浓缩了学而出世悟道的精华，是为《道德经》治理思想之元亨。《周易》治理思想的核心是天地人之大道，学而敬顺天地人。敬顺天地人则天下治。其为首两卦的主题是乾坤，乾坤以为天地人，敬顺天地人则君子立，是以元亨。

故，学而入世，学而出世，学而敬顺天地人，是为"三经"治理思想之元亨。

本章选读《论语》之入门"学而"、《道德经》之入门"道可道"和《周易》之入门"乾""坤"两卦。学以入世，道以出世，乾坤以为天地人，既反映了

"三经"之用的天差地别，又体现了"三经"之体的融会贯通。

第二节　导读《论语·学而第一》

"学而"是《论语》首篇，主题是引述孔子学以入世修齐治平的思想。

本篇共16章，我们根据内容调整顺序，组合为如下的8对数字律和相应的8对关系。

```
（1对16） 学而对不患…………（学以修身知人）
（2对12） 孝弟对礼用…………（学以求仁知礼）
（3对13） 鲜仁对信义…………（学以知耻守信）
（4对9）  三省对慎终…………（学以明德）
（5对10） 国对邦………………（学以善治）
（6对11） 弟子对父在…………（学以忠孝）
（7对15） 贤贤对贫富…………（学以尚德）
（8对14） 不重对无求…………（学为君子）
```

依此顺序，将学而篇分为八部分来导读。

一、学以修身知人　（1对16，学而对不患）

原文

(1.1)子曰："**学而**时习之，不亦说乎？有朋自远方来，不亦乐乎？人不知而不愠，不亦君子乎？"

(1.16)子曰："**不患**人之不己知，患不知人也。"

专栏 1-1　　　　有朋自远方来

2014年9月24日，习近平主席在纪念孔子诞辰2565周年国际学术研讨会暨国际儒学联合会第五届会员大会开幕会上发表重要讲话，其中引用《论语》1.1章孔子语。他说：

"'有朋自远方来，不亦乐乎。'今天，来自中国和世界各地的嘉宾和专家学者齐聚北京，举行纪念孔子诞辰2565周年国际学术研讨会暨国际儒学联合会第五届会员大会。这次会议是国际儒学界和国际学术界的一次盛会。首先，我谨对会议的召开，表示热烈的祝贺！对朋友们的到来，表示诚挚的欢迎！"

来源：新华网

专栏 1-2　　　　不患人之不己知

2015年11月7日，习近平主席在新加坡国立大学发表题为《深化合作伙伴关系，共建亚洲美好家园》的演讲，其中引用《论语》1.16章孔子语。他说：

"希望中新两国青年发扬'不患人之不己知，患不知人也'的精神，加深对彼此国家历史文化的了解，加深对彼此人生追求的了解，互学互鉴，增进友谊，共当中新友谊的忠实继承者、积极参与者、热心奉献者，成为中新关系发展的生力军。"

来源：新华网

解意试译

这两章的主题是：学以修身知人。

孔子说："学+习"才叫学习，学而习之，才能领会知识心通神悦；学如交友，有朋自远方来，其乐不已；学如君子，不在乎人家不知你，但你要努力去知人。

故学以修身知人，君子学习以悦己乐友知人。

二、学以求仁知礼　（2对12，孝弟对礼用）

原文

(1.2)有子曰："其为人也**孝弟**，而好犯上者，鲜矣；不好犯上，而好作乱者，未之有也。君子务本，本立而道生。孝弟也者，其为仁之本与！"

(1.12)有子曰："**礼之用**，和为贵。先王之道斯为美，小大由之。有所不行，知和而和，不以礼节之，亦不可行也。"

专栏 1-3　　　　　礼之用，和为贵

2015年11月6日，习近平主席在越南国会发表题为《共同谱写中越友好新篇章》的演讲，其中引用《论语》1.12章有子语。他说：

"中华民族历来爱好和平，'和'的民族基因从未变异，'和'的文化源远流长。早在2400多年前，中国古人就提出'**礼之用，和为贵**'。和平的愿望扎根于中国人心中，融化在中华民族的血液里。"

来源：新华网

解意试译

这两章的主题是：学以求仁知礼。

有子说："为人孝弟，则不犯上亦不会作乱。孝弟乃仁义之本，君子当以孝弟为本，本立则道生，则有仁义。"

有子说："礼治的作用在于实现社会和谐，和谐是社会治理的高级境界；在礼治的作用下，社会和谐才能实现。"

故学以求仁知礼，孝弟为仁之本，礼为仁之用。

三、学以知耻守信　（3对13，鲜仁对信义）

原文

(1.3)子曰："巧言令色，**鲜矣仁**！"

(1.13)有子曰："**信近于义**，言可复也。恭近于礼，远耻辱也。因不失其亲，亦可宗也。"

解意试译

这两章的主题是：学以知耻守信。

孔子说："用花言巧语和脸色讨好别人，必缺德少仁。"

有子说："讲信用要合于义，才能实行；恭敬要合于礼，才能远离耻辱；周围都是可亲近者，才能靠得住。"

故学以知耻守信，不要巧言令色，要言之合义，恭之合礼，因之可亲。

四、学以明德 （4对9，三省对慎终）

原文

(1.4)曾子曰："吾日三省吾身：为人谋而不忠乎？与朋友交而不信乎？传不习乎？"

(1.9)曾子曰："慎终，追远，民德归厚矣。"

专栏 1-4　　　　　　吾日三省吾身

2014年5月8日，习近平总书记视察中央办公厅并同中办各单位班子成员和干部职工代表座谈，在讲话中引用《论语》1.4章中曾子语。他说：

"希望同志们'**吾日三省吾身**'，做到严以修身、严以用权、严以律己，谋事要实、创业要实、做人要实。"

转自《思想政治工作研究》2014年8月

解意试译

这两章的主题是：学以明德。

曾子说："我每天多次反省以正心：替别人办事是否尽心竭力了？与朋友交往是否诚实守信了？对老师传授的功课是否用心复习践行了？"

曾子说："谨慎地对待死者以丧致其哀，追念久远的先祖以祭表其敬，则世风渐善而厚德。"

故学以明德，明德当正心厚德，正心须每日三省，厚德必慎终追远。

五、学以善治 （5对10，国对邦）

原文

(1.5)子曰："道千乘之国，敬事而信，节用而爱人，使民以时。"

(1.10)子禽问于子贡曰："夫子至于是邦也，必闻其政，求之与？抑与之与？"子贡曰："夫子温、良、恭、俭、让以得之。夫子之求之也，其诸异乎人之求之与？"

解意试译

这两章的主题是：学以善治。

孔子说："善治大国，有五个要点：一要敬事，谨慎认真处理每一件事情；二要诚信，信守诺言诚实无欺；三要节用，节约资源节省开支；四要爱人，爱护属下臣僚；五要以时，动员百姓务必不误农时。"

子禽问子贡说："夫子每到一个国家总要谈及其政，是他想方设法去打探其政呢？还是这些国家的国君主动来问其政呢？"子贡回答说："夫子是靠温和、善良、恭敬、节俭和谦让的态度赢得这些国家的国君对他的尊敬和信任的，夫子问政之所求，也正是这些主政之君为民之所求啊！"

故学以善治，善治要敬事、诚信、节用、爱人、以时，问政要为民求。

六、学以忠孝 （6对11，弟子对父在）

原文

(1.6)子曰："弟子，入则孝，出则弟，谨而信，泛爱众，而亲仁。行有余力，则以学文。"

(1.11)子曰："父在，观其志；父没，观其行；三年无改于父之道，可谓孝矣。"

解意试译

这两章的主题是：学以忠孝。

孔子说："弟子行先于学，行在做人，在家要孝顺父母，出门要敬爱师长，谨行守信，博爱众生，亲近仁德。行有余力才学习文化知识。"

孔子说："所谓孝顺，要看两点：其一，父健在，看其志向是否合乎父传之家道？其二，父已故，看其行为是否合乎父传之家道？如其多年仍不改父传之家道，则谓之孝。"

故学以忠孝，百善孝为先，要知行合一。

七、学以尚德 （7对15，贤贤对贫富）

原文

(1.7)子夏曰："贤贤易色；事父母，能竭其力；事君，能致其身；与朋友交，言而有信。虽曰未学，吾必谓之学矣。"

(1.15)子贡曰："贫而无谄，富而无骄，何如？"子曰："可也。未若贫而乐，富而好礼者也。"

子贡曰："《诗》云：'如切如磋，如琢如磨。'其斯之谓与？"子曰："赐也，始可与言《诗》已矣，告诸往而知来者。"

解意试译

这两章的主题是：学以尚德。

子夏说："见贤思齐，孝于父母，忠于其君，信于朋友，这样的人虽说没学过（仁德），但我认为其（仁德）必高于学。"

子贡问孔子："人穷不自卑，不讨好别人，有钱不炫富，不对人傲慢，这两种人怎么样？"孔子说："不错的。但境界还不够，不如安贫乐道者和富而好礼者。"

子贡说："《诗经》上有'如切如磋，如琢如磨'的诗句，说的就是您和我这样的切磋琢磨吗？"孔子说："子贡呀，你算是学到家了。这就叫举一反三啊！"

故学以尚德，重在行仁之德。

八、学为君子 （8对14，不重对无求）

原文

(1.8)子曰："君子不重，则不威；学则不固。主忠信。无友不如己者。过，则勿惮改。"

(1.14)子曰:"君子食无求饱,居无求安,敏于事而慎于言,就有道而正焉,可谓好学也已。"

解意试译

这两章的主题是:学为君子。

孔子说:"君子修己当有七律:一要自重;二要有威严;三要学而固之;四要主忠;五要主信;六交友要择其忠信;七要有过则改。"

孔子说:"君子好学当守五则:一为食不求其饱;二为居不求其安;三要做事敏捷;四要说话谨慎;五要跟随有道者以正己。"

故学为君子,修己有七律,好学守五则。

小 结

"学而"作为《论语》首篇,通过孔子的言论、其与弟子的对话及几位弟子的言论,集中表达了孔子学以入世修齐治平的思想。孔子的治理思想旨在入世,入世必自修身起。在开篇之际,通过孔子及其弟子的言论,从如下八个方面,概要阐述了孔子学以入世修齐治平的治理思想。

第一,学以修身知人。在1章和16章,通过孔子的言论,阐明学以修身知人的思想,强调君子学习以悦己乐友知人。

第二,学以求仁知礼。在2章和12章,通过有子的言论,阐明学以求仁知礼的思想,强调孝弟为仁之本,礼为仁之用。

第三,学以知耻守信。在3章和13章,通过孔子和有子的言论,阐明学以知耻守信的思想,强调不要巧言令色,要言之合义,恭之合礼,因之可亲。

第四,学以明德。在4章和9章,通过曾子的言论,阐明学以明德的思想,强调明德当正心厚德,正心须每日三省,厚德必慎终追远。

第五,学以善治。在5章和10章,通过孔子的言论及两位弟子谈论孔子的对话,阐明学以善治的思想,强调善治要敬事、诚信、节用、爱人、以时,问政为民求。

第六,学以忠孝。在6章和11章,通过孔子的言论,阐明学以忠孝的思想,强调百善孝为先,要知行合一。

第七,学以尚德。在7章和15章,通过两位弟子及其与孔子的对话,阐明学以尚德的思想,强调重在行仁之德。

第八,学为君子。在8章和14章,通过孔子的言论,阐明学为君子的思想,强调修己有七律,好学守五则。

总之，在《论语》首篇中，从修身知人、求仁知礼、知耻守信、明德、善治、忠孝、尚德和君子八个方面，概要提出了孔子学以入世修齐治平的治理思想之要旨，这正是孔子治理思想的元亨之所在，也是《论语》整个思想体系的要点之集汇。

第三节　导读《道德经·道可道》

"道可道"是《道德经》的首章，主题是道。

原文

道可道，非常道；名可名，非常名。

无，名天地之始；有，名万物之母。

故常无，欲以观其妙；常有，欲以观其徼。

此两者，同出而异名，同谓之玄。玄之又玄，众妙之门。

解意试译

这一章的主题是道。

老子在《道德经》的首篇，用极其精练的文字阐述道以出世、出世以达道治的思想。老子说：

道，是实实在在、真真切切的"常道"，又是看不见、说不清、摸不着的"非常名"之道。

理解这种道，有两个重要的范畴，一曰无，二曰有。无，可称为天地创生之本初；有，可称为万物生长之体用。

道之本初在于无，无，所以才能体会道治之奥妙；道之体用在于有，有，所以才能探察道治之边界。

无和有这两者，同为道出而不同名。无和有都可称为玄，所谓无玄和有玄。无玄又有玄，是道以出世之奥妙的门径！

因此，出世之道，贵在无有；无有之道，是为道治。

小　结

"道可道"作为《道德经》之首章，可谓言简意赅，精妙之至！全章不过数十字，却清晰地表达了老子哲学的最高境界"道"的奥妙：要理解道，必以出世，出世方见无有，无有得其奥妙，察其边界，最终才能悟达道治。这可以说是《道德经》所表达的出世以治理的思想元亨之所在。

第四节　导读《周易·乾》《周易·坤》

"乾"与"坤"分别是《周易》开篇的首卦和次卦。乾卦是乾下乾上，纯阳爻，其象为天；坤卦是坤下坤上，纯阴爻，其象为地。

乾卦第一

一、乾卦

【原文】

（卦辞）乾。元亨利贞。

（文言）元者，善之长也；亨者，嘉之会也；利者，义之和也；贞者，事之干也。君子体仁足以长人，嘉会足以合礼，利物足以合义，贞固足以干事。君子行此四德者，故曰"乾，元、亨、利、贞"。

（彖曰）大哉乾元！万物资始，乃统天；云行雨施，品物流形；大明终始，六位时成，时乘六龙以御天。乾道变化，各正性命；保合大和，乃利贞。首出庶物，万国咸宁。

（象曰）天行健，君子以自强不息。

初九。潜龙勿用。

九二。见龙在田，利见大人。

九三。君子终日乾乾，夕惕若，厉，无咎。

九四。或跃在渊，无咎。

九五。飞龙在天，利见大人。

上九。亢龙有悔。

用九。见群龙无首，吉。

> **专栏 1-5　　天行健，君子以自强不息**
>
> 2014年4月1日，习近平主席在出访欧洲期间，在比利时布鲁日欧洲学院发表演讲，其中引用《周易》乾卦象辞。他说：
>
> "中国是正在发生深刻变革的国家。我们的先人早就提出了'**天行健，君子以自强不息**'的思想，强调要'苟日新，日日新，又日新'。"
>
> 来源：人民网

解意试译

（主题）乾下乾上，其象为天，主题是君子以自强不息。

（卦义）天阳，元亨利贞，无边无际以大，无始无终以通，包容万物以宜，永远在上以正。故元亨利贞，大通宜正。

（卦德）元亨利贞乃君子四德，元者善之增长，亨者美之汇聚，利者义之和谐，贞者事之根本，君子体仁增善足以领导天下以致民生国富，汇美聚德足以合于礼仪规范，利益万物足以和谐行道，守正笃行足以成就大业。君子行此四德，因此称之为元亨利贞。

（卦理）乾卦何其伟大！乾为元，万物因此而生生不息，故乾统天地；以行云施雨致世间万物得以繁盛流行；乾为大明，以照阴阳，六爻之位，以时而成；乾如龙，龙行天时，乘六条巨龙以驾驭天，循天道，正性命；保性命，合人道，守正吉祥；利万物，宁万国。

（卦象）天的运行刚强劲健，君子当如天行，自刚强，不停息。

初九（以阳居阳）。如乘潜龙，潜德不彰，韬光养晦，忍时待机；

九二（以阳居阴）。如乘现龙，显德于地，初露头角，大人相助；

九三（以阳居阳）。如乘惕龙，君子阳成，朝夕惕虑，勤劳无咎；

九四（以阳居阴）。如乘跃龙，进德修业，见机而跃，待时无咎；

九五（以阳居阳）。如乘飞龙，飞跃于天，行云布雨，圣人伟业；

上九（以阳居阴）。如乘亢龙，功盖于天，过则有悔，功成身退。

最后的用爻，是乾坤两卦所特有，当六爻皆为阳时表示纯阳，则"共成天德"（王弼语）。其意：群龙出现，其首被遮，表示天德不可为其首，则吉。

二、坤卦

坤卦第二

原文

(卦辞) 坤。元亨，利牝马之贞。君子有攸往，先迷后得主。利。西南得朋，东北丧朋，安贞吉。

(文言) 坤至柔而动也刚，至静而德方，后得主而有常，含万物而化光，坤道其顺乎！承天而时行。

(彖曰) 至哉坤元！万物资生，乃顺承天。坤厚载物，德合无疆；含弘光大，品物咸亨。

(象曰) 地势坤，君子以厚德载物。

初六。履霜，坚冰至。

六二。直方大，不习无不利。

六三。含章可贞。或从王事，无成有终。

六四。括囊，无咎无誉。

六五。黄裳，元吉。

上六。龙战于野，其血玄黄。

用六。利永贞。

解意试译

(主题) 坤下坤上，其象为地，主题是君子以厚德载物。

(卦义) 地阴，元亨，使万物滋生，可四方通达。坤如牝马，柔顺守正。君子前途无量，先迷失道，后顺得常。西南得道，与同志行；东北失友，勿躁终吉。安定守正，吉祥无疆。

(卦德) 坤德至柔至静，至柔中行而刚，至静厚德而方，后得君主而有常，包容万物而光辉灿烂。坤道大顺，乃承天运而行。

(卦理) 坤卦何其伟大！坤为元，万物因此而生生不息，故顺承天；坤为地，承载万物，德行坦荡，光耀千秋，欣欣向荣。

(卦象) 地的气势宽厚和顺，君子当如地势，厚仁德，载万物。

初六（以阴居阳）。足履冰霜，严寒将至；积善之家，必有余庆；
六二（以阴居阴）。三德具足，敬以直内，义以方外，大德无疆；
六三（以阴居阳）。含弘光大君王，地道（妻道臣道）无成有终；
六四（以阴居阴）。内修其德，谨言慎行，明哲保身，无咎无誉；
六五（以阴居阳）。君子黄中通理，正位居体，美在其中，而畅于四支；
　　　　　　　　　发于事业，美之至也。
上六（以阴居阴）。阴盛阳衰，必有一战，天玄地黄，两败俱伤。

最后的用爻，当六爻皆为阴时表示纯阴，其意：柔顺之道当永远守正，可至完美结局。

小 结

乾乃天，坤乃地，序卦曰："有天地然后万物生焉。"乾与坤作为《周易》之开篇两卦，寓大道厚德于其中。敬观乾道，尊释坤德，昭示君子当敬承乾坤天地之大道厚德，如行健之天自强不息，如势坤之地厚德载物，于天地阴阳变化之中把握世间万物的盛衰治理之道。

是故，
　　大哉天地，伟哉君子！
　　自强不息，厚德载物。
　　天地当如君子之父母，
　　君子当以天地为大道！

一百多年前，梁启超在清华"同方部"发表题为《君子》的演讲，引乾坤两卦的象辞为训，激励清华学子自强不息，厚德载物，当为君子，胸怀天下。这一思想后来演绎为清华精神，激励着一代代清华人自强不息，厚德载物。

专栏 1-6　　　　　清华校训

1914 年 11 月 5 日，应时任清华学校校长周诒春的邀请，梁启超先生在"同方部"为清华师生带来了一场精彩的演讲，这篇演说词在 11 月 10 日的《清华周刊》中刊录，"自强不息，厚德载物"不久后写进了清华校规，成为清华校训和清华精神的写照。梁先生在演讲中殷切呼吁：

> "清华学子，荟中西之鸿儒，集四方之俊秀，为师为友，相蹉相磨，他年遨游海外，吸收新文明，改良我社会，促进我政治，所谓君子人者，非清华学子，行将焉属？虽然君子之德风，小人之德草，今日之清华学子，将来即为社会之表率，语默作止，皆为国民所仿效。设或不慎，坏习惯之传行急如暴雨，则大事偾矣。深愿及此时机，崇德修学，勉为真君子，异日出膺大任，足以挽既倒之狂澜，作中流之砥柱，则民国幸甚矣。"
>
> ——《清华大学史料》。原载《清华周刊》第20期，1914年11月10日

第五节 讨论：元亨的智慧

元亨，是《周易》卦辞中最常见的词汇，表示初始顺达大通之意。导读了《论语》《道德经》《周易》的首篇，重温这一词语，感受元亨的智慧。

学而入世，是《论语》的元亨，强调一切从学初始，学然后顺达大通。在"学而"中，从修身知人、求仁知礼、知耻守信、明德、善治、忠孝、尚德和君子八个方面，点出了孔子学以入世修齐治平的治理思想之要旨，实乃儒家治理思想的元亨之所在，正是学习理解《论语》整个思想体系的元点。

学而出世，是《道德经》的元亨，强调一切从悟道始，悟道明德才能顺达大通。在"道可道"中，不过数十字，却清楚地展示了"道"的奥妙：出世才能解道，出世方见无有，无有之奥妙及境界，是悟达明德道治之口。此乃道家出世以治的思想元亨之所在，亦是学习理解《道德经》整个思想体系的源头。

学而敬顺天地人，是《周易》的元亨，强调一切自乾坤起，有天地然后万物生焉，故元亨利贞。在"乾""坤"两卦中，寓大道厚德，敬观乾道，尊释坤德，昭示君子当敬承乾坤天地之大道厚德，如行健之天自强不息，如势坤之地厚德载物，于天地变化之中把握世间盛衰治理之道。

本章是本书之开篇入门，选读《论语》之入门"学而第一"、《道德经》之入门"道可道"和《周易》之入门"乾""坤"两卦。学而入世，学而出世悟道明德，学而敬顺天地人。一方面感受"三经"之用的天差地别；另一方面领会和体悟"三经"之体的融会贯通。

君子学以致其道，学以悟道明德，学以敬顺天地人。

> **专栏 1-7　　　　日用而不自觉**
>
> 　　在党的二十大报告中，习近平总书记明确提出"两个结合"，强调只有把马克思主义基本原理同中国具体实际相结合、同中华优秀传统文化相结合，才能正确回答时代和实践提出的重大问题。他特别引用《周易·系辞上传》中孔子语"仁者见之谓之仁，知者见之谓之知，百姓日用而不自知，故君子之道鲜矣"中的一句话，强调：
>
> 　　"我们必须坚定历史自信、文化自信，坚持古为今用、推陈出新，把马克思主义思想精髓同中华优秀传统文化精华贯通起来、同人民群众**日用而不觉**的共同价值观念融通起来，不断赋予科学理论鲜明的中国特色，不断夯实马克思主义中国化时代化的历史基础和群众基础，让马克思主义在中国牢牢扎根。"
>
> 　　　　　　　　　　　　　　　　　　　　　　　　——来源：新华社

作业与思考题

1. 记住学而第一的数字律和相应的八对关系。
2. 思考和感悟学而、道与乾坤之关系。
3. 若有余力，背诵学而篇内容。
4. 小组讨论：如何理解"自强不息"？

第二章 论为政

本章选读《论语》第 2 篇 "为政"，《道德经》第 3 章 "不尚贤"，《周易》第 11 卦 "泰" 和第 19 卦 "临"。

从治理的角度理解，这三部分都在讨论公共治理之为政问题，核心关注点是如何善用公权力以达治理之效，我称之为"善政之智"。

"三经"都反复言及为政，都主张善政，且所表达的为政善政思想由浅入深，由初级逐渐升级。

本章导读的部分尚属为政之入门篇。

第一节 "三经"中的为政思想

为政，即入仕为官，使用公权力。

"三经"中，都从不同角度谈到为政，且都主张善用公权力，但所主张的观点看似差异很大，甚至南辕北辙。

《论语》在以入世为主旨的治理思想前提下，主张为政以仁德，只有不断内修其身，明明德，致良知，才能成就君子，一旦有机会从政就能以自身的仁德致力于善政，即以仁德之力善处政治，进而达致善治。

《道德经》在以出世为主旨的治理思想前提下，主张无为而治，强调道法自然，为政者要简单寡欲，清静无为，一切遵循自然法则，尽量减少对政治的人为干预，则凭自然之道就能达致善治。

《周易》在以乾坤天地为宏大主题的治理思想背景下，强调顺乎天而应乎人，为政者要懂得通和大，通则顺应天时地利，大则敬天爱民，努力做到包容保民，而达致政通人和、天下太平的善治格局。

本章导读的《论语》第2篇是表达孔子为政思想的入门篇，其中提出了"四无""四孝""八君子""八政要"的为政理念和要求。与之对应，选读《道德经》第3章"不尚贤"、《周易》泰卦和临卦，从相同主题和不同视角来解读其中的为政思想。

第二节　导读《论语·为政第二》

"为政"是《论语》第2篇，主题是为政以仁德。

本篇共24章，请大家通过4488的数字律和下面这首记忆小诗，反复诵读这一篇，并牢记之。

> 4　为邪耻逾……………（四无）
> 4　无其能色……………（四孝）
> 8　如人为不行周学异……（八君子）
> 8　知干民民惟信可见……（八政要）

依此顺序，我们按主题划分为四部分，依次导读如下。

一、四无境界　4（为邪耻逾）

原文

(2.1)子曰："为政以德，譬如北辰，居其所而众星共之。"

(2.2)子曰："《诗》三百，一言以蔽之，曰：'思无邪。'"

(2.3)子曰："道之以政，齐之以刑，民免而无耻；道之以德，齐之以礼，有耻且格。"

(2.4)子曰："吾十有五而志于学，三十而立，四十而不惑，五十而知天命，六十而耳顺，七十而从心所欲，不逾矩。"

> **专栏 2-1　　为政以德**
>
> 2006 年 2 月 17 日，时任浙江省委书记的习近平在《浙江日报》"之江新语"专栏，以笔名"哲欣"发表《多读书，修政德》一文，引用《论语》2.1 章孔子语。他说：
>
> "我们国家历来讲究读书修身、从政以德。古人讲，'修其心、治其身，而后可以为政于天下'，'**为政以德，譬如北辰，居其所而众星共之**'，'读书即是立德'，说的都是这个道理。传统文化中，读书、修身、立德，不仅是立身之本，更是从政之基。按照今天的说法，就是要不断加强党员领导干部的思想道德修养和党性修养，常修为政之德、常思贪欲之害、常怀律己之心，自觉做到为政以德、为政以廉、为政以民。"
>
> ——习近平：《多读书，修政德》，转自《思想政治工作研究》2014 年 6 月

解意试译

这四章的主题是无，强调为政者，当知四种"无"的境界。

其一，无为。

孔子说：为政者，当知**无为**。"就像天上的北极星一样，看似高居其所而无为，但众星围绕之而永动不止，是为德治。"

其二，无邪。

孔子说：为政者，当知**无邪**。"就像《诗经》洋洋三百首那样，看似充满了风花雪月，但归根到底发心却纯正无邪。"

其三，无耻。

孔子说：为政者，当知**无耻**。"你以政来治理，以刑来约束，百姓虽免罪但却无耻；你用德来治理，用礼来约束，百姓不仅知耻而且恪守正道。"

其四，不逾矩。

孔子说：为政者，要知**不逾矩**。"就如我常说的，十五岁有志于做学问，三十岁独立做事情，四十岁遇事不迷惑，五十岁知道哪些事情只靠人力做不到，六十岁听得进不同意见，到了七十岁才能用内心来把握，不犯规矩。"

故为政者，当知无为，才能有为；当知无邪，才可无欲；当知无耻，才懂有耻；当知不逾矩，才会知止。

二、四孝境界 4（无其能色）

原文

(2.5)孟懿子问孝。子曰："无违。"樊迟御，子告之曰："孟孙问孝于我，我对曰：'无违。'"樊迟曰："何谓也？"子曰："生，事之以礼；死，葬之以礼，祭之以礼。"

(2.6)孟武伯问孝。子曰："父母唯其疾之忧。"

(2.7)子游问孝。子曰："今之孝者，是谓能养。至于犬马，皆能有养；不敬，何以别乎？"

(2.8)子夏问孝。子曰："色难。有事，弟子服其劳；有酒食，先生馔，曾是以为孝乎？"

解意试译

这四章的主题是孝，强调为政者，当知四种"孝"的境界。

其一，无违。

孟懿子就孝来请教孔子，孔子说："孝在无违。"后来樊迟给孔子驾车，孔子将此事告诉樊迟说："孟孙来问孝，我告诉他：'孝在无违。'"樊迟问："怎么理解无违呢？"孔子说："父母活着的时候，要按照礼来侍奉；父母去世后，要按照礼去送葬、祭祀，这就叫无违。"为政者，当知此孝。

其二，其疾。

孟武伯就孝来请教孔子，孔子说："孝在唯其疾之忧。要特别担忧父母的疾病，这就叫唯其疾之忧。"为政者，当知此孝。

其三，能养。

子游就孝请教孔子，孔子说："现在所谓的孝，光讲能养，说的只是奉养父母。但狗和马不都要饲养吗？如果没有敬，奉养父母与狗和马的饲养又有什么区别呢？"故孝在敬养。为政者，当知此孝。

其四，色难。

子夏就孝请教孔子，孔子说："孝在色难。遇到事，就像晚辈抢着做一样，要抢着为父母做事；有好吃好喝的，就像都让给长辈先享用一样，要让父母先享用。能隐忍并做到心悦行愿很难，所以叫色难。"为政者，当知色难。

故为政者，当知无违，才能合礼；当知其疾，才能关心；当知敬养，才能诚心；当知色难，才能隐忍。

三、君子八品　8（如人为不行周学异）

原文

(2.9)子曰："吾与回言终日，不违，如愚。退而省其私，亦足以发。回也不愚。"
(2.10)子曰："视其所以，观其所由，察其所安。人焉廋哉？人焉廋哉？"
(2.11)子曰："温故而知新，可以为师矣。"

专栏 2-2　　　　　　　　温故而知新

2021年6月18日下午，习近平等党和国家领导人来到新落成的中国共产党历史展览馆，参观"'不忘初心、牢记使命'中国共产党历史展览"。参观结束后，习近平引《论语》2.11章孔子语，说：

"看这个展览，还要下点功夫。就算走马观花走一走，也得一个多小时。仔细看一看，**温故而知新**，还是很有启发教育意义的。我们学党史，到这里来学一学，很好。"

　　　　　　　　　　　　　　　　　　　　　　　　来源：新华网

(2.12)子曰："君子不器。"
(2.13)子贡问君子。子曰："先行其言而后从之。"
(2.14)子曰："君子周而不比，小人比而不周。"
(2.15)子曰："学而不思则罔，思而不学则殆。"
(2.16)子曰："攻乎异端，斯害也已。"

专栏 2-3　　　　　学而不思则罔

2013年3月1日，习近平总书记出席中央党校建校80周年庆祝大会暨2013年春季学期开学典礼并发表重要讲话，引用《论语》2.15章孔子语，他说：

"学习和思考、学习和实践是相辅相成的，正所谓'**学而不思则罔，思而不学则殆**'。你脑子里装着问题了，想解决问题了，想把问题解决好了，就会去学习，就会自觉去学习。"

来源：人民网

解意试译

这八章的主题是君子。强调为政者，当有君子这八种品德。

其一，**如愚**。

孔子说："我给颜回讲一天课，他从不提问。看似**如愚**。下课后我考察他的言行，发现他已融会贯通。颜回啊，其实不愚！"为政者，当谦卑如愚。

其二，**做人**。

孔子说："听其言可知所以，观其行可见所由，察其色可现所安，察言观色能知其**做人**。"为政者，当察言观色。

其三，**为师**。

孔子说："常去温习学过的知识和过往的经验，就能有获取新知的能力，这样的人可以**为师**。"为政者，当以过为师。

其四，**不器**。

孔子说："君子成人不成器物，为道不为器具。"为政者，当知**不器**为道。

其五，**行言**。

子贡就君子请教孔子，孔子说："君子行胜于言，先实践后总结经验；后从其言，再用经验去指导实践。"为政者，当行胜于言。

其六，**周比**。

孔子说："君子以正心善待众人而不相互勾结，小人图私利相互勾结却不善待众人。"为政者，当周而不**比**。

其七，**学而思**。

孔子说："一味地读书但不思考就会陷入迷惘无所得，一味地思考但不读书则会流于疑惑而不可解。"为政者，当学而思之。

其八，勿异端。

孔子说："陷入异端危害很大，不如中庸守正。"为政者勿异端，当中庸守正。

故为政者，当有君子八品，即如愚（谦卑如愚）、做人（察言观色）、为师（以过为师）、不器（不器为道）、行言（行胜于言）、周比（周而不比）、学而思（学而思之）、勿异端（中庸守正）。

四、为政八要　8（知干民民惟信可见）

原文

(2.17)子曰："由！诲女知之乎！知之为知之，不知为不知，是知也。"

(2.18)子张学干禄。子曰："多闻阙疑，慎言其余，则寡尤；多见阙殆，慎行其余，则寡悔。言寡尤，行寡悔，禄在其中矣。"

(2.19)哀公问曰："何为则民服？"孔子对曰："举直错诸枉，则民服；举枉错诸直，则民不服。"

专栏2-4　　举直错诸枉

2014年10月23日，习近平总书记在党的十八届四中全会第二次全体会议上发表重要讲话，引用《论语》2.19章孔子语。他说：

"推进公正司法，要以优化司法职权配置为重点，健全司法权力分工负责、相互配合、相互制约的制度安排。'举直错诸枉，则民服；举枉错诸直，则民不服。'司法人员要刚正不阿，勇于担当，敢于依法排除来自司法机关内部和外部的干扰，坚守公正司法的底线。要坚持以公开促公正、树公信，构建开放、动态、透明、便民的阳光司法机制，杜绝暗箱操作，坚决遏制司法腐败。"

来源：人民网

(2.20)季康子问："使民敬、忠以劝，如之何？"子曰："临之以庄，则敬；孝慈，则忠；举善而教不能，则劝。"

(2.21)或谓孔子曰："子奚不为政？"子曰："《书》云：'孝乎惟孝，友于兄弟，施于有政。'是亦为政，奚其为为政？"

(2.22)子曰："人而无信，不知其可也。大车无輗，小车无軏，其何以行之哉？"

> **专栏 2-5　　　　人而无信，不知其可也**
>
> 2015年4月21日，习近平主席出访巴基斯坦，在巴议会发表了题为《构建中巴命运共同体 开辟合作共赢新征程》的重要演讲，其中引用《论语》2.22章孔子语，他说：
>
> "巴基斯坦认为'诚信比财富更有用'，中国认为'人而无信，不知其可也'，两国传统文化理念契合相通。"
>
> 来源：新华网

(2.23)子张问："十世可知也？"子曰："殷因于夏礼，所损益，可知也；周因于殷礼，所损益，可知也。其或继周者，虽百世，可知也。"

(2.24)子曰："非其鬼而祭之，谄也。见义不为，无勇也。"

解意试译

这八章的主题回归到为政。强调为政要注意的八个要点。

其一，知之。

孔子说："子路啊，我教给你的，你明白了吗？知道就是知道，不知道就是不知道，这就是智慧啊！"所以为政的第一要点在**知之**，重在：知之为知之。

其二，言行。

子张请教孔子干禄（如何当官），孔子说："多听，把不明白的放一边，对搞明白的也要谨慎去说，就能少说错话；多观察，把看不清的放一边，对看明白的也要谨慎去做，就能少做错事。少说错话，少做错事，当官就不成问题啦！"所以为政的第二要点在**言行**，重在：多闻，慎言；多见，慎行。

其三，民服。

鲁哀公问："怎样才能使百姓服从呢？"孔子说："提拔任用正直无私的人，把邪恶不正的人晾在一边，老百姓就会服从统治；提拔任用邪恶不正的人，把正直无私的人晾在一边，老百姓就不会服从统治。"故为政的第三要点在**民服**，重在：举直错诸枉。

其四，民敬。

季康子问："如何使老百姓尊敬你，忠于你，又能卖力干活？"孔子说："你用庄重的态度对待老百姓，他们就会尊敬你；你对父母孝顺、对子弟慈祥，老百姓就会忠于你；你选用善者，教化能力差的人，老百姓就会相互勉励，给你卖力干活。"故为政的第四要点在**民敬**，重在：临之以庄；孝慈；举善而教，不能则劝。

其五，惟孝。

有人问孔子："您为何不为政？"孔子说："《尚书》中说：'孝啊，惟孝为（仁之）本，友爱兄弟而为友（之义），以此为政而为施（之德）。'"故孝就是为政，舍此无他。故为政的第五要点在**惟孝**，以孝为政。

其六，诚信。

孔子说："一个人如果不讲信用，真不知道怎么能行！就像古代的车子没了车辕怎么能行一样。"故为政的第六要点在于诚信，**无信**不行。

其七，传承。

子张问："如何能预见未来十世？"孔子说："殷代承袭夏代的礼制，虽有增有减但可察知；周代继承殷代的礼制，其有增有废亦可察知。未来继承周的朝代，即使是百代以后，（只要礼还在），就都是可预见的。"所以为政的第七要点在**可知**，礼的传承，可知未来。

其八，正义。

孔子说："不是当祭的鬼而祭之，那叫求媚；见义不为，那叫懦夫。"故为政的第八要点在**正义**，见义勇为。

故为政，要注意八个要点：

第一要点在**知之**，重在：知之为知之。

第二要点在**言行**，重在：多闻慎言，多见慎行。

第三要点在**民服**，重在：举直错诸枉。

第四要点在**民敬**，重在：临之以庄；孝慈；举善而教，不能则劝。

第五要点在**惟孝**，以孝为政。

第六要点在**诚信**，无信不行。

第七要点在**传承**，礼的传承，可知未来。

第八要点在**正义**，见义勇为。

小 结

本篇集中论述了孔子的为政思想，主题是为政以仁德。前三节重在谈为政者个人在从政前，要具备什么样的基本条件和境界？第四节将关注点转到为政的行为本身上，强调为政的八个要点。归结起来，无论是"四无四孝"，还是"八君子八政要",归根到底讲的都是善政,表达的是孔子的善政思想。这里的重点放在为政以仁德上,强调君子以仁德作为齐家、治国、平天下最为重要的内在秩序和外在标准,主张为政知无,为政知孝,为政知君子,为政知政。

总之,请大家务必记住:为政四四八八!

第三节　导读《道德经·不尚贤》

"不尚贤"是《道德经》第3章,主题是强调无为而治。

原文

不尚贤,使民不争;不贵难得之货,使民不为盗;不见可欲,使民心不乱。

是以圣人之治,虚其心,实其腹,弱其志,强其骨。常使民无知无欲,使夫智者不敢为也。为无为,则无不治。

解意试译

这一章的标题是不尚贤,主题是强调无为而治的善政。

老子说:不尚贤,是要求为政者不推崇贤者,则民众就不会相互争贤;为政者不珍爱难得之财货,则民众就不会为盗;为政者不彰显其所欲求,则民心就不会迷乱。

因此,圣人善政的原则在于:放空民众之心机,填饱民众之肚腹,减弱民众之竞争意图,增强民众之筋骨体魄。要保持民众常处于无巧智、无欲望的状态。使那些有才智的人也不敢妄为造次。这就是无为而治。做到了无为的善政,则天下自然达到善治。

小　结

老子在这一章中集中表达其无为而治的思想。无为而治,有三大要求:首先,要求为政者无为,包括不尚贤,不爱财,无欲无求;其次,无为而治要求民众无为:虚其心,实其腹,弱其志,强其骨,从而"无知无欲";最后,无为而治要求"智者不敢为也"。

有了这三点,就能做到无为的善政,则天下"无不治"。

第四节　导读《周易·泰》《周易·临》

"泰"与"临"是《周易》的第 11 卦和第 19 卦。泰卦是乾下坤上，天下地上，其象为通，通则顺应天地；临卦是兑下坤上，泽上有地，其象为大，大则顺天应人。

泰卦第十一

一、泰卦

原文

（卦辞）泰。小往大来，吉亨。

（象辞）天地交，泰。后以财成天地之道，辅相天地之宜，以左右民。

初九。拔茅茹，以其汇，征吉。

九二。包荒，用冯河，不遐遗，朋亡，得尚于中行。

九三。无平不陂，无往不复，艰贞无咎，勿恤其孚，于食有福。

六四。翩翩，不富以其邻，不戒以孚。

六五。帝乙归妹，以祉元吉。

上六。城复于隍。勿用师，自邑告命。贞吝。

解意试译

（主题）乾下坤上，其象为通，通则顺应天地，政通人和。

（卦义）泰者通也，上通下达，政通人和。

（卦象）坤向上，地气上升；乾向下，天气下降，天地通，万物达。

（卦理）顺应天地，以成天地交合之道，合万物繁盛之宜，致民生安康。

初九（以阳居阳）。将柔软的小草汇集起来，同心协力。

九二（以阳居阴）。包容而勇敢，仔细又仁爱，中庸且得道。

九三（以阳居阳）。有平必有坡，有往必有来；艰苦守正无灾害；努力诚信足衣食。

六四（以阴居阴）。国泰民安，富而无骄，贫而无谄，乐施好善。

六五（以阴居阳）。天作之合，大吉大利。

上六（以阴居阴）。有难自担，明哲保身，克己复礼。

二、临卦

临卦第十九

原文

（卦辞）临。元亨，利贞。至于八月有凶。

（象辞）泽上有地，临。君子以教思无穷，容保民无疆。

初九。咸临，贞吉。

九二。咸临，吉，无不利。

六三。甘临，无攸利。既忧之，无咎。

六四。至临，无咎。

六五。知临，大君之宜，吉。

上六。敦临，吉，无咎。

解意试译

（主题）兑下坤上，其象为大，大则顺天应人，包容保民。

（卦义）临者大也，君仁临天下，善政得善治，但必守正，否则有凶。

（卦象）泽上有地，亲仁万方，教化万民，刚中而应，大亨以正。

（卦理）君子以厚德载物，教化民众，以德包容并保障民生福利。

初九（以阳居阳）。亲仁，守正。

九二（以阳居阴）。亲仁，止于至善。

六三（以阴居阳）。巧言令色鲜矣仁，过而改之则为喜。

六四（以阴居阴）。亲民无灾。

六五（以阴居阳）。善政良治，天下之幸。

上六（以阴居阴）。诚实敦厚，无所过失。

小 结

泰（11）和临（19）两卦虽不相邻，但主题都关乎善政。这两卦集中表达了文王关于通则顺应天地、大则顺天应人的善政思想。泰卦主通，通则顺应天地，政通人和，为政者要顺应天地，以成天地交合之道，合万物繁盛之宜，致民生安康。临卦主大，大则顺天应人，包容保民，为政者以厚德载物，竭尽全力教化民众，以其盛德包容并保障民生福利。

第五节　讨论：善政的智慧

善政，善于为政，也即善以智慧使用公权力，这种善政的智慧，充分体现在这一章所导读的为政思想中。

在《论语》中，孔子强调为政以仁德。所谓仁德，即要求为政者要通过所谓"四无四孝八君子"，成为正仁正德的君子，然后要掌握所谓"八政要"，即一曰知之，二曰言行，三曰民服，四曰民敬，五曰惟孝，六曰诚信，七曰传承，八曰正义。就是说，要做到"四无四孝八君子八政要"，才能称得上是善政。这是《论语》善政的智慧。

在《道德经》中，老子强调无为而治。所谓无为，一是要求为政者无为，包括不尚贤，不爱财，无欲无求；二是要求民众无为：虚其心，实其腹，弱其志，强其骨，从而"无知无欲"；三是要求"智者不敢为"。有了这三个无为就能做到无为的善政，天下则"无不治"。这是《道德经》善政的智慧。

在《周易》中，强调顺应天地、顺天应人。泰卦强调政通人和，君子要顺应天地，以成天地交合之道，合万物繁盛之宜，致民生安康。临卦强调包容保民，君子以厚德载物，竭尽全力教化民众，以其盛德包容并保障民生福利。这是《周易》善政的智慧。

本章在善政的主题下，导读《论语》"为政第二"、《道德经》第3章"不尚贤"和《周易》第11卦泰卦与第19卦临卦，尝试贯通"三经"，理会其善政思想。

善于为政，以至无为，以至顺天应人。

作业与思考题

1. 记住为政第二的数字律和记忆小诗。
2. 思考和感悟"三经"所谓"政"的异同。
3. 若有余力，背诵为政篇内容。
4. 小组讨论：如何理解"为政以德"？

第三章 论尚礼

本章选读《论语》第 3 篇"八佾"、《道德经》第 22 章"曲则全"、《周易》之第 10 卦"履"和第 45 卦"萃"。

本章的主题是尚礼。中华民族自古尚礼，华夏乃礼仪之邦。

孔子重视礼，《论语》中有两篇专论礼，其中之一就是本章所导读讨论的"八佾第三"。老子不赞成繁文缛节的礼，称其为"忠信之薄而乱之首"，但老子重视礼的本质，本章择其之一导读讨论。《周易》中涉及礼的内容和思想很多，本章选择其中体现以礼齐天下、以和聚兴旺的两卦导读和讨论。

第一节 "三经"中的尚礼思想

尚礼，倡导礼，进而以礼和邦，以礼惠民，以礼治天下，是为礼治。

在《论语》《道德经》《周易》关于治理的思想中，都程度不同地包含了尚礼的思想，虽态度、角度不同，但在以礼和邦、惠民、治天下的礼治意义上，"三经"有相通之处。

《论语》中有两篇专论礼，两篇的角度有很大不同。本章导读的"八佾第三"堪称礼治初阶，以列举方式说明尚礼的种种表现和要求，是尚礼或礼治的综述篇；第十章将要导读的"乡党第十"堪称礼治高阶，其中分门别类地讨论礼治的内容及其展开，是礼治的专门篇。《论语》用十分之一的篇幅论述礼治，可见其重要性。

《道德经》看似不重礼，甚至有鄙视礼之嫌。在第 38 章，在谈到德、仁、义、礼的关系时，甚至批判性地强调"夫礼者，忠信之薄而乱之首"。但我并不认为老子否定礼治，在他的论述中，不仅强调礼的作用，如"战胜，以丧礼处之"（第31章），且他对礼的本质有更加清晰和深刻的认识。本章导读的第22章"曲则全"即是一例。

《周易》中涉及礼的内容和思想很多，本章导读的履、萃两卦，以及后续将要导读的观、睽等卦，都包含有丰富的礼治思想。总的来看，《周易》中的礼治强调敬天爱人、天人合一，体现了在乾坤天地的永恒变化中人类社会要遵循自然、敬畏天地的客观要求。

除了本章选读的相关内容之外，在"三经"中还有大量涉及礼治的思想。其中特别需要指出的是孔子反复强调的忠孝、忠恕思想，当属礼与仁、礼治与心治之间最为重要的治理思想，在本书绪章有所涉及，在讨论里仁、为仁的相关章节中亦有论述，故不在此展开。

第二节　导读《论语·八佾第三》

"八佾"是《论语》第3篇，主题是尚礼。

本篇共26章。请大家通过53684的数字律和下面这首记忆小诗，反复诵读这一篇，并牢记之。

```
5  季三不本夷……        （五不礼）
3  旅射后…………        （三有礼）
6  征禘禘祭祷周…        （六明礼）
8  每不爱事使乐往管…    （八事礼）
4  乐仪韶不………        （四知礼）
```

依此顺序，我们按主题划分为五部分，依次导读如下。

一、五不礼　5（季三不本夷）

原文

(3.1)孔子谓季氏，"八佾舞于庭，是可忍也，孰不可忍也？"

(3.2)三家者以《雍》彻。子曰:"'相维辟公,天子穆穆',奚取于三家之堂?"

(3.3)子曰:"人而不仁,如礼何?人而不仁,如乐何?"

(3.4)林放问礼之本。子曰:"大哉问!礼,与其奢也宁俭;丧,与其易也宁戚。"

(3.5)子曰:"夷狄之有君,不如诸夏之亡也。"

解意试译

这五章的主题是不礼,为说明何为礼,强调不礼的五种情形:

其一,**季氏不礼**。

孔子谈季氏不礼。他说:"他胆敢僭越,居然以'八佾'的规格在庭院中奏乐舞蹈,是可忍也,孰不可忍也!"是为季氏(僭越)不礼。

其二,**三家不礼**。

孔子谈三家(孟孙、叔孙和季孙)不礼。他说:"他们祭祖时一边口中唱着《雍》一边撤祭馔,可那《雍》词明明是说:'诸侯都来助祭,天子恭敬地主祭'啊,何其不当!"是为三家(不当)不礼。

其三,**不仁不礼**。

孔子强调不仁不礼。他说:"人若不仁,怎么能有礼?怎么能行乐?"是为不仁不礼。

其四,**无本不礼**。

孔子强调无本不礼。林放问:"何为礼之本?"孔子说:"问得好!礼,与其追求形式上的豪华,不如简朴为妥;治丧,与其在仪式上面面俱到,不如内心真正悲痛。"故无本之奢,无戚之易,是为无本不礼。

其五,**夷狄不礼**。

孔子强调没文化不礼。他说:"夷狄乃文化蛮荒之地,虽有君主而不礼;不如中原之地文化繁荣,即使没有君主,一样恪守礼治。"是为夷狄(没文化)不礼。

故学礼当知何为不礼,这里举出五种情形:季氏(僭越)不礼,三家(不当)不礼,不仁不礼,无本不礼,夷狄(没文化)不礼。

二、三有礼　3（旅射后）

原文

(3.6)季氏旅于泰山。子谓冉有曰："女弗能救与？"对曰："不能。"子曰："呜呼！曾谓泰山不如林放乎？"

(3.7)子曰："君子无所争。必也射乎！揖让而升，下而饮。其争也君子。"

(3.8)子夏问曰："'巧笑倩兮，美目盼兮，素以为绚兮。'何谓也？"子曰："绘事后素。"曰："礼后乎？"子曰："起予者商也！始可与言《诗》已矣。"

解意试译

这三章的主题是有礼，与上一节相反，为说明何为礼，举出三种有礼的情形：

其一，旅有礼。

孔子强调旅有礼。他听说季氏去泰山旅行，对冉有说："你能否阻止他吗？"冉有说："不能。"孔子叹曰："唉！旅有礼，这道理像林放这样的普通人都懂啊！难道泰山之神还不明白吗？会有报应的！"

其二，射有礼。

孔子强调射有礼。说："君子没什么要争的，即使像射箭这样的竞技也有礼，相互作揖然后登堂，射完后再相互作揖退下（各组射完后，再作揖登堂饮酒）。其竞技也如君子般彬彬有礼。"

其三，后有礼。

孔子强调仁后有礼。子夏问："《诗经》中有'巧笑倩兮，美目盼兮，素以为绚兮！'这几句话是什么意思？"孔子回答："绘事后素，底色在先，美在其后。"子夏追问："那么，礼是不是在仁之后呢？"孔子夸赞说："没错，仁在先，后有礼。商，你真是能启发我的人，现在可以同你讨论《诗经》了。"

故学礼当知何为有礼，这里举出了三种情形：旅有礼，射有礼，后有礼。

三、六明礼　6（征禘禘祭祷周）

原文

(3.9)子曰："夏礼，吾能言之，杞不足征也；殷礼，吾能言之，宋不足征也。文献不足故也。足，则吾能征之矣。"

(3.10)子曰:"禘自既灌而往者,吾不欲观之矣。"

(3.11)或问禘之说。子曰:"不知也;知其说者之于天下也,其如示诸斯乎!"指其掌。

(3.12)祭如在,祭神如神在。子曰:"吾不与祭,如不祭。"

(3.13)王孙贾问曰:"与其媚于奥,宁媚于灶,何谓也?"子曰:"不然。获罪于天,无所祷也。"

(3.14)子曰:"周监于二代,郁郁乎文哉!吾从周。"

解意试译

这六章强调如何做到明礼:

其一,征礼:礼要求证。

孔子强调礼要求证。他说:"夏朝的礼,我能说明,但夏的后代杞国人却不再实践而无法证明;殷朝的礼,我能说明,但殷的后代宋国人却不再实践而无法证明。由于文献记载不足,我也无法靠文献来证明之。"

其二,禘仪:礼仪求真。

孔子强调礼仪求真。他说:"对于行禘礼的仪式,从第一次献酒以后,我就不愿意看下去了,因其不真。"

其三,禘义:礼义在治。

孔子强调礼义在治。有人向孔子请教禘礼之义,孔子说:"不知道。"而后,又补充说:"如果知道禘礼的真义,治理好国家就易如反掌了。"

其四,祭礼:礼须亲为。

孔子强调礼须亲为。他说:"祭祀祖先时,好像祖先真的就在面前;祭神的时候,好像神真的就在面前。"孔子说:"我如果不亲自参加祭祀,祭了就跟不祭一样。"

其五,祷礼:礼当心诚。

孔子强调礼当心诚。王孙贾问孔子:"与其祷告奥神,不如祷告灶神,这是什么意思?"孔子说:"不是这样的。如果得罪了上天,到什么地方去祷告求情都没有用的。"

其六,周礼:礼要根正。

孔子强调礼要根正。他说:"周代的礼制来源于夏朝和商朝,多么丰富多彩啊!我主张礼承周代为根正。"

故学礼当明礼,明礼有六:一为征礼,礼要求证;二为禘仪,礼仪求真;三为禘义,礼义在治;四为祭礼,礼须亲为;五为祷礼,礼当心诚;六为周礼,礼要根正。

四、八事礼　8（每不爱事使乐往管）

原文

(3.15)子入太庙，每事问。或曰："孰谓鄹（音邹）人之子知礼乎？入太庙，每事问。"子闻之，曰："是礼也。"

专栏 3-1　　每 事 问

1930年5月，毛泽东在《反对本本主义》中谈到调查研究时，提倡"到你的工作范围的各部分各地方去走走。学个孔夫子的'**每事问**'，任凭什么才力小也能解决问题"。

——《毛泽东谈孔子》（作者：韩延明），来源：人民网

(3.16)子曰："射不主皮，为力不同科，古之道也。"

(3.17)子贡欲去告朔之饩羊。子曰："赐也！尔爱其羊，我爱其礼。"

(3.18)子曰："事君尽礼，人以为谄也。"

(3.19)定公问："君使臣，臣事君，如之何？"孔子对曰："君使臣以礼，臣事君以忠。"

(3.20)子曰："《关雎》，乐而不淫，哀而不伤。"

(3.21)哀公问社于宰我。宰我对曰："夏后氏以松，殷人以柏，周人以栗，曰，使民战栗。"子闻之，曰："成事不说，遂事不谏，既往不咎。"

(3.22)子曰："管仲之器小哉！"或曰："管仲俭乎？"曰："管氏有三归，官事不摄，焉得俭？""然则管仲知礼乎？"曰："邦君树塞门，管氏亦树塞门。邦君为两君之好，有反坫，管氏亦有反坫。管氏而知礼，孰不知礼？"

解意试译

这八章以案例的方式，说明礼的实践：

其一，每事问。

孔子进入太庙，每件事都要问明白。有人说："谁说孔子知礼呢？他进到太庙里，每件事都要问别人"。孔子听后说："这正是礼呀！"

其二，不主皮。

孔子说："比射箭，主要不是看是否射穿皮做的箭靶子，因为各人力气大小有不同（主要看是否射中靶心），这是自古以来的规则，礼也。"

其三，爱其礼。

子贡想要把每月初一告祭祖庙牺牲的羊废去不用，孔子说："端木赐呀，你爱惜那只羊，我则爱惜那种礼。"

其四，事君礼。

孔子说："对待君主，要按照礼仪尽力去做，别人却以为你这是谄媚。"

其五，使臣礼。

鲁定公问："国君役使臣子，臣子服侍国君，各自应该怎么做？"孔子说："国君以礼役使臣子，臣子以忠服侍国君。"

其六，乐不淫。

孔子说："《关雎》所体现的礼，在于乐而不淫，哀而不伤。"

其七，往不咎。

鲁哀公问宰我："做土地神的神位应该用什么木料？"宰我说："夏代人用松木，殷代人用柏木，周代人用栗木。据说是要使民战栗（以利其统治）。"孔子听后说："做成了事就不要解释了，做完的事就不要再反对了，已经过去的事就不要追究啦！"

其八，管仲小。

孔子说："礼要有器量，管仲的器量太小。"有人问："管仲节俭吗？"孔子说："他娶了三个老婆，手下雇了很多人，怎么会节俭呢？"那人又问："那么管仲知礼吗？"孔子说："国君的宫门前设置影壁，他家也有；国君设宴招待外国君主，在堂上设置放空酒杯的土台，他家也有；如果说管仲知礼，还有谁人不知礼呢？"所以说，管仲器量小而不知礼啊！

故学礼当践行礼，谨举八个案例：每事问，不主皮，爱其礼，事君礼，使臣礼，乐不淫，往不咎，管仲小。

五、四知礼 4（乐仪韶不）

原文

(3.23)子语鲁太师乐，曰："乐其可知也：始作，翕如也；从之，纯如也，皦如也，绎如也，以成。"

(3.24)仪封人请见，曰："君子之至于斯也，吾未尝不得见也。"从者见之。出曰："二三子何患于丧乎？天下之无道也久矣，天将以夫子为木铎。"

(3.25)子谓《韶》，"尽美矣，又尽善也。"谓《武》，"尽美矣，未尽善也。"

(3.26)子曰："居上不宽，为礼不敬，临丧不哀，吾何以观之哉？"

解意试译

这四章以列举的方式，说明知与不知礼的四种情形：

其一，乐礼可知。

孔子与鲁国乐师讨论音乐。说："乐礼是可知的。开头是合奏，声音繁美如翕；继而，悠扬悦耳如纯；随后，音节分明如皦，连续不断如绎，最后达到高潮以成。"故，乐礼可知也。

其二，仪封人知礼。

仪封人（仪这个地方的官员）求见孔子，说："凡是到这里的君子，我都要拜见一下。"弟子安排孔子接见后，他出来说："你们还不知足呀！天下失道已久，老天爷这次是要让你们的老师来做导师啊！"可见，仪封人知礼。

其三，《韶》《武》之礼可知。

孔子评价《韶》这一舞乐说："尽善尽美啊！"他评价《武》这一舞乐说："尽美啊，但未尽善。"故《韶》《武》之礼可知。

其四，不可不知礼。

孔子说："执政时不能宽厚待人，行礼时不能恭敬，临丧时也不悲哀，这种情况我怎么能看得下去呢？"是故，礼，不可不知啊！

故学礼当知礼，谨举四种情形：乐礼可知，仪封人知礼，《韶》《武》之礼可知，不可不知礼。

小 结

孔子在这一篇集中讨论初学者如何学礼的问题。作为礼治入门，如何学礼？孔子循循善诱，从正反两面，列举了各种案例和情形，说明礼的内容、要求、规则及其传承，即五不礼、三有礼、六明礼、八事礼、四知礼：

第一，不礼者五：学礼当知何为不礼，有五种情形堪称其典：季氏（僭越）不礼，三家（不当）不礼，不仁不礼，无本不礼，夷狄（无文化）不礼。

第二，有礼者三：学礼当知何为有礼，有三种情形堪为其范：旅有礼，射有礼，后有礼。

第三，明礼者六：学礼当明礼，有六件事情堪为其明：一为征礼，礼要求证；二为禘仪，礼仪求真；三为禘义，礼义在治；四为祭礼，礼须亲为；五为祷礼，礼当心诚；六为周礼，礼要根正。

第四，事礼者八：学礼当践行礼，举八个案例堪以为例：每事问，不主皮，爱其礼，事君礼，使臣礼，乐不淫，往不咎，管仲小。

第五，知礼者四：学礼当知礼，有四种情形堪以判别：乐礼可知，仪封人知礼，《韶》《武》之礼可知，不可不知礼。

总之，请大家务必记住：尚礼五三六八四！

第三节　导读《道德经·曲则全》

"曲则全"是《道德经》第22章，主题是礼的本质。

原文

曲则全，枉则直，洼则盈，敝则新，少则得，多则惑。

是以圣人抱一为天下式。不自见，故明；不自是，故彰；不自伐，故有功；不自矜，故长。

夫唯不争，故天下莫能与之争。古之所谓"曲则全"者，岂虚言哉？诚全而归之。

解意试译

这一章的主题是说明礼的本质在于抱一为式、和而不争。

老子说：

委曲就能保全，屈枉就能直伸，低洼就能充盈，破烂就能更新，少取就能获得，贪多就必迷失。

所以圣人（最大的礼在于）抱一为式！双手相抱成圆，以太极式，则天地宇宙岂不归于一抱之中？！（因此礼的本质在于）不自呈现，反而明显；不自为是，是非自彰；不自夸耀，反而有功；不自矜持，反更长久。

正因为不与人争，所以天下没人能与之争。（这才是礼的本质啊！）古人常说：曲则全者，其实并非空话，历史上全而归之者大有人在呀！

小 结

老子在这一章中集中阐述了礼的本质在于抱一为式、和而不争的思想。

从"曲则全、枉则直、洼则盈、敝则新、少则得、多则惑"这样一类看似矛盾的辩证法中可悟出,圣人最大的礼在于"抱一为式":双手相抱成圆,以太极为式,那么天地宇宙岂不归于一抱之中?!这说明礼的本质在于:不自呈现,反而明显;不自为是,是非自彰;不自夸耀,反而有功;不自矜持,反更长久。换言之,正因为不与人争,所以天下没人能与你争!

第四节　导读《周易·履》《周易·萃》

"履"与"萃"是《周易》的第10卦和第45卦。履卦是兑下乾上,上天下泽,其象为礼,强调以礼齐天下;萃卦是坤下兑上,泽上于地,其象为和,表示以和聚兴旺。

履卦第十

一、履卦

原文

(卦辞)履虎尾,不咥人,亨,利贞。

(象辞)上天下泽,履。君子以辩上下,定民志。

初九。素履,往无咎。

九二。履道坦坦,幽人贞吉。

六三。眇能视,跛能履。履虎尾,咥人,凶。武人为于大君。

九四。履虎尾,愬愬终吉。

九五。夬履,贞厉。

上九。视履考祥,其旋元吉。

解意试译

(主题)兑下乾上,其象为礼,主题是以礼齐天下。

(卦义)履者礼也,临危却能泰然并礼待之,就会顺利通达。

(卦象)上天下泽,君子以礼辨别上下,端正民志,善治天下。

初九(以阳居阳)。朴素坦诚为首要,践行无灾。

九二（以阳居阴）。礼让而行为次要，尚礼隐居，守正吉祥。

六三（以阴居阳）。掌握分寸为三要，礼如盲视跛行，过分寸有险，德不配失当。

九四（以阳居阴）。泰然处之为四要，礼如临危知惧，泰然则安详。

九五（以阳居阳）。力戒鲁莽为五要，礼戒急躁鲁莽，遇险而无灾。

上九（以阳居阴）。谨言慎行为六要，礼当谨言慎行，至吉祥如意。

二、萃卦

萃卦第四十五

原文

（卦辞）萃。亨。王假有庙。利见大人，亨利贞。用大牲吉，利有攸往。

（象辞）泽上于地，萃。君子以除戎器，戒不虞。

初六。有孚不终，乃乱乃萃。若号，一握为笑。勿恤，往无咎。

六二。引吉无咎，孚乃利用禴。

六三。萃如嗟如，无攸利，往无咎，小吝。

九四。大吉，无咎。

九五。萃有位，无咎。匪孚，元永贞，悔亡。

上六。赍咨涕洟，无咎。

解意试译

（主题）坤下兑上，其象为和，主题是以和聚兴旺。

（卦义）萃者聚也，和顺而聚，有神灵，有君子，行大礼，吉祥向上。

（卦象）泽地相润，君子以和汇聚天下，防不虞之灾。

初六（以阴居阳）。以悦：信本难行，相聚而欢，同行与众，和以悦往。

六二（以阴居阴）。以祭：祈吉无咎，行夏祭礼。

六三（以阴居阳）。以真：和聚以真，不图小利。

九四（以阳居阴）。以吉：聚以大吉，和顺无咎。

九五（以阳居阳）。以正：和者各得其位，虽未诚服，大中至正，终至无悔。

上六（以阴居阴）。以情：离散之后，叹息流涕，但无灾祸。

小结

《周易》的这两卦，看似彼此无关联，但其实都与礼有关。序卦云："履者，礼也。……萃者，聚也。"人类走出蒙昧有了一定的物质生活保障，就开始有礼；而礼之用和为贵，故这两卦可视为最早关于礼的思想。

履卦以礼为象，强调以礼齐天下。齐礼盖有六要：一要朴素坦诚；二要礼让而行；三要掌握分寸；四要泰然处之；五要力戒鲁莽；六要谨言慎行。

萃卦以和为象，强调以和聚兴旺。聚和盖有六以：一以悦；二以祭；三以真；四以吉；五以正；六以情。

第五节 讨论：尚礼的智慧

尚礼，进而以礼和邦、以礼惠民、以礼治天下，在治理中体现礼的智慧，这种智慧体现在这一章所导读的上述三部分内容中。

礼是孔子治理思想的核心。在我称为礼治初阶的"八佾第三"中，孔子与其弟子们通过五不礼、三有礼、六明礼、八事礼、四知礼的逻辑，从正反两个方面，列举生动的案例和情形，讨论说明礼的内容、要求、规则及其传承。简言之，学礼当知不礼，不礼者有五；学礼当知有礼，有礼者有三；学礼当明礼，明礼者有六；学礼当践行礼，事礼者有八；学礼当知礼，知礼者有四。

老子很少谈礼，但以论"和"的方式谈及礼之用，说明礼的本质并不在于烦琐的形式，而在于简单明了的抱一为式、和而不争。

《周易》的履卦和萃卦，一个以礼为象，一个以和为象，分别强调以礼齐天下与以和聚兴旺。

如此，"三经"在关于礼治的智慧上，堪称殊途同归。

作业与思考题

1. 记住八佾第三的数字律和记忆小诗。
2. 思考和感悟礼之"质"与"文"的关系。
3. 若有余力，背诵八佾篇内容。
4. 小组讨论：如何理解"每事问"？

第四章 论里仁

本章选读《论语》第4篇"里仁"、《道德经》第8章"上善若水"、《周易》第14卦"大有"和第42卦"益"。

从治理的角度理解，这三部分的主题都与向内的治理即心治有关。

《论语》里仁篇，核心主题是里仁，集中阐述孔子及其弟子关于里仁的思想；《道德经》相应的内容选取第8章，主题是上善若水；《周易》选择大有卦与益卦，这两卦的主题都是行善，皆为心治。

第一节 "三经"中的里仁思想

里仁，指发于内心的仁爱，即良知。

在"三经"关于治理的思想中，包含丰富的里仁思想。《论语》中有专篇讨论里仁，其主要内容将在下文中展开。其实仁或里仁是贯穿《论语》的核心概念，也是孔子及儒家思想的最基本范畴，整部《论语》中有110处谈及仁，几乎篇篇有仁。要特别强调的是，孔子关于仁的思想博大精深，且几乎没有统一的寓意。不同的人问仁，不同的场合言仁，不同的语境下论仁，其解相去甚远，这也正体现了孔子和儒家关于仁的思想深度和境界。

《道德经》直接言及仁的不多，但在老子思想中，善是极为重要的概念。仁和善，其意不同，但指向相同，都强调内在的良知，故善与仁相通。除本章导读的章节外，后续导读中还会涉及相关的内容。

《周易》中涉及仁与善的内容和思想不少，本章导读的大有和益两卦，都包含有丰富的行善或公益思想，特别是围绕财富向善的公益乃至第三次分配所形成的体系化财富升维思想，饶有兴味。

第二节　导读《论语·里仁第四》

"里仁"是《论语》第4篇，主题是里仁。

本篇共26章。请大家通过56645的数字律和下面这首记忆小诗，反复诵读这一篇，并牢记之。

```
5  里安惟志不……（五仁）
6  未观朝恶无怀…（六境）
6  放能不唯喻见…（六戒）
4  事在三年………（四孝）
5  古以讷德事……（五箴言）
```

依此顺序，我们按主题划分为五部分，依次导读如下。

一、仁明五义　5（里安惟志不）

原文

(4.1)子曰："里仁为美。择不处仁，焉得知？"

(4.2)子曰："不仁者不可以久处约，不可以长处乐。仁者安仁，知者利仁。"

(4.3)子曰："惟仁者能好人，能恶人。"

(4.4)子曰："苟志于仁矣，无恶也。"

(4.5)子曰："富与贵，是人之所欲也；不以其道得之，不处也。贫与贱，是人之所恶也；不以其道得之，不去也。君子去仁，恶乎成名？君子无终食之间违仁，造次必于是，颠沛必于是。"

解意试译

这五章说明仁之五义，从五个方面说明仁的含义：

其一，里仁。

孔子强调里仁在心，他说："里仁即内在美（良知），选择朋友和邻居，当以里仁为标准，否则何以为智？！"

其二，安仁。

孔子强调安仁在怀，他说："仁者安仁；不仁者不安仁，不能长久处于贫困之中，也不能长久处于安乐之中，因其不安仁必会堕落。只有仁者才能安仁，只有智者才能为仁并增益于仁。"

其三，惟仁。

孔子强调惟仁在德，他说："惟有仁者，才能分清好人与恶人，从仁出发来鉴别好人与坏人，并从仁出发善待好人，远离坏人。"

其四，志仁。

孔子强调志仁在意，他说："立志于仁，就不会做坏事。"

其五，不违仁。

孔子强调不违仁在责，他说："所谓不违仁是什么意思呢？富与贵是人人都向往的，但若不以其道获得之，君子必不违仁而安享之；贫与贱是人人都厌恶的，但若不以其道摆脱之，君子必不违仁而安去之。君子违仁还叫什么君子？！君子一刻也不可违仁，紧急状态下如是，流离失所时亦如是。"

故，仁的本质在五义，由里仁而安仁，而惟仁，而志仁，而不违仁。**里仁在心，安仁在怀，惟仁在德，志仁在意，不违仁在责**。因此仁在本质上是内生于君子之身、内在于君子之心的品德，是里仁和良知。

二、仁达六境　6（未观朝恶无怀）

原文

(4.6)子曰："我未见好仁者，恶不仁者。好仁者，无以尚之；恶不仁者，其为仁矣，不使不仁者加乎其身。有能一日用其力于仁矣乎？我未见力不足者。盖有之矣，我未之见也。"

(4.7)子曰："人之过也，各于其党。观过，斯知仁矣。"

(4.8)子曰："朝闻道，夕死可矣。"

(4.9)子曰："士志于道，而耻恶衣恶食者，未足与议也。"

(4.10)子曰："君子之于天下也，无适也，无莫也，义之与比。"

(4.11)子曰:"君子怀德,小人怀土;君子怀刑,小人怀惠。"

解意试译

这六章阐述仁的六种境界或者高度:

其一,未见好仁。

孔子强调仁乃罕见之物,他说:"好仁是一种很高的境界!好仁者和恶不仁者都是很高的境界,我很遗憾至今还没看到过。好仁者以行仁为其所好,别无他求;恶不仁者,虽比不上好仁者,但能远离不仁者,洁身自好而不为恶。有谁能一整天都尽全力于仁吗?说真的我还没见过力不足者。也许有吧,但尽全力而达到好仁或恶不仁之境界的,我还真没见过。"

其二,观过知仁。

孔子强调仁可观过知之,他说:"人有各类,人们所犯的错误也各所不同。但从所犯的错误中,可以察知其内在良知(仁)的得分有多少。"

其三,朝闻夕死。

孔子强调仁可舍命求之,他说:"闻道则喜,纵然朝闻夕死又何足惜?!"

其四,恶衣恶食。

孔子强调仁可舍财求之,他说:"志于道者不忧贫,忧贫者不与其议道。"

其五,无适无莫。

孔子强调仁当以义及之,他说:"君子对于天下事,没有厚薄亲疏,只有义行天下。"

其六,怀德怀刑。

孔子强调仁当以德怀之,他说:"君子胸怀仁德,小人考虑乡土;君子着眼法度,小人关心私利。"

故,仁是有高度的,仁的高度体现在六个方面,即:**罕见之故未见好仁**;**过知之故观过知仁**;**舍命之故朝闻夕死**;**舍财之故恶衣恶食**;**义及之故无适无莫**;**德怀之故怀德怀刑**。能达到这六个方面的高度,可谓仁者也!

三、仁守六戒 6(放能不唯喻见)

原文

(4.12)子曰:"放于利而行,多怨。"

(4.13) 子曰:"能以礼让为国乎?何有?不能以礼让为国,如礼何?"

(4.14) 子曰:"不患无位,患所以立。不患莫己知,求为可知也。"

(4.15) 子曰:"参乎!吾道一以贯之。"曾子曰:"唯。"子出,门人问曰:"何谓也?"曾子曰:"夫子之道,忠恕而已矣。"

(4.16) 子曰:"君子喻于义,小人喻于利。"

(4.17) 子曰:"见贤思齐焉,见不贤而内自省也。"

专栏 4-1　见贤思齐焉

2014年5月30日,习近平总书记来到北京市海淀区民族小学,在座谈会上发表题为《从小积极培育和践行社会主义核心价值观》的讲话,引用《论语》4.17章中孔子语,强调要"学习英雄人物、先进人物、美好事物,在学习中养成好的思想品德追求",他说:

"榜样的力量是无穷的。大家要把他们立为心中的标杆,向他们看齐,像他们那样追求美好的思想品德。这就是孔子讲的:'见贤思齐焉,见不贤而内省也。'"

来源:人民网

解意试译

这六章说明仁的六种戒律或者底线:

其一,放于利。

孔子强调仁不逐利,他说:"如放于利,即纵心于利而行,必招致很多怨恨。"

其二,不以礼。

孔子强调仁不违礼,他说:"以礼让来治国,有什么困难吗?但现实中却没有做得到的。然而不以礼让来治国,那要礼干什么?"

其三,不患无。

孔子强调仁不患得失,他说:"君子不担忧没有职位,只担忧没有足以胜任职位的本领;不担忧别人不知道自己,只求自己努力成为有真才实学而值得人们所知道的人。"

其四,守忠恕。

孔子强调仁要坚守忠恕,他说:"曾参啊!我所谓道,可一以贯之啊!"曾子说:"明白了。"孔子出。学生们问:"这是什么意思呢?"曾子说:"老师所谓道,归根到底就是坚守忠恕。"

其五,喻于义。

孔子强调仁要喻于义,他说:"君子看重的是道义,小人看重的是利益。"

其六,见贤思。

孔子强调仁要见贤思齐,他说:"看见贤能的人和事情,要努力去以贤为标准提高自己;看见不贤的人和事情,要努力反省自己的缺点和不足。"

故,仁是有底线的,这底线体现在六个方面,一曰"放于利"即不逐利;二曰"不以礼"即不违礼;三曰"不患无"即不患得失;四曰"守忠恕"即坚守忠恕;五曰"喻于义"即喻仁于义;六曰"见贤思"即见贤思齐。能保守这六个方面的戒律,亦可谓仁者也!

四、仁致四孝 4(事在三年)

原文

(4.18)子曰:"事父母几谏,见志不从,又敬不违,劳而不怨。"

(4.19)子曰:"父母在,不远游,游必有方。"

(4.20)子曰:"三年无改于父之道,可谓孝矣。"

(4.21)子曰:"父母之年,不可不知也。一则以喜,一则以惧。"

解意试译

这四章强调仁的重要体现是孝,里仁致孝。有四方面的孝行:

其一,事父母。

孔子强调事父母,事之劳而不怨,他说:"侍奉父母,对他们的缺点要委婉地提出劝谏,即使看见他们不接受,也要恭敬不违,劳而不怨。"

其二,父母在。

孔子强调父母在,游则不远有方,他说:"父母在世,不出远门;如果要出远门,必须告知自己所去的地方及何时归来,并安排好父母的供养。"

其三,三年孝。

孔子强调三年孝,死后三年无改,他说:"父母过世多年后,依然能够奉行父母的教导和正确的人生原则,就可以称之为孝。"

其四，父母年。

孔子强调父母年，心中喜惧两牵，他说："父母的年纪不能不知道，一方面因其长寿而高兴，另一方面又因其年迈而有所担忧。"

故：里仁致孝有四：一曰**事父母**，事之劳而不怨；二曰**父母在**，游则不远有方；三曰三年孝，死后三年无改；四曰**父母年**，心中喜惧两牵。

五、仁箴五言　5（古以讷德事）

原文

(4.22)子曰："**古者**言之不出，耻躬之不逮也。"
(4.23)子曰："**以**约失之者鲜矣。"
(4.24)子曰："君子欲**讷**于言而敏于行。"
(4.25)子曰："**德**不孤，必有邻。"
(4.26)子游曰："**事**君数，斯辱矣；朋友数，斯疏矣。"

专栏 4-2　　　　德不孤，必有邻

2015年5月23日，习近平主席在北京人民大会堂出席中日友好交流大会并发表重要讲话，其中引《论语》4.25章孔子语。他说：

"邻居可以选择，邻国不能选择。'**德不孤，必有邻。**'只要中日两国人民真诚友好、以德为邻，就一定能实现世代友好。中日两国都是亚洲和世界的重要国家，两国人民勤劳、善良、富有智慧。中日和平、友好、合作，是人心所向、大势所趋。"

来源：光明网

解意试译

这五章压轴，说明仁的要点有五句箴言：

其一，古者言。

孔子强调行胜于言，他说："古代的君子从不轻率地发言表态，他们以说了而做不到为耻。"

其二，以约失。

孔子强调约之以礼，他说："约之以礼者，就很少再犯错误。"

其三，讷于言。

孔子强调讷言敏行，他说："君子当说话谨慎，做事敏捷。"

其四，德不孤。

孔子强调德必有邻，他说："品德高尚的人不会孤单，必有志同道合的人和他作伴。"

其五，事君数。

子游强调劝谏有度，他说："服侍君主，反复劝谏必遭羞辱；交往朋友，啰唆絮叨必致疏远。"

故，仁之要点有五个箴言：一曰**古者言**，行胜于言；二曰**以约失**，约之以礼；三曰**讷于言**，讷言敏行；四曰**德不孤**，德必有邻；五曰**事君数**，劝谏有度。

小 结

这一篇以极严谨的逻辑和框架，全面而深刻地阐释了孔子及其弟子关于仁的思想。

本篇共26章，分为五部分，通过"五仁六境六戒四孝五箴言"，分别阐述仁的"心高底体言"：

第一，仁之核心在五仁：里仁，安仁，惟仁，志仁，不违仁。

第二，仁之高度在六境：罕见之，过知之，舍命之，舍财之，义及之，德怀之。

第三，仁之底线在六戒：不逐利，不违礼，不患得失，坚守忠恕，喻仁于义，见贤思齐。

第四，仁之体现在四孝：事父母劳而不怨，父母在不远有方，三年无改父母道，父母年喜惧两牵。

第五，仁之要点有五箴言：行胜于言，约之以礼，讷言敏行，德必有邻，劝谏有度。

总之，请大家务必记住：里仁五六六四五！

第三节　导读《道德经·上善若水》

"上善若水"是《道德经》第8章，主题是论善。

📖 原文

上善若水。水善利万物而不争，处众人之所恶，故几于道。居善地，心善渊，与善仁，言善信，政善治，事善能，动善时。

夫唯不争，故无尤。

专栏 4-3　　　　　　　　上善若水

2014年11月10日，习近平主席在亚太经合组织第二十二次领导人非正式会议欢迎宴会上致辞，引《道德经》第8章老子语。他说：

"2000多年前，老子说：'上善若水，水利万物而不争'，意思就是说最高境界的善行就像水一样涓涓细流，泽被万物。亚太经合组织以太平洋之水结缘，我们有责任使太平洋成为太平之洋，友谊之洋，合作之洋，见证亚太地区和平、发展、繁荣、进步。"

来源：央视新闻

📖 解意试译

这一章的标题是上善若水，主题是至善不争。

老子说：

最高境界的善如水。水善于滋润万物而不与之争，流于众人皆不及的下位，因而才最接近于道。居住择善地，用心存善念，为人以善仁，说话善守信，为政善其治，做事善其能，行动善其时。

故善之至境乃不争，唯其不争，不招怨亦无过失。

小　结

在这一章里，老子用简洁明快的比喻和清晰的逻辑，阐述其不争为至善的思想。首先，最高的善如水，利他，包容，柔软，低调，流于大道；其次，善主要表现在七个方面：所居，所思，交往，言语，为政，做事，行动，这七个方面都能为善，堪称善境；再次，善的至境是不争，即至善不争。正因为不争，所以无忧无过。

第四节　导读《周易·大有》《周易·益》

"大有"与"益"是《周易》的第14卦和第42卦。大有卦是乾下离上,火在天上,其象为聚财,主题是财富升维;益卦是震下巽上,风雷相交,其象为公益,主题是公益天下。

大有卦第十四

一、大有卦

原文

（卦辞）大有。元亨。

（象辞）火在天上,大有。君子以遏恶扬善,顺天休命。

初九。无交害,匪咎,艰则无咎。

九二。大车以载,有攸往,无咎。

九三。公用亨于天子,小人弗克。

九四。匪其彭,无咎。

六五。厥孚交如,威如,吉。

上九。自天佑之,吉无不利。

解意试译

（主题）乾下离上,其象为聚财,主题是财富升维。

（卦义）财富升维,物必归焉。

（卦象）日耀于天,财富升维,君子止恶扬善,顺应天道。

初九（以阳居阳）。交易积累财富,劳动创造价值。

九二（以阳居阴）。财富滚滚而来,不断积累。

九三（以阳居阳）。公权主财富公用,克服私心。

九四（以阳居阴）。富以宽之（向善）,当低调谦行。

六五（以阴居阳）。富以长之（传承）,代际交替,吉祥。

上九（以阳居阴）。富以高之（升维）,天必佑之,吉祥无忧。

二、益卦

益卦第四十二

☷☴

原文

（卦辞）益。利有攸往，利涉大川。

（象辞）风雷益。君子以见善则迁，有过则改。

初九。利用为大作，元吉无咎。

六二。或益之十朋之龟，弗克违。永贞吉。王用享于帝，吉。

六三。益之用凶事，无咎。有孚中行，告公用圭。

六四。中行，告公从。利用为依迁国。

九五。有孚惠心，勿问元吉。有孚惠我德。

上九。莫益之，或击之。立心勿恒，凶。

专栏 4-4　　　　见善则迁，有过则改

2014 年 5 月 5 日，习近平总书记来到北京大学与师生座谈并发表题为《青年要自觉践行社会主义核心价值观》的重要讲话，其中引《周易·益卦》的象辞。他说：

"修德，既要立意高远，又要立足平实。要立志报效祖国、服务人民，这是大德，养大德者方可成大业。同时，还得从做好小事、管好小节开始起步，'**见善则迁，有过则改**'，踏踏实实修好公德、私德，学会劳动、学会勤俭，学会感恩、学会助人，学会谦让、学会宽容，学会自省、学会自律。"

来源：新华网

解意试译

（主题）震下巽上，其象为公益，主题是损上益下，公益天下。

（卦义）益者公益也，损上益下，民悦无疆，前途光明，大有可为。

（卦象）风雷相交，益天益地；天施地生，善及万民。

　　　　君子要见善则迁，有过则改。

初九（以阳居阳）。公益格局要大，起点要高，发心要善。

六二（以阴居阴）。有巨额捐赠，但收无碍。务守正清廉，宜于公益和祭祀。吉祥。

六三（以阴居阳）。扶贫济困，教化民众，公信公允，引领天下。

六四（以阴居阴）。中庸守正，上下一心，宜于及时办大事（如迁都）。

九五（以阳居阳）。公信德馨，公益不问出处，提升道德境界。

上九（以阳居阴）。要善始善终，如增益不足反受打击，动摇初心则有凶险。

小 结

大有与益是《周易》中直接谈及公益的两卦。大有卦从财富升维的角度讨论行善，益卦则从损上益下的角度讨论公益。大有卦的卦象为聚财，即"物必归焉"，行善是自下而上的财富升维过程中的重要表现：在富以宽之的阶段，表现为低调谦行的财富向善；在富以长之的阶段，表现为财富传承；在富以高之的阶段，表现为财富由低到高升维齐天。

益卦的卦象是损上益下的公益。这一卦分析了公益的整个趋势和各种重要原则，如格局要大，起点要高，发心要善；要守正清廉，扶贫济困，教化民众；公益将"有孚惠心""有孚惠我德"；公益须善始善终，等等。

从这两卦来理解当下的"第三次分配"，令人感佩古人在物质财富还相当匮乏的远古时代，就已产生财富不断升级的体系化思维，其中所蕴含高超的智慧和令人高山仰止的思想境界！

第五节 讨论：里仁的智慧

总结这一章，尽管里仁一词一直以来有不同的解释，但我还是主张将之理解为内化的仁或良知，因而与善相提并论，归之于心治。

孔子注重仁的本质和现象。他的主要分析是：仁之核心在五仁（里仁、安仁、惟仁、志仁、不违仁），仁之高度在六境（罕见之、过知之、舍命之、舍财之、义及之、德怀之），仁之底线在六戒（不逐利、不违礼、不患得失、坚守忠恕、喻仁于义、见贤思齐），仁之体现在四孝（事父母劳而不怨、父母在不远有方、三年无改父母道、父母年喜惧两牵），仁之要点有五箴言（行胜于言、约之以礼、讷言敏行、德必有邻、劝谏有度）。

老子强调仁或善的最高境界是不争。他的主要观点是：最高的善如水，利他，包容，柔软，低调，流于大道。其表现主要有七个方面：所居，所思，交往，言语，为政，做事，行动。至善不争。

《周易》则主要从财富的升维和流向来讨论行善与公益。大有卦关注财富从低到高的升维，益卦关注财富从上到下的流动所形成的公益。

从内在于心外在于行的仁，到至善的不争，再到财富的升维和流向，体现的是三种不同的仁或者善。

如此，"三经"在关于里仁的智慧上，当是各怀其资。

请问：你怎么理解？

作业与思考题

1. 记住里仁第四的数字律和记忆小诗。
2. 思考和感悟仁之"里"与"为"的关系。
3. 若有余力，背诵里仁篇内容。
4. 小组讨论：如何理解"德不孤"？

第五章 论为仁

本章选读《论语》第 5 篇"公冶长",《道德经》第 4 章和第 56 章"和光同尘",《周易》第 22 卦"贲"和第 53 卦"渐"。

《论语》公冶长篇,呈现的是孔子对弟子及古今贤人的行为优劣的评价,其中既有孔门弟子的画像,有孔子对古今贤人的画像,亦有孔子与弟子们的精彩对话场景,其内容皆涉及为仁:如何以行动来践行仁?如何学习为仁?并以案例说明为仁与不仁、贤与不贤,故名之"为仁";《道德经》相应的部分选取第 4 章和第 56 章,主题是强调为仁之本乃"和光同尘";《周易》则选择贲卦和渐卦,主题都与为仁有关,一是修身,二是近仁。

第一节 "三经"中的为仁思想

为仁,即践行仁,以仁为本去行为和做人。

在"三经"关于治理的思想中,都从不同角度强调为仁。

《论语》的第 5 篇和第 6 篇,就主题和关键内容来看,都在讨论为仁,但各有侧重。第 5 篇"公冶长",主要通过两类人物行为的评价来说明为仁,一是对诸位弟子行为的评价,二是对古今贤人或知名人士行为的评价,通过这两类人物行为的评价,从正反两个方面说明如何为仁。这部分内容,正好是对上一篇里仁的逻辑承接:里仁如理,为仁如义。

《道德经》虽然少言为仁,但在老子思想中包含有重要的做人及为善的思想。"善人""善者""为善""善行""善果""善为道""善为士""善胜""善谋",等等,都是老子常用的概念,从不同角度表达了老子的为仁为善的思想。本章导读的"和光同尘"是其中的重要内容之一。

《周易》中涉及为仁为善的内容和思想也不少,本章导读的贲卦和渐卦,都包含原始和朴素的为仁思想。

第二节　导读《论语·公冶长第五》

"公冶长"是《论语》第 5 篇,主题是为仁。

本篇共 29 章,① 请大家通过 67664 的数字律和下面这首记忆小诗,反复诵读这一篇,并牢记之。

> 6　公南贱贡雍漆……（为仁榜样）
> 7　由由回宰予申贡…（为仁特长）
> 6　文闻文产平文……（学习为仁）
> 6　张季宁陈伯微……（贤人为仁）
> 4　耻言自好…………（师之为仁）

依此顺序,我们按主题划分为五部分,依次导读如下。

一、为仁榜样　6（公南贱贡雍漆）

原文

(5.1)子谓公冶长,"可妻也。虽在缧绁之中,非其罪也。"以其子妻之。

(5.2)子谓南容,"邦有道,不废;邦无道,免于刑戮。"以其兄之子妻之。

(5.3)子谓子贱,"君子哉若人!鲁无君子者,斯焉取斯?"

(5.4)子贡问曰:"赐也何如?"子曰:"女,器也。"曰:"何器也?"曰:"瑚琏也。"

(5.5)或曰:"雍也仁而不佞。"子曰:"焉用佞?御人以口给,屡憎于人,不知其仁,焉用佞?"

---

① 不同版本分章有异。本篇以刘宝楠《论语正义》为据,分为29章。

(5.6)子使漆雕开仕。对曰:"吾斯之未能信。"子说。

> **解意试译**

这六章以六个弟子为例,说明什么样的好学生是为仁之榜样。

其一,夸公冶长。

孔子夸公冶长好,"这个人好到可以把女儿嫁给他。虽然他曾入过狱,但那是冤狱。"孔子让他做了自己的女婿。

其二,夸南容。

孔子夸南容好,"政治清明的时候,他总有官做;政治黑暗的时候,他也不会被刑罚。"孔子把自己的侄女嫁给他。

其三,夸子贱。

孔子夸子贱好,"这人才是君子!谁说鲁国没有君子?他这么好的品德从哪里来?!"

其四,评价子贡。

孔子评价子贡。子贡问:"您怎么看我呢?"孔子说:"你像一件难得的珍宝。""怎样难得的珍宝呢?""你像瑚琏一样珍贵。"

其五,评价冉雍。

孔子评价冉雍。有人说:"冉雍这个人有仁但不善辩。"孔子说:"何必要善辩?善辩者强词夺理遭人厌。冉雍未必仁,但为什么一定要善辩呢?"

其六,赞赏漆雕开。

孔子推荐漆雕开去做官,漆雕开说:"我还没学够,不自信呢。"孔子听了很开心(赞赏他)。

这部分举孔门的六个弟子为例,说明为仁之榜样。

二、为仁特长 7(由由回宰予申贡)

> **原文**

(5.7)子曰:"道不行,乘桴浮于海。从我者,其由与?"子路闻之喜。子曰:"由也好勇过我,无所取材。"

(5.8)孟武伯问:"子路仁乎?"子曰:"不知也。"又问。子曰:"由也,千乘之国,可使治其赋也,不知其仁也。""求也何如?"子曰:"求也,千室之邑，百乘之家，可使为之宰也，不知其仁也。""赤也何如？"子曰："赤也，束带立于朝，可使与宾客言也，不知其仁也。"

(5.9)子谓子贡曰："女与回也孰愈？"对曰："赐也何敢望回？回也闻一以知十，赐也闻一以知二。"子曰："弗如也，吾与女弗如也。"

(5.10)宰予昼寝。子曰："朽木不可雕也，粪土之墙不可杇也；于予与何诛？"

> **专栏 5-1**　　　　朽木不可雕也
>
> 　　1939 年 5 月 20 日，毛泽东在延安在职干部教育动员大会上的讲话中借用《论语》5.10 章的故事，号召大家努力学习，不要像宰予那样。他说：
> 　　"大家都要努力学习，不可落后，不可躲懒睡觉。从前孔子的学生宰予，他在白天睡觉，孔子骂他'**朽木不可雕也**'，对于我们队伍中躲懒的人，也可以这样讲一讲，但是对学习有成绩的，就要奖赏，有赏有罚，赏罚严明。"
> 　　　　　　——《毛泽东点评〈论语〉中的人和事》(作者：曹应旺)，《北京日报》2013 年 12 月 23 日

(5.11)子曰："始吾于人也，听其言而信其行；今吾于人也，听其言而观其行。于予与改是。"

(5.12)子曰："吾未见刚者。"或对曰："申枨。"子曰："枨也欲，焉得刚？"

(5.13)子贡曰："我不欲人之加诸我也，吾亦欲无加诸人。"子曰："赐也，非尔所及也。"

解意试译

这七章是孔子对各有特长的几位弟子行为的评价：

其一，评价子路。

孔子说："倘若大道行不通，就只好乘木筏浮于海，那时能跟从我的，恐怕只有子路了。"子路听了很高兴。孔子说："子路啊，他的勇（这个优良品格）超过了我，但此外没有其他可称赞的优点了。"

其二，评价四子。

孟武伯问："子路仁么？"孔子说："不知道。"再问。孔子说："子路啊，如

让他去一个千乘之国的大国，他可胜任财政部长。但若问其仁，我还真不敢说。"孟武伯继续问："冉求如何？"孔子说："冉求啊，如让他去一个千室之邑或百乘之家的邦国，他可胜任其总理。但若问其仁，我亦不晓得。"孟武伯再问："公西赤怎么样？"孔子说："赤啊，穿上礼服，立于朝廷，是一个称职的外交部长，但若问其仁，我则不得而知啊！"

其三，**评价颜渊**。

孔子问子贡说："你觉得你和颜回谁强些？"子贡说："我哪里是颜回的对手！颜回啊，闻一以知十，你告诉他一，他能演绎出十来！我呀，充其量是闻一以知二。"孔子说："的确如此，你不如他，我也不如他！"

其四，**初评宰予**。

宰予睡懒觉。孔子说："朽木怎么可以用来雕刻呢？就像粪土垒的墙怎么可以粉刷一样！这样的宰予，说他都白说！"

其五，**再评宰予**。

孔子说：宰予从反面启发了我，"我对人一开始是听其言而信其行；现在我改为听其言而观其行了。他让我改变并提高了对人（言行）的认识。"

其六，**评论申枨**。

孔子说："我没见过刚毅不屈的人。"有人问："申枨不是这样的人吗？"孔子说："申枨啊，他欲望太多。欲望多，怎么会刚毅不屈呢！"

其七，**评价子贡**。

子贡说："我不想让别人强加于我，我也不会强加于人。"孔子说："子贡啊，你这话未必能做到。"

这部分孔子通过评价诸弟子，说明致力于为仁的弟子们各有特长，从正反两面衬托为仁。

三、学习为仁　6（文闻文产平文）

原文

(5.14)子贡曰："夫子之文章，可得而闻也；夫子之言性与天道，不可得而闻也。"

(5.15)子路有闻，未之能行，唯恐有闻。

(5.16)子贡问曰："孔文子何以谓之'文'也？"子曰："敏而好学，不耻下问，是以谓之'文'也。"

(5.17)子谓子产，"有君子之道四焉：其行己也恭，其事上也敬，其养民也惠，其使民也义。"

(5.18)子曰："晏平仲善与人交，久而敬之。"

(5.19)子曰："臧文仲居蔡，山节藻棁，何如其知也？"

解意试译

这六章讨论"如何学习为仁？"

其一，向夫子学习为仁：**不可得而闻**。

子贡说："夫子所讲授的知识，认真听就能学得到；夫子所传授的关于人性、天道的思想，只靠听是学不到的，靠的是为仁。"

其二，子路学习为仁：**恐闻**。

子路闻道，必践行之；尚未践行，则唯恐又闻。

其三，向孔文子学习为仁：**不耻下问**。

子贡问："孔文子凭什么谥号为文？"孔子说："他敏而好学，不耻下问，所以被谥号为文。"

其四，向子产学习为仁：**恭敬惠义**。

孔子评论子产说："他有四个地方合于君子之道：他恭谨于行，严于律己；他尊敬于上，认真负责；他慈惠于民，劳而不怨；他用人于义，勤勤恳恳。"

其五，向晏平仲学习为仁：**善交久敬**。

孔子说："晏平仲善与人交往，相交越久，别人越发恭敬他。"

其六，不要向臧文仲学习为仁：**山节藻棁**。

孔子说："都说臧文仲聪明智慧。他为产自蔡地的大乌龟盖了一间屋，在里边还雕刻成山形的斗拱和画着藻草的梁柱，他的聪明智慧都用到哪里去了？！"

这部分举六种情形，由近及远，说明学习为仁要注重里仁及为仁的结果。

四、贤人为仁 6（张季宁陈伯微）

原文

(5.20)子张问曰："令尹子文三仕为令尹，无喜色；三已之，无愠色。旧令尹之政，必以告新令尹。何如？"子曰："忠矣。"曰："仁矣乎？"曰："未知，焉得仁？""崔子弑齐君，陈文子有马十乘，弃而违之。至于他邦，则曰：'犹吾大夫崔子也。'违之。之一邦，则又曰：'犹吾大夫崔子也。'违之。何如？"子曰："清矣。"曰："仁矣乎？"曰："未知，焉得仁？"

(5.21)季文子三思而后行。子闻之，曰："再，斯可矣。"

(5.22)子曰："宁武子，邦有道，则知；邦无道，则愚。其知可及也，其愚不可及也。"

(5.23)子在陈，曰："归与！归与！吾党之小子狂简，斐然成章，不知所以裁之。"

(5.24)子曰："伯夷、叔齐不念旧恶，怨是用希。"

(5.25)子曰："孰谓微生高直？或乞醯焉，乞诸其邻而与之。"

解意试译

这六章通过对古今贤人的评价，表达孔子对贤人为仁的看法。

其一，如何评价令尹子文和陈文子？

子张问："令尹子文几次做楚国的宰相，没有显出高兴的样子；几次被免职，也没有显出怨恨的样子。他每次离职前都把任职期间的政务理得清清楚楚，并交代给新任宰相。您觉得他这人怎么样？"孔子说："够忠的。"子张问："算不算仁呢？"孔子说："不知道。忠，怎么能算得上仁呢？"子张又问："崔杼杀了他的君主齐庄公，陈文子有豪车十乘，弃之而逃。他来到另一个国家。说：'这里的执政者怎么看上去和我的前任上司崔杼差不多呀！'于是离开。来到另一个国家，又说：'这里的执政者怎么看上去还和我的前任上司崔杼差不多呀！'您看这人怎么样呢？"孔子说："够清白的。"子张问："算不算仁呢？"孔子说："不知道啊！清，怎么能算得上仁呢？"

其二，如何评价季文子？

季文子对于每件事都三思而后行。孔子听说了以后评价道："不用那么多次，思两次就可以了。"

其三，如何评价宁武子？

孔子说："宁武子这个人，国家有道，他智慧；国家无道，他变愚。他的智慧可及，他的愚不可及呀！"

其四，如何评价诸弟子？

孔子在陈国说："回去吧，回去吧！我那帮弟子们，志向远大而行动力差，文采斐然可观，却不知道如何节制规范。"

其五，如何评价伯夷叔齐？

孔子说："伯夷叔齐两兄弟不念旧仇，因此别人对他们的怨恨也很少。"

其六，如何评价微生高？

孔子说："谁说微生高这个人直爽？有人向他讨点醋，他不说自己有没有，却到邻居家转讨一点给人。"

这部分举六种贤人之为，看其何以为仁。

五、师之为仁 4（耻言自好）

原文

(5.26)子曰："巧言、令色、足恭，左丘明耻之，丘亦耻之。匿怨而友其人，左丘明耻之，丘亦耻之。"

(5.27)颜渊季路侍。子曰："盍各言尔志？"子路曰："愿车马衣轻裘，与朋友共。敝之而无憾。"颜渊曰："愿无伐善，无施劳。"子路曰："愿闻子之志。"子曰："老者安之，朋友信之，少者怀之。"

(5.28)子曰："已矣乎！吾未见能见其过而内自讼者也。"

(5.29)子曰："十室之邑，必有忠信如丘者焉，不如丘之好学也。"

解意试译

这四章压轴，从为师角度进一步阐明孔子的为仁观。

其一，师之所厌。

为仁当知师之所厌。孔子说："花言巧语，假情假意，谄媚阿谀，左丘明厌之，我也厌之。内心藏怨而表面和气，左丘明厌之，我亦厌之。"故夫子所厌者有四，以强调德直而心仁。

其二，师之所志。

为仁当知师之所志。孔子让颜渊、子路各言所志。子路说："我的志向是：将我的车马轻裘之类贵重物品都与朋友分享，用坏了也无所谓。"颜渊说："我的志向是：不夸耀自己的优点，不表白自己的功劳。"子路问："您呢？想听听老师您的志向？"孔子说："我的愿景是有这样一个社会：老者能安养至终，朋友能彼此信赖，少年能永志不忘。"

其三，师之所憾。

为仁当知师之所憾。孔子说："真遗憾啊！我至今没见过这样的人——看到自己的过错便能发自内心而自我责备的人——啊！"

其四，师之好学。

为仁当知师之好学。孔子说："即使是有十户人家的小村落，也必有像我这样忠心又诚信之人，却难有我这样好学之人啊！"

最后强调：从为师的角度看，"为仁由己，而由人乎哉？"

小 结

这一篇以"为仁"为主题，以对话、讨论、评论等形式，再现了孔子与弟子们生动活泼的学习场域，孔子一方面对诸弟子评头品足；另一方面对古今贤人评头品足，举出各种案例，包括师生共议，以教化弟子们从各种角度学习体悟为仁之道。本篇共29章，从为仁榜样、为仁特长、学习为仁、贤人为仁、师之为仁五个层面由浅入深地分析探讨了仁之义的问题。

总之，请大家务必记住：为仁六七六六四！

第三节　导读《道德经·和光同尘》

"和光同尘"是《道德经》第4章和第56章重复出现的记述，主题是强调老子关于为仁的本质在于和光同尘、以体悟道的"玄同"思想。

原文

（4章）

道冲，而用之或不盈。渊兮，似万物之宗。

挫其锐，解其纷，和其光，同其尘。湛兮，似或存。

吾不知谁之子，象帝之先。

（56章）

知者不言，言者不知。

塞其兑，闭其门，挫其锐；解其纷，和其光，同其尘，是谓玄同。故不可得而亲，不可得而疏；不可得而利，不可得而害；不可得而贵，不可得而贱，故为天下贵。

【解意试译】

这两章的主题都是和光同尘，看似重复的两章内容，意境却有所不同。

老子说：

道啊，其体虚空而其用无穷，故冲而用之，用而不绝。深远啊，仿佛万物之宗！

（何以悟道？）消磨其锋锐，消解其纷扰，中和其光辉，融入其尘埃！隐没无影啊，又好像就在那里！我不知它是谁的后代，似乎是天帝的祖先。

老子说：

知道之人（了解道之无穷无常之理而无法描述之，故）不言道；言道之人（即能描述的人）不知道（即不了解道之无穷无常之理）。

（何以知道？）摒弃其感知，闭塞其门窗，消磨其锋锐，消解其纷扰，中和其光辉，融入其尘埃，这称之为玄同！玄同可得，但无法亲之，无法疏之；无法利之，无法害之；无法贵之，无法贱之。故玄同乃天下之至境！

小 结

在《道德经》中，第4章和第56章都出现了"挫其锐，解其纷，和其光，同其尘"，自古以来都被解释"疑为错简"、"羼误"等而从略。但若仔细推敲其意，则两章含义相通且意境相连，都在强调体仁悟道之法的奥妙，在于和光同尘，这才是为仁之本！什么是和光同尘？就是要放下一切，回归本心之良知和仁德，中和道之光辉，融入道之尘埃。

这，就是老子在结语处所强调的"玄同"之境界。

故，体仁悟道之法门，在于和光同尘！

第四节　导读《周易·贲》《周易·渐》

"贲"与"渐"是《周易》的第22卦和第53卦。贲卦是离下艮上，山下有火，其象为饰，主题是修身以文明；渐卦是艮下巽上，山上有木，其象为进，主题是近仁以贤德。

一、贲卦

贲卦第二十二

原文

（卦辞）贲。亨，小利有攸往。

（彖辞）文明以止，人文也。观乎天文，以察时变；观乎人文，以化成天下。

（象辞）山下有火，贲。君子以明庶政，无敢折狱。

初九。贲其趾，舍车而徒。

六二。贲其须。

九三。贲如濡如，永贞吉。

六四。贲如皤如，白马翰如，匪寇婚媾。

六五。贲于丘园，束帛戋戋，吝终吉。

上九。白贲，无咎。

解意试译

（主题）离下艮上，其象为饰，主题是修身以文明。

（卦义）修身于形，赏心悦目，有礼有节，顺利通达。

（卦象）贲者饰也，山下有火，文明以止，天文历法，人文化成。

　　　　君子以谨慎明察政务，不敢妄断官司。

初九（以阳居阳）。脚穿好鞋，舍车不乘，徒步而行。

六二（以阴居阴）。美容美发，取悦于上。

九三（以阳居阳）。沐浴修身，永保洁净守正之形。

六四（以阴居阴）。白马王子，一袭飒爽，求婚之喜。

六五（以阴居阳）。豪宅别墅，情书脉脉，男女情长，终有吉祥。

上九（以阳居阴）。复于无色，返璞归真。

二、渐卦

渐卦第五十三

原文

（卦辞）渐。女归吉，利贞。

（象辞）山上有木，渐。君子以居贤德善俗。

初六。鸿渐于干，小子厉，有言无咎。

六二。鸿渐于磐，饮食衎衎，吉。

九三。鸿渐于陆，夫征不复，妇孕不育，凶。利御寇。
六四。鸿渐于木，或得其桷，无咎。
九五。鸿渐于陵，妇三岁不孕，终莫之胜，吉。
上九。鸿渐于陆，其羽可用为仪，吉。

解意试译

（主题）艮下巽上，其象为进，主题是近仁以贤德，如鸿飞临，渐近贤德。
（卦义）近仁以进，如女待嫁，循序渐近，宜于守正。
（卦象）渐者进也，风山鸿渐，渐行渐进；贤德之仁，移风易俗。
　　　　山上生木，君子以贤德自居，以善行努力改善风俗。
初六（以阴居阳）。鸿雁渐抵水岸。小雁有危险，被叫住，无灾祸。
六二（以阴居阴）。鸿雁渐聚磐石。饮酒和乐，吉祥。
九三（以阳居阳）。鸿雁翱翔至山顶。个个紧随群体，不可离群单飞，亦不可徇私情，只有坚守正道，谨慎防守，才能抵御外敌。
六四（以阴居阴）。鸿雁飞入树林，或停落树杈，无灾祸。
九五（以阳居阳）。鸿雁终于飞上丘陵。妻子虽三年不孕，但最终没人能取代她，夫妻白头偕老。吉祥。
上九（以阳居阴）。鸿雁登上台地。盛大的婚礼在即，鸿雁圣洁的羽毛用在婚礼仪式上作为装饰物。吉祥。

小 结

山火贲（22）和风山渐（53）两卦，虽不相邻，其象看似无关，但主题都与为仁有关，一是修身以文明；二是近仁以贤德。贲卦的象是饰，主题是修身以文明，文饰修身带来文明，文明以礼，礼用天下。渐卦的象是进，主题是近仁以贤德，以鸿雁飞来比喻每一步的努力都表达近仁，坚定不移，移风易俗，逐渐推动社会进步以达至贤德。这两卦都表达的是为仁，强调君子的为仁一方面要谨慎使用手中的公权力，切勿妄断官司；另一方面要积极改善社会，以仁德之行移风易俗。

第五节　讨论：为仁的智慧

本章主题"为仁"，呼应上一章的"里仁"主题，是仁的实践。
在"公冶长第五"中，孔子从对弟子们的行为评价入手，由浅入深、循循善诱地启发和唤起弟子们关于为仁的悟道，从弟子们最熟悉的同学入手，看谁行得正、做得好？举出正反两个方面的例子；再由近及远，说明如何学习为仁？看看古今贤人如何为仁？最后，回到为师的角度总结和评价。总之，孔子强调：为仁不易，"为仁由己，而由人乎哉？"（《论语·颜渊第十二》）

《道德经》第4章和第56章的主题都是"和光同尘"。这是老子思想中最为闪光的地方，表达的是为仁之本，在于回归本心之良知和仁德，中和道之光辉，融入道之尘埃。这正是为仁的最高智慧。

《周易》的贲和渐两卦，主题都与为仁有关，一是修身以文明；二是近仁以贤德。贲卦以饰为象，强调修身以文明，文明以礼，礼用天下；渐卦以进为象，强调近仁以贤德，坚定不移，移风易俗，推动社会进步。

从治理的角度看，这三部分的主题都与为仁有关，但视角有所不同。

作业与思考题

1. 记住公冶长第五的数字律和记忆小诗。
2. 思考和感悟"为仁由己"。
3. 若有余力，背诵公冶长篇内容。
4. 小组讨论：如何理解"和光同尘"？

第六章 论学问

本章选读《论语》第 6 篇 "雍也"，《道德经》第 46 章 "天下有道"，《周易》第 4 卦 "蒙" 和第 56 卦 "旅"。

《论语》雍也篇，在内容上延续了上一篇为仁的主题，进一步聚焦于探讨学问之道，故名之论学问；《道德经》相应的部分选取第 46 章 "天下有道"，主题是知足常足；《周易》选择蒙卦和旅卦，主题分别是教育和旅行。

第一节 "三经"中的学问思想

学问，《周易·文言》曰："学以聚之，问以辨之。"有学有问、一学一问，体现的是学习场域中的动态过程、结构及其结果，是一个很有立体感、动态感的场域概念，后来演变成知识的代名词以及掌握知识的人的水平、境界等更加宽泛的范畴。

在"三经"关于治理的思想中均包含有学问的内涵，都从不同角度强调学问的重要性。

《论语》的第 6 篇，就主题看和上一篇无异，也在讨论为仁，但这里的为仁更关注学问，也即为仁的前端，因此话题主要集中在师生之间，就学与问、问与学、学问与个性、学问与品德、学问与仁义、学问与良知、学问与道等渐次展开和深入，从中可见孔门学习的风格和特点，以及孔子对于弟子问答的不同角度。当然，也体现了孔子关于为仁的思想。

《道德经》不谈学问，谈的是道。但道中有学问，有大学问。老子言道，其中寓意深刻，道才是大学问。本章选读的章节篇幅虽小，学问却足够大，值得大家细细品味。

《周易》本身就是一门大学问，64卦是一个复杂精深的学问体系，每一卦的六爻又构成一个学问体系，卦与卦之间、爻与爻之间、卦与爻之间，又演绎出错综复杂的多元学问关系，演绎出一个又一个有着内在联系的学问场域。本章选读的蒙卦和旅卦，展现了周易学问的两个面向，一是教育，二是旅行。

第二节　导读《论语·雍也第六》

雍也第六是《论语》第6篇，主题是学问。

本篇共30章，请大家通过84666的数字律和下面这首记忆小诗，反复诵读这一篇，并牢记之。

```
8  雍雍回子原仲回仲……（学问由人）
4  闵伯回力…………（学问依德）
6  子子孟祝出文………（学有仁义）
6  人知中知知变………（学致良知）
6  觚井博天中夫………（学问益道）
```

依此顺序，我们按主题划分为五部分，依次导读如下。

一、学问由人　8（雍雍回子原仲回仲）

原文

(6.1)子曰："雍也可使南面。"

(6.2)仲弓问子桑伯子。子曰："可也简。"仲弓曰："居敬而行简，以临其民，不亦可乎？居简而行简，无乃大简乎？"子曰："雍之言然。"

(6.3)哀公问："弟子孰为好学？"孔子对曰："有颜回者好学，不迁怒，不贰过。不幸短命死矣，今也则亡，未闻好学者也。"

(6.4)子华使于齐，冉子为其母请粟。子曰："与之釜。"请益。曰："与之庾。"冉子与之粟五秉。子曰："赤之适齐也，乘肥马，衣轻裘。吾闻之也；君子周急不继富。"

(6.5)原思为之宰，与之粟九百，辞。子曰："毋！以与尔邻里乡党乎！"

(6.6)子谓仲弓，曰："犁牛之子骍且角，虽欲勿用，山川其舍诸？"

(6.7)子曰："回也，其心三月不违仁，其余则日月至焉而已矣。"

(6.8)季康子问："仲由可使从政也与？"子曰："由也果，于从政乎何有？"曰："赐也，可使从政也与？"曰："赐也达，于从政乎何有？"曰："求也，可使从政也与？"曰："求也艺，于从政乎何有？"

解意试译

这八章以对话的方式，通过八个小故事，说明学问由人的道理。

其一，学如冉雍。

孔子评价冉雍学问好，学而优可仕，他说："冉雍这人可以做主官。"

其二，问若冉雍。

孔子评价冉雍善问。冉雍来问子桑伯子这人怎么样？孔子说："做事简约，很好。"冉雍说："居于敬而行于简，难己便民，当然不错了。但如果居简而行简，以为便己便民，那就有问题了。"孔子说："这话有道理"。

其三，学如颜回。

孔子评价颜回好学。哀公问："你的学生中，哪个好学？"孔子说："有一个叫颜回的学生好学，不迁怒于他人，不会犯同样的错误。但他不幸早死。颜回死了，我就再也没遇到好学的学生了。"

其四，赤不节俭。

孔子批评公西华（赤）不够节俭。赤出使到齐国去，冉有替他母亲向孔子申领小米。孔子说："给他六斗四升。"冉有请求多给一些。孔子道："再给他二斗四升吧。"冉有却给了他八十斛（相当于800斗）。孔子（很生气地）说："赤出使齐国，我听说他乘豪华的车马，穿昂贵的衣服（太过分了！）我听说过，君子雪中送炭，而不锦上添花。"

其五，思当助人。

孔子建议原思助人。他做孔门的主管，孔子给他小米九百斛，他不肯接受。孔子说："别推辞！你不要，但可以用来帮助你家乡的穷人们呀！"

其六，才如冉雍。

孔子评价冉雍有才。他说："耕牛之子长着赤色的毛、整齐的角，虽不配做祭祀之牺牲，山川之神怎么会不用它呢？（就如冉雍虽是贫民之子，却是稀罕之才，怎么能不用呢？）"

其七，回不违仁。

孔子赞赏颜回不违仁，说："颜回呀，他的心可以三个月一刻也不违仁。别的学生只能短暂地做到仁而已。"

其八，政由三子。

孔子强调子路（由）子贡（赐）冉求（求）皆可从政并各有特色。季康子问："子路这人，可以从政吗？"孔子说："子路果敢决断，让他从政有什么困难吗？"又问："子贡可以从政吗？"孔子说："子贡通情达理，让他从政有什么困难吗？"又问："冉求可以从政吗？"孔子说："冉求多才多艺，让他从政有什么困难吗？"

二、学问依德　4（闵伯回力）

原文

(6.9)季氏使闵子骞为费宰。闵子骞曰："善为我辞焉！如有复我者，则吾必在汶上矣。"

(6.10)伯牛有疾，子问之，自牖执其手，曰："亡之，命矣夫！斯人也而有斯疾也！斯人也而有斯疾也！"

(6.11)子曰："贤哉，回也！一箪食，一瓢饮，在陋巷，人不堪其忧，回也不改其乐。贤哉，回也！"

(6.12)冉求曰："非不说子之道，力不足也。"子曰："力不足者，中道而废。今女画。"

解意试译

这四章以案例的形式，说明学问依德的道理。

其一，直如闵子。

季氏打算任命闵子骞担任其都城费的主官，闵子骞对来者说："赶紧替我辞掉吧！若是再来找我的话，我一定要逃到汶水之北的远方去啦！"

其二，德如伯牛。

伯牛生病了。孔子去探望他，从窗户里握着他的手说："难得活了！这是命呀！这样（德行好）的人竟有这样的病！这样（德行好）的人竟有这样的病！"

其三，贤哉回也。

孔子说："颜回非常圣贤！每日一箪食、一瓢饮，生活在陋巷，别人都忍受不了那穷困潦倒的生活，他却不改其乐，乐在其中。贤哉回也！"

其四，力不足也。

冉求说："不是我不喜欢您的学问，实在是我力不足啊！"孔子说："如果是力不足，那也会至少走到半道再走不动了。可是你现在根本没有走！"

三、学有仁义　6（子子孟祝出文）

原文

(6.13)子谓子夏曰："女为君子儒！无为小人儒！"

(6.14)子游为武城宰。子曰："女得人焉耳乎？"曰："有澹台灭明者，行不由径，非公事，未尝至于偃之室也。"

(6.15)子曰："孟之反不伐。奔而殿，将入门，策其马，曰：'非敢后也，马不进也。'"

(6.16)子曰："不有祝鲍之佞，而有宋朝之美，难乎免于今之世矣。"

(6.17)子曰："谁能出不由户？何莫由斯道也？"

(6.18)子曰："质胜文则野，文胜质则史。文质彬彬，然后君子。"

解意试译

这六章以案例的形式，说明学有仁义的道理。

其一，为君子儒。

孔子对子夏说："你要做个君子式的儒者，不要做那小人式的儒者。"

其二，得人看道。

子游做了武城的县长。孔子问他："你得到什么人才了吗？"子游说："有一个叫澹台灭明的人，走路不走小道，（大道而行）不是公事，从来不到我屋里来。"

其三，不伐之仁。

孔子说："孟之反不自夸（在抵御齐国的战役中，军队撤退了），他走在最后掩护全军，将进城门才开始鞭打坐骑，一边说：'不是我胆大殿后，是这马儿不肯快走啊！'"

其四，佞有仁义。

孔子说："幸亏有祝鮀的口才，否则只靠宋朝（人名）的美丽，今日的社会将难于避免灾祸啊！"

其五，道不远人。

孔子说："谁能出此屋而不由门？但为什么没有人从我这条道上走呢？"

其六，文质彬彬。

孔子说："朴实多于文采则未免粗野；文采多于朴实则未免虚浮。文采与朴实相得益彰，才是真君子。所以文质彬彬，然后君子。"

四、学致良知　6（人知中知知变）

原文

(6.19)子曰："人之生也直，罔之生也幸而免。"

(6.20)子曰："知之者不如好之者，好之者不如乐之者。"

专栏 6-1　　好之者不如乐之者

2013年3月1日，习近平总书记出席中央党校建校80周年庆祝大会暨2013年春季学期开学典礼并发表重要讲话，引用《论语》6.20章孔子语。他说：

"兴趣是激励学习的最好老师。'知之者不如好之者，好之者不如乐之者。'讲的就是这个道理。领导干部应该把学习作为一种追求、一种爱好、一种健康的生活方式，做到好学乐学。"

来源：人民网

(6.21)子曰："中人以上，可以语上也；中人以下，不可以语上也。"

(6.22)樊迟问知。子曰："务民之义，敬鬼神而远之，可谓知矣。"问仁。曰："仁者先难而后获，可谓仁矣。"

(6.23)子曰："知者乐水，仁者乐山。知者动，仁者静。知者乐，仁者寿。"

> **专栏 6-2　　　　　知者乐水，仁者乐山**
>
> 2014年11月10日，习近平主席在亚太经合组织第二十二次领导人非正式会议欢迎宴会上致辞，引《论语》6.23章孔子语。他说：
>
> "明天我们将相会在燕山脚下雁栖湖畔，正式拉开领导人会议的序幕。孔子说：'知者乐水，仁者乐山'，那儿有山有水，大家可以智者见智，仁者见仁，共商亚太发展大计，共谋亚太合作愿景。"
>
> 来源：央视新闻

(6.24)子曰："齐一**变**，至于鲁；鲁一变，至于道。"

解意试译

这六章通过孔子的言论，说明学致良知的深刻道理。

其一，人生也直。

孔子说："人活着凭的是正直，不正直的人也能活着，那靠的是侥幸。"

其二，好之乐之。

孔子说：（对于任何学问或事业）"懂得的人不如喜欢的人，喜欢的人不如以其为乐的人"。

其三，中人以上。

孔子说："中等资质以上的人，可以给他讲授高深的学问。中等资质以下的人，不可以给他讲授高深的学问。"

其四，务民敬天。

樊迟向孔子请教何为知。孔子说："知包括两个层面，其一是务民之义，即为人民服务，且努力提升人民的生命意义；其二是敬鬼神而远之，要敬天地，敬祖先，敬良知，同时要远离恶。"樊迟又问何为仁。孔子说："所谓仁者，对难做的事情都做在别人前面，而对有利的事情都总在别人后面。"

其五，知者仁者。

孔子说："知者喜爱水，仁者喜爱山；知者懂得变通，仁者心境平和；知者快乐，仁者长寿。"

其六，改革近道。

孔子说："齐国（的治理）一旦改革，就能上升到鲁国的水平；鲁国（的治理）一旦改革，就能上升到合于大道的水平了。"

五、学问益道 6（觚井博天中夫）

原文

(6.25)子曰："觚不觚，觚哉？觚哉？"

(6.26)宰我问曰："仁者，虽告之曰，'井有仁焉'。其从之也？"子曰："何为其然也？君子可逝也，不可陷也；可欺也，不可罔也。"

(6.27)子曰："君子博学于文，约之以礼，亦可以弗畔矣夫！"

(6.28)子见南子，子路不说。孔子矢之曰："予所否者，天厌之！天厌之！"

(6.29)子曰："中庸之为德也，其至矣乎！民鲜久矣。"

(6.30)子贡曰："如有博施于民而能济众，何如？可谓仁乎？"子曰："何事于仁！必也圣乎！尧舜其犹病诸！夫仁者，己欲立而立人，己欲达而达人。能近取譬，可谓仁之方也已。"

解意试译

这六章通过孔子及弟子的言论，说明学问益道的道理。

其一，觚亦有道。

觚不像个觚。这是觚吗？这还是觚吗？"（慨叹觚名不副实）

其二，君子有道。

宰我问孔子："一个仁者，如果有人告诉他：'有人掉下井了'，这是一个表现仁的机会呀！他会不会跳下去以成仁呢？"孔子说："怎么会有那样结果呢？君子肯定会去想方设法救人，但他不会掉下去成仁的；（君子有道）你可以想去骗一个君子，但你怎么能够骗得了一个君子呢？！"

其三，博文约礼。

孔子说："君子博学广识以文化仁，约束修身以礼养德，就能够做到不离经叛道了。"

其四，指天厌之。

孔子去见卫国的美女卫灵公夫人南子。子路不开心。孔子用手指天发誓说："我如果有不合礼不由道的地方，天会厌弃我的！天会厌弃我的！"

其五，中庸至德。

孔子说："中庸这种道德，该是最高的境界了！人们缺乏它已太久了。"

其六，立己达人。

子贡问："如果有人能够尽其所有广施博爱帮助民众，且能切实改善民众的生活，怎么样？可称之为仁道吗？"孔子说："岂止是仁道，那简直就是圣道了。尧舜也难以做得到啊！所谓仁者，自己要站得住，同时帮助别人站起来；自己要通达富有，同时帮助别人通达富有，能一步步做到这些，就是践行仁之道啊！"

小 结

在雍也第六中，通过孔门师徒在授课中的言论、对话、交流及评论，从各个层面探讨了学问之道。全篇30章，按照84666的数字律，将其以人物主题为主线分为五节，分别从学问由人、学问依德、学有仁义、学致良知、学问益道五个方面导读，展现了在孔门学习场域中，围绕学问之道循序渐进、逐步提升的学习路径。

总之，请大家务必记住：学问八四六六六！

第三节 导读《道德经·天下有道》

"天下有道"是《道德经》第46章，主题是知足常足。

原文

天下有道，却走马以粪；天下无道，戎马生于郊。

祸莫大于不知足，咎莫大于欲得。故知足之足，常足矣。

解意试译

这一章的主题是知足常足。

老子说：

天下有道，就太平无事，连战马也跑到田里耕种；天下无道，连怀胎的母马也要上战场，不得已在郊外生下马驹。

所以，最大的祸患是不知足，最大的过错是贪欲。所以知足之足，才是常足。（这才是天下之大道啊！）

> **专栏 6-3**　　　　　　　祸莫大于不知足
>
> 2008年5月3日上午，时任中央党校校长的习近平在中央党校2008年春季学期第二批进修班暨师资班开学典礼上讲话，引用《道德经》46章老子语，强调领导干部要认认真真学习、老老实实做人、干干净净干事。他说：
>
> "中华民族是一个高度注重克己修身的民族，在这方面我们的祖先留下了大量宝贵的思想遗产。比如，'与人不求备，检身若不及'；'吾日三省吾身'；'见贤思齐焉，见不贤而内自省也'；'**祸莫大于不知足，咎莫大于欲得**'，等等。这些思想在今天仍然具有现实意义。"
>
> 来源：《学习时报》2008年5月

小　结

在老子的思想中，大道无形。体悟和践行知足常足，就能探析隐于常足之中的道。故知足常足，才是真正的大学问。

第四节　导读《周易·蒙》《周易·旅》

"蒙"与"旅"是《周易》的第4卦和第56卦，蒙卦是坎下艮上，山下出泉，其象为稚，主题是教育；旅卦是艮下离上，山上有火，其象为行，主题是旅行。

蒙卦第四

一、蒙卦

原文

（卦辞）蒙。亨。匪我求童蒙，童蒙求我。初筮告。再三渎，渎则不告。利贞。

（象辞）山下出泉，蒙。君子以果行育德。

初六。发蒙，利用刑人，用说桎梏，以往吝。

九二。包蒙吉，纳妇吉，子克家。

六三。勿用取女，见金夫，不有躬，无攸利。

六四。困蒙，吝。

六五。童蒙，吉。

上九。击蒙，不利为寇，利御寇。

解意试译

（主题）坎下艮上，其象为稚，主题是教育。

（卦义）学问始于蒙，启蒙教育，尊师重道，举一反三，蒙以养正。

（卦象）蒙者稚也，山下出泉，身体力行，言传身教，德智双修。
　　　　君子以果行育德。

初六（以阴居阳）。激发启蒙，启发式教育与体罚式教育相结合。

九二（以阳居阴）。有教无类，成家立业，传承血脉。

六三（以阴居阳）。此女不可娶，见富变心，不知礼，无久缘。

六四（以阴居阴）。困于蒙昧，愚必有灾。

六五（以阴居阳）。启于童蒙，渐学渐进，吉祥。

上九（以阳居阴）。当先发育人，防患于未然，否则等问题暴露了再教育则晚矣。

二、旅卦

旅卦第五十六

原文

（卦辞）旅。小亨。旅贞吉。

（象辞）山上有火，旅。君子以明慎用刑而不留狱。

初六。旅琐琐，斯其所取灾。

六二。旅即次，怀其资，得童仆贞。

九三。旅焚其次，丧其童仆，贞厉。

九四。旅于处，得其资斧，我心不快。

六五。射雉，一矢亡，终以誉命。

上九。鸟焚其巢，旅人先笑后号咷。丧牛于易，凶。

解意试译

（主题）艮下离上，其象为行，主题是旅行。

（卦义）旅行即学问，行中守正，旅以亨通。

（卦象）旅者行也，火山相离，天地相依；斗转星移，山岳依旧。

君子以明明德，谨慎用权，宽容执法。

　　初六（以阴居阳）。旅行在外，谨慎但不小器，否则自找没趣。

　　六二（以阴居阴）。住宿为安，随身备齐费用，亦有仆人照顾。

　　九三（以阳居阳）。宿舍失火，仆人离去。有风险。

　　九四（以阳居阴）。旅于荒郊，得意外之财，依然耿耿于怀。

　　六五（以阴居阳）。射中飞鸟，失去一支箭，最终宴乐而归。

　　上九（以阳居阴）。家无归处，如鸟焚其巢，初旅而欢，终无归而悲，前有凶险。

小　结

　　山水蒙（4）和火山旅（56）两卦不邻近，其象甚远，主题一个论及教育，一个论及旅行，其实是学问的两种不同状态。蒙卦的象是稚，打开稚蒙就是启蒙教育，是学问之初始状态，童蒙为吉，因此要尊师重教，德智双修。旅卦的象是行，旅行是另一种学问，是学问更加丰富、更加活跃、更多元化的状态，当明慎用心，守正包容。

第五节　讨论：学问的智慧

　　本章主题"学问"，谈的是学问之道。

　　学问是一个场域的范畴，一学一问，有学有问，谓之学问。孔门学习尤倡学问之道。《论语》归根到底就是孔子与弟子们在一定场域中对话与辩论的言论集锦，是学问之"聚之""辩之"。因此学问之道重在"主体间"，学问的智慧及创新，往往在于场域所汇聚的主体间的互动、对话与相互激发。在"雍也第六"中，乃至在整个《论语》中，可以说处处都流露着这种学问场域的智慧，体现了孔门学习的经纬与大道。其实在《道德经》中，场域更是无所不在，场域隐道，道在场域中，道借场域的力量起作用，学问也自在其中。至于《周易》，如前所述，易的学问贵在场域。

　　本章尝试将《论语》第6篇"雍也"、《道德经》第46章"天下有道"及《周易》第4卦蒙和第56卦旅，置于统一的治理主题下，共同探讨与领悟学问之道。在《论语》中，循序渐进地从学问由人，到学问依德，到学有仁义，再到学致良知，终致学问益道，由学至道，表达了孔子及其弟子关于学问致道的思想；

《道德经》以"天下有道"为题，短短数行，表达的是知足常足的大道理；《周易》一面是教育，一面是旅行，探寻的亦是学问之道。

作业与思考题

1. 记住雍也第六的数字律和记忆小诗。
2. 思考和感悟孔门的学习场域，体会一下其特色所在。
3. 若有余力，背诵雍也篇内容。
4. 小组讨论：如何理解"知足之足"？

第七章 论为师

本章选读《论语》第 7 篇"述而",《道德经》第 27 章"善行无辙迹",《周易》第 7 卦"师"和第 60 卦"节"。

《论语》述而篇,呈现的是孔门之师的素描,通过孔子及其弟子的言论,从七个方面体现至圣先师孔子的为师之道;《道德经》相应选取第 27 章"善行无辙迹",主题是为师之道;《周易》则选择师卦和节卦,主题分别是行师与师德。都指向为师之道。

第一节 "三经"中的为师之道

为师有道。

《论语》是孔门师生的对话集,为师之道自在其中。斟酌其中的每一学问,都通为师之道;体会其中的每一场域,皆会为师之道。尤其在"述而第七"中,经过后来孔门弟子多年的研学琢磨,从为师之要、为师之礼、为师之义、为师之德、为师之仁、为师之智、为师之相七个方面,堪称活灵活现地呈现了孔子为师的全貌。

《道德经》乃老子之作,经近年马王堆等陆续出土的考古佐证,其成书当于战国中期前。故老子长于孔子,《史记》等书载孔子问礼虽无实据,但至少在时间上可能,述而篇首句中"窃比于我老彭"中的"老"是否指老子,虽有争议,但仍可视为孔子对为师者之尊。其实在《道德经》中,老子关于为师之道有着深刻的论述,本章所选"善行无辙迹"即为其一例。

《周易》中的师卦和上一章导读的蒙卦都言及师,师卦的师有两义,主题是行师之道,节卦可理解为师德,不过在《周易》的年代,师的用意更具其原初意义。

第二节　导读《论语·述而第七》

述而第七是《论语》第 7 篇，主题是为师。

本篇共 38 章，请大家通过 6576644 的数字律和下面这首记忆小诗，反复诵读这一篇，并牢记之。

```
6  述默德子甚志……（为师之要）
5  自不食于谓………（为师之礼）
7  富所闻为如学雅…（为师之义）
6  叶我子三天二……（为师之德）
6  四圣子盖互仁……（为师之仁）
4  陈与吾圣…………（为师之智）
4  子奢坦温…………（为师之相）
```

依此顺序，我们按主题划分为七部分，依次导读如下。

一、为师之要　6（述默德子甚志）

原文

(7.1) 子曰："述而不作，信而好古，窃比于我老彭。"

(7.2) 子曰："默而识之，学而不厌，诲人不倦，何有于我哉？"

专栏 7-1　　学而不厌，诲人不倦

毛泽东曾引用《论语》7.2 章孔子语，说明学习要有两种态度：

"学习的敌人是自己的满足，要认真学习一点东西，必须从不自满开始。对自己，'学而不厌'，对人家，'诲人不倦'，我们应取这种态度。"

——《毛泽东点评〈论语〉中的人和事》（作者：曹应旺，《北京日报》2013 年 12 月 23 日

(7.3) 子曰："德之不修，学之不讲，闻义不能徙，不善不能改，是吾忧也。"

(7.4) 子之燕居，申申如也，夭夭如也。

(7.5) 子曰："甚矣吾衰也！久矣吾不复梦见周公。"

(7.6) 子曰："志于道，据于德，依于仁，游于艺。"

解意试译

这六章除第四章外，皆为"子曰"，讨论的是孔子为师之要，表现为师之所好的六大特点，师之所忧的五大担心，师之所纲的四大要点。根据内容整合如下：

其一，师之六好。

将第一、第二、第四章合并，概括为"六好"：

（1）述而不作：子之一好，好论述讲习，而不创作。

（2）信而好古：子之二好，好古并信之，以古为师。

言及（1）（2）两个特点，孔子自谦地说："这两者我以老彭为师。"

（3）默而识之：子之三好，好背诵默记，掌握所学。

（4）学而不厌：子之四好，好学不厌，永不知足。

（5）诲人不倦：子之五好，好为人师，教诲不倦。

言及（3）（4）（5）三个特点，孔子自豪地说："这三者于我有何难？！"

（6）燕居自如：子之六好，好闲隐居，自如乐悠。

这一特点是弟子们后来总结的，故无"子曰"。

这是孔子为师的六大特点。

其二，师之五忧。

将第三、第五章合并，概括为"五忧"：

（1）德之不修：子之一忧，忧弟子不自修其德。

（2）学之不讲：子之二忧，忧弟子不讲求学问。

（3）闻义不能徙：子之三忧，忧弟子知义之所在却不能亲身赴之。

（4）不善不能改：子之四忧，忧弟子有不善而不能改正之。

（5）不复梦见周公：子之五忧，忧自己年老体衰，以致不再梦见周公！

这是孔子为师的五大担心。

其三，师之四纲。

第六章的主题概称"四纲"：

（1）志于道：以道为志向；

（2）据于德：以德为根据；

（3）依于仁：以仁为依靠；

（4）游于艺：以六艺（礼乐射御书数）为游憩。

这是孔子为师的四大纲要，特别是在教育和培养学生上，又称为"孔门四端"。

简言之，为师之要，在于师之六好、师之五忧、师之四纲三个方面。

二、为师之礼　5（自不食于谓）

原文

(7.7)子曰："自行束脩以上，吾未尝无诲焉。"

(7.8)子曰："不愤不启，不悱不发。举一隅不以三隅反，则不复也。"

(7.9)子食于有丧者之侧，未尝饱也。

(7.10)子于是日哭，则不歌。

(7.11)子谓颜渊曰："用之则行，舍之则藏，惟我与尔有是夫！"子路曰："子行三军，则谁与？"子曰："暴虎冯河，死而无悔者，吾不与也。必也临事而惧，好谋而成者也。"

解意试译

这五章论述的是孔子为师之礼，盖有五礼：

其一，自律懂礼。

孔子说："自律而懂礼的前来求学者，我皆收徒而教诲之。"

其二，教育三法。

孔子说："教育有三法，一曰不愤不启，即不到其冥思苦想仍不得其解的时候就不去开导他；二曰不悱不发，即不到其想说却说不出的时候就不去启发他；三曰举一而不反三则不复，即指出其一但若他不能由一推知其二三就不教他了！"

其三，重丧有度。

孔子重丧，在有丧事的人旁边吃饭，从来没有吃饱过。

其四，知哀有节。

孔子知哀，在因吊唁而哀伤哭泣后，这一天都不快乐。

其五，用行舍藏。

孔子对颜渊说："用行舍藏，即被任用就推行政策主张，不被任用就隐退藏身，只有我和你能够做到这样！"

子路说："您若统帅三军，找谁跟随您？"孔子说："赤手空拳与虎搏，赤足涉水过大江，这样鲁莽不怕死的人，我不会让他跟随我的。我要的是遇事稳重谨慎、好用谋略、追求成功且进退有度的弟子！"

简言之，为师之礼，在于自律懂礼、教育三法、重丧有度、知哀有节、用行舍藏五个方面。

三、为师之义　7（富所闻为如学雅）

原文

(7.12) 子曰："富而可求也，虽执鞭之士，吾亦为之。如不可求，从吾所好。"

(7.13) 子之所慎：斋，战，疾。

(7.14) 子在齐闻《韶》，三月不知肉味，曰："不图为乐之至于斯也。"

(7.15) 冉有曰："夫子为卫君①乎？"子贡曰："诺，吾将问之。"入，曰："伯夷、叔齐何人也？"曰："古之贤人也。"曰："怨乎？"曰："求仁而得仁，又何怨？"出，曰："夫子不为也。"

(7.16) 子曰："饭疏食饮水，曲肱而枕之，乐亦在其中矣。不义而富且贵，于我如浮云。"

(7.17) 子曰："加我数年，五十以学《易》，可以无大过矣。"

(7.18) 子所雅言，《诗》、《书》、执礼，皆雅言也。

解意试译

这七章讨论的是孔子为师之义：

其一，知求知退。

孔子说："如富贵合于道就应追求，即使是给人赶车马我也愿意去做；若富贵不合于道就不必追求，那就随心所欲该干啥干啥吧。"

---

① 卫君，指卫出公辄。灵公逐其太子蒯聩，灵公卒，卫人立蒯聩之子辄，是为出公。晋人纳蒯聩，卫人拒之。时孔子居卫。

其二，夫子三慎。

孔子有三慎，一慎斋戒以控制欲望；二慎战争以关乎存亡；三慎疾病以涉及生死。

其三，闻乐而醉。

孔子在齐国，听了《韶》这种乐曲后，陶醉其中，很长时间甚至连肉味都感觉不到了。他感叹道："没想到音乐居然能令人陶醉，达到如此境界啊！"

其四，求仁得仁。

冉有说："老师会为卫国新的国君效力吗？"子贡说："嗯，我来探问一下。"子贡来到孔子房中，问："伯夷叔齐是怎样的人呢？"孔子说："古代的贤人啊！"子贡问："他们会怨悔吗？"孔子说："他们求仁而得仁，有何怨悔的呢？"子贡出来对冉有说："老师不会为卫国新的国君效力的。"

其五，安贫乐道。

孔子说："我整天吃粗粮，喝白水，弯着胳膊当枕头，也自得其乐。以不正当的手段获得富贵，我视之为天上的浮云！"

其六，五十学易。

孔子说："假如再给我数年的时间，五十岁的时候就开始研习《易》，我就不会有大的过失了。"

其七，讲普通话（雅言）。

孔子在讲学读《诗经》《尚书》的时候，在执行礼事的时候，都讲标准的普通话（雅言）。

简言之，为师之义，在于知求知退、夫子三慎、闻乐而醉、求仁得仁、安贫乐道、五十学易、讲普通话（雅言）七个方面。

四、为师之德　6（叶我子三天二）

原文

(7.19)叶公问孔子于子路，子路不对。子曰："女奚不曰，其为人也，发愤忘食，乐以忘忧，不知老之将至云尔。"

(7.20)子曰："我非生而知之者，好古，敏以求之者也。"

(7.21)子不语怪，力，乱，神。

(7.22) 子曰："三人行，必有我师焉：择其善者而从之，其不善者而改之。"

> **专栏 7-2**　　　　　　　三人行，必有我师
>
> 2012年12月5日，习近平总书记在北京人民大会堂与20位在华工作的外国专家代表座谈。座谈中，他引用《论语》7.22章孔子语，对在场的外国专家代表说：
>
> "和各位专家朋友见面，主要想听听大家的看法和建议。孔子说'三人行，**必有我师**'，非常愿意听取大家的宝贵意见。"
>
> 来源：国际在线

(7.23)子曰："天生德于予，桓魋其如予何？"

(7.24)子曰："二三子以我为隐乎？吾无隐乎尔。吾无行而不与二三子者，是丘也。"

解意试译

这六章讨论的是孔子为师之德：

其一，发愤忘食。

叶公问子路孔子是个怎样的人，子路没有回答。孔子说："你为什么不这样说，他之为人，发愤忘食，乐以忘忧，不知老之将至哈哈！"

其二，好古敏求。

孔子说："我不是生而知之者，只不过好古，勤奋地去追求古代的知识文化呀！"

其三，四不语。

孔子有四不语：不语怪，即不讨论怪异之事；不语力，即不讨论暴力之事；不语乱，即不讨论悖乱之事；不语神，即不讨论神鬼之事。

其四，三人行。

孔子说："三个人同行，其中必定有我的老师，我选择他善的地方向他学习，看到他不善的地方则对照来提醒改正自己。"

其五，天生德。

孔子说："上天赋予我如此的德行，桓魋又能把我怎么样？"

其六，言传身教。

孔子说："弟子们啊，你们以为我还有什么隐而不教吗？我没有任何隐瞒啊！我以言传身教所展示给你们的，就是我（孔子之道）的全部啊！"

简言之，为师之德，在于发愤忘食、好古敏求、四不语、三人行、天生德、言传身教六个方面。

五、为师之仁 6（四圣子盖互仁）

原文

(7.25) 子以四教：文，行，忠，信。

(7.26) 子曰："圣人，吾不得而见之矣；得见君子者，斯可矣。"子曰："善人，吾不得而见之矣；得见有恒者，斯可矣。亡而为有，虚而为盈，约而为泰，难乎有恒矣。"

(7.27) 子钓而不纲，弋不射宿。

专栏 7-3　　　　子钓而不纲

2016年1月18日，习近平总书记在省部级主要领导干部学习贯彻党的十八届五中全会精神专题研讨班上发表重要讲话，其中引用《论语》7.27章并解释其义，强调生态保护的重要性。他说：

"我们的先人们早就认识到了生态环境的重要性。'子钓而不纲，弋不射宿。'意思是说孔子不用大网打鱼，不射夜宿之鸟。"

——《人民日报》2016年5月10日

(7.28) 子曰："盖有不知而作之者，我无是也。多闻，择其善者而从之；多见而识之；知之次也。"

(7.29) 互乡难与言，童子见，门人惑。子曰："与其进也，不与其退也，唯何甚？人洁己以进，与其洁也，不保其往也。"

(7.30) 子曰："仁远乎哉？我欲仁，斯仁至矣。"

解意试译

这六章讨论的是孔子为师之仁：

其一，子以四教。

夫子之教有四科：一曰文，即文献之知识；二曰行，即行动之能力；三曰忠，即忠实之品性；四曰信，即诚信之良知。

其二，但求君子。

孔子说："圣人我是见不到了，但求能见到君子就可以了。"又说："善人我是见不到了，但求能见到有底线保持操守的有恒者就可以了。一个人没有却装作有，空虚却装作充盈，本来穷困却装作富裕，这种人是难有什么底线和操守的。"

其三，仁及万物。

孔子仁及万物，捕鱼时"钓而不纲"，即只用鱼竿钓鱼，而不用渔网捕鱼；射猎时"弋不射宿"，即只用弋射的方式获取过鸟，而从不射取归巢之宿鸟。

其四，学而知之。

孔子说："有这样一种人，可能他什么都不懂却在那里凭空创造，我却没有这样做过。多听，选择其中好的来学习；多看，然后记在心里，这是次一等的智慧。"

其五，与进不与退。

互乡那个地方的人很难交流沟通。但互乡的一位少年却得到了孔子的指点。弟子们都感到困惑。孔子说："我赞赏他的进步，故与进；不愿放任他的退步，故不与退。何必做得太过分呢！我们肯定他改正错误，不要计较过去的旧恶。"

其六，思仁得仁。

孔子曰："仁真的很远吗？我思仁，仁就到了。"

简言之，为师之仁，在于子以四教、但求君子、仁及万物、学而知之、与进不与退、思仁得仁六个方面。

六、为师之智 4（陈与吾圣）

原文

(7.31)陈司败问昭公知礼乎，孔子曰："知礼。"孔子退，揖巫马期而进之，曰："吾闻君子不党，君子亦党乎？君取于吴，为同姓，谓之吴孟子。君而知礼，孰不知礼？"巫马期以告。子曰："丘也幸，苟有过，人必知之。"

(7.32)子与人歌而善，必使反之，而后和之。

(7.33)子曰："文，莫吾犹人也。躬行君子，则吾未之有得。"

(7.34)子曰："若圣与仁，则吾岂敢？抑为之不厌，诲人不倦，则可谓云尔已矣。"公西华曰："正唯弟子不能学也。"

{解意试译}

这四章讨论的是孔子为师之智：

其一，闻过则喜。

陈司败问孔子："鲁昭公知礼吗？"孔子回答说："知礼。"孔子出去后，陈司败向孔门弟子巫马期作个揖并靠近他说："我听说君子不因关系亲近而偏袒，难道君子也有偏袒吗？鲁君从吴国娶了位夫人，是鲁君的同姓，于是称她为吴孟子。鲁君若算得上知礼，还有谁不知礼呢？"巫马期转告了孔子。孔子闻过则喜说："你看我孔丘有多幸运！一旦有过错，别人一定会指出来让我知道。"

其二，从善和之。

孔子与人一起唱歌，如果唱得好，一定请他再唱一遍，然后自己又和他一起唱一遍。

其三，躬行不如。

孔子说："如果就学问来说，我教给你们的已经差不多了。但若躬行君子，则我们还有很大差距呢！"

其四，近圣与仁。

孔子说："如果说到圣与仁，那我怎么敢当！不过是朝着圣与仁的方向努力靠近，为之不厌，并教育大家诲人不倦，这样尚且说得过去呀！"公西华说："这正是我们弟子们学不到的啊！"

简言之，为师之智，在于闻过则喜、从善和之、躬行不如、近圣与仁四个方面。

七、为师之相　4（子奢坦温）

{原文}

(7.35)子疾病，子路请祷。子曰："有诸？"子路对曰："有之；《诔》曰：'祷尔于上下神祇'。"子曰："丘之祷久矣。"

(7.36)子曰："奢则不孙，俭则固。与其不孙也，宁固。"

(7.37)子曰："君子坦荡荡，小人长戚戚。"

(7.38)子温而厉，威而不猛，恭而安。

解意试译

这四章压轴，展现的是孔子为师之相：

其一，病宜自祷。

孔子病重，子路请人为他祈祷。孔子说："有这回事吗？"子路答曰："有的。《诔》文中说：为你向天地神灵祈祷。"孔子说："要这样，我早都祈祷过了。"

其二，从简不奢。

孔子说："奢侈豪华就会显得不谦逊，简约朴素则会显得寒碜，与其不谦逊，宁可寒碜。"

其三，坦荡不戚。

孔子说："君子光明磊落，心胸坦荡；小人则斤斤计较，患得患失。"

其四，圣人风度。

孔子温和而严厉，有威仪而不凶猛，谦恭而安详。

简言之，为师之相，在于病宜自祷、从简不奢、坦荡不戚、圣人风度四个方面。

小 结

在"述而第七"中，从七个不同的侧面，全面论述了孔子的为师之道：一是为师之要，包括师之六好、师之五忧、师之四纲三个方面；二是为师之礼，包括自律懂礼、教育三法、重丧有度、知哀有节、用行舍藏五个方面；三是为师之义，包括知求知退、夫子三慎、闻乐而醉、求仁得仁、安贫乐道、五十学易、讲普通话七个方面；四是为师之德，包括发愤忘食、好古敏求、四不语、三人行、天生德、言传身教六个方面；五是为师之仁，包括子以四教、但求君子、仁及万物、学而知之、与进不与退、思仁得仁六个方面；六是为师之智，包括闻过则喜、从善和之、躬行不如、近圣与仁四个方面；七是为师之相，包括病宜自祷、从简不奢、坦荡不戚、圣人风度四个方面。

总之，请大家务必记住：为师六五七六六四四！

第三节 导读《道德经·善行无辙迹》

"善行无辙迹"是《道德经》第27章，主题是为师之道。

原文

善行，无辙迹；善言，无瑕谪；善数，不用筹策；善闭，无关楗而不可开；善结，无绳约而不可解。

是以圣人常善救人，故无弃人；常善救物，故无弃物。是谓"袭明"。

故善人者，不善人之师，不善人者，善人之资。不贵其师，不爱其资，虽智大迷，是谓"要妙"。

解意试译

这一章的主题是为师之道。

老子说：

最好的行走，必不留行迹；最好的言辞，必无可挑剔；最好的计算，必不用计数的竹筹；最好的关门机关，必不用锁而怎么也打不开；最好的绳结，没有绳索之形但怎么也解不开。

因此，善人总是善于用人，故人尽其才；总是善于用物，故物尽其用。这就是"袭明"，即剔除一切遮蔽之障，恢复其本来的明智和良知。

故最好的老师，是能够袭明恶人的老师。即以善人之善，剔除遮蔽恶人身心上的障弊，恢复其本来的明智和良知，以达善人。反过来说，恶人亦是善人为师之资——最好的教材。

因此要尊师爱资，不尊善人之为师，不爱恶人之为资，看似聪明实则大糊涂。这就是奥妙之所在。

小结

在这一章中，老子用了五个比喻：善行、善言、善数、善闭、善结，说明为师之道在于"袭明"，在于以善人之善，运用心智和良知，剔除在恶人身心上的一切遮蔽之障，恢复其本来的明智和良知，以达善人。他因此强调最好的老师是能袭明恶人的老师，最好的教材就是恶人。

第四节　导读《周易·师》《周易·节》

"师"与"节"是《周易》的第7卦和第60卦，师卦是坎下坤上，地中有水，其象为众，主题是行师之道；节卦是兑下坎上，泽上有水，其象为度，主题是为师之德。

一、师卦

师卦第七

原文

（卦辞）师。贞，丈人吉。无咎。

（彖辞）师，众也。贞，正也。能以众正，可以王矣。

（象辞）地中有水，师。君子以容民畜众。

初六。师出以律，否臧凶。

九二。在师中，吉，无咎，王三锡命。

六三。师或舆尸，凶。

六四。师左次，无咎。

六五。田有禽，利执言，无咎。长子帅师，弟子舆尸，贞凶。

上六。大君有命，开国承家，小人勿用。

解意试译

（主题）坎下坤上，其象为众，主题是行师之道。师有二义，一为教导，二为统帅。行师之道，利于守正；为师之人，德高望重，得吉无咎。

（卦义）率众为师，为师者正，教正众人，可王天下。

（卦象）地中有水，坎险坤顺，容民教化，畜众养逸。

君子以容民畜众。

初六（以阴居阳）。行师之始，秩序为先，有律则吉，否则有凶。

九二（以阳居阴）。居师之尊，天助圣功，君命民顺，众望所归。

六三（以阴居阳）。行师遇挫，折败而返，大过无功，有凶险。

六四（以阴居阴）。行师知退，无过错。

六五（以阴居阳）。行师主进，不宜优劣分列，否则有凶。

上六（以阴居阴）。行师之果，论功行赏，开国承家，教化发展。谨防小人。

二、节卦

节卦第六十

原文

（卦辞）节。亨。苦节不可贞。

（象辞）泽上有水，节。君子以制数度，议德行。

初九。不出户庭，无咎。

九二。不出门庭，凶。

六三。不节若，则嗟若，无咎。

六四。安节，亨。

九五。甘节，吉，往有尚。

上六。苦节，贞凶。悔亡。

解意试译

（主题）兑下坎上，其象为度，主题是强调为师之德在约束有度、节中有奏、求中守正。

（卦义）约束有度，刚柔相济，节中有奏，顺利亨通；苦节不正。

（卦象）泽上有水，内外有节，节中有奏。

为师者当以制度约束内外，以德行树立威望。

初九（以阳居阳）。节而享于庭院，为师者安。

九二（以阳居阴）。节而困于室中，为师者戒。

六三（以阴居阳）。当节不节，必受其乱。

六四（以阴居阴）。以节制度，安而行之，无往不通。

九五（以阳居阳）。享受制度红利，吉祥中正，节中有奏，前途光明。

上六（以阴居阴）。清俭其身，苦节其德，甘于穷困，无怨无悔。

小 结

地水师（7）和水泽节（60）两卦，看似离得很远，且不相关，但主题一个论及行师之道，一个论及为师之德，都指向为师之道。

师卦主题是行师之道，讲的虽是率众行师，教导教化亦在其中，所强调的持中守正、有序有尊、知进知退等理念原则，都为行师之要，容民教化、畜众养逸更为行师之本。节卦主题是强调为师之德在于约束有度，节中有奏，求中守正，为师者当以制度约束内外，以德行树立威望，尤其强调为师者要清俭其身，苦节其德，甘于穷困，无怨无悔。

第五节 讨论：为师的智慧

本章主题"为师"，谈的是为师之道。

本章将《论语》第7篇"述而"、《道德经》第27章"善行无辙迹"，以及

《周易》第 7 卦师和第 60 卦节，置于统一的治理主题下，引导学生进行较为深入的学习和领悟。

从治理的角度看，这三部分的主题都与为师有关。《论语》的主题是为师之道，从为师之要、为师之礼、为师之义、为师之德、为师之仁、为师之智、为师之相的七个方面，阐述孔子之为师的圣人思想；《道德经》的主题是行师之道，老子通过善行、善言、善数、善闭、善结的五个比喻，说明为师之道在于"袭明"，在于以善人之善，运用心智和良知，剔除在恶人身心上的一切遮蔽之障，恢复其本来的明智和良知；《周易》选择地水师和水泽节两卦，主题一个论及行师之道，一个论及为师之德，都指向为师之道。需要强调的一个重要区别是，在《周易》中，师的含义更倾向于其原初的用意。

从治理的角度看，这三部分的主题都是为师之道，但视角有所不同。

作业与思考题

1. 记住述而第七的数字律和记忆小诗。
2. 思考和感悟老子"袭明""要妙"为师之道的境界。
3. 若有余力，背诵述而篇内容。
4. 小组讨论：如何理解"子之所慎"？

第八章 论尚德

本章选读《论语》第 8 篇 "泰伯"、《道德经》第 38 章 "上德不德"、《周易》第 15 卦 "谦" 和第 32 卦 "恒"。

《论语》泰伯篇，以尚德为主题，依照内容可分为德行在人、德性在养、品德在心三部分；《道德经》相应的主题我们选取第 38 章 "上德不德"；《周易》则选择谦卦和恒卦，主题皆为尚德。

第一节 "三经" 中的尚德思想

君子尚德。

德，是 "三经" 治理思想中最具共识性的一个核心范畴。

《论语》中有两篇的主题聚焦德；《道德经》一书的主题就是道和德，其下篇亦名为德篇；《周易》中也充满了德的思想与智慧。

本章选读《论语》泰伯第八，根据内容名之 "论尚德"。尚德，指在为人和品性上以德为尚，追求高尚的君子德性，相应地在做事和为政上强调以德为本，崇尚忠信和仁义等君子之德行。

孔子极力推崇尚德，在泰伯篇中，分别从德行、德性和品德三个方面展现了孔子与弟子们的尚德思想，我将其概括为德行在人、德性在养、品德在心三个方面，通过孔子自己的言论及行为，优秀的弟子之德行，古代圣贤之大德，表达尚德的思想，同时也举出若干缺德的反例，说明尚德的重要性。

老子关于德的思想博大精深，与其关于道的思想相映生辉，构成《道德经》思想体系中不可或缺的双轮或双翼。本章所选第38章"上德不德"，是老子论德思想的重要篇章，其中精辟地分析了上德、下德、上仁、上义、上礼等情形下的德行差异，进而上溯及道，探讨了道与德、德与仁、仁与义、义与礼，以及礼与忠信的关系。

《周易》中有不少卦都论及德。本章所选谦卦是一个全吉卦，主题是谦让之德；恒卦的主题是恒久之德，这两卦都展现了君子的尚德精神。

第二节　导读《论语·泰伯第八》

泰伯第八是《论语》第8篇，主题是尚德。

本篇共21章。请大家通过777的数字律和下面这首记忆小诗，反复诵读这一篇，并牢记之。

```
7  泰恭免将有托死……（德行在人）
7  兴民好如三笃不……（德性在养）
7  师狂学舜尧舜禹……（品德在心）
```

依此顺序，我们按主题划分为三部分，依次导读如下。

一、德行在人　7（泰恭免将有托死）

原文

(8.1)子曰："泰伯，其可谓至德也已矣。三以天下让，民无得而称焉。"

(8.2)子曰："恭而无礼则劳，慎而无礼则葸，勇而无礼则乱，直而无礼则绞。君子笃于亲，则民兴于仁；故旧不遗，则民不偷。"

(8.3)曾子有疾，召门弟子曰："启予足！启予手！《诗》云：'战战兢兢，如临深渊，如履薄冰。'而今而后，吾知免夫！小子！"

> **专栏 8-1**　　　　战战兢兢，如临深渊，如履薄冰
>
> 2016年1月12日，习近平总书记在第十八届中央纪律检查委员会第六次全体会议上发表重要讲话，他引用《论语》8.3章曾子引用的《诗经》语，谆谆告诫全党。他说：
>
> "《诗经》中说'**战战兢兢，如临深渊，如履薄冰**'，就是说官当得越大，就越要谨慎，古往今来都是如此，每一个党员、干部特别是领导干部都应该明白这个道理。"
>
> ——《人民日报》2016年5月3日

(8.4)曾子有疾，孟敬子问之。曾子言曰："鸟之**将**死，其鸣也哀；人之将死，其言也善。君子所贵乎道者三：动容貌，斯远暴慢矣；正颜色，斯近信矣；出辞气，斯远鄙倍矣。笾豆之事，则有司存。"

(8.5)曾子曰："以能问于不能，以多问于寡；**有**若无，实若虚，犯而不校。昔者吾友尝从事于斯矣。"

(8.6)曾子曰："可以**托**六尺之孤，可以寄百里之命，临大节而不可夺也。君子人与？君子人也。"

(8.7)曾子曰："士不可以不弘毅，任重而道远。仁以为己任，不亦重乎？**死**而后已，不亦远乎？"

> **专栏 8-2**　　　　　　　　任重而道远
>
> 2015年7月24日，中华全国青年联合会第十二届委员会全体会议、中华全国学生联合会第二十六次代表大会开幕，习近平主席发来贺信，他引用《论语》8.7章曾子语，勉励当代中国青年，他说：
>
> "'**士不可以不弘毅，任重而道远。**'国家的前途，民族的命运，人民的幸福，是当代中国青年必须和必将承担的重任。"
>
> 来源：光明网

解意试译

这七章记载了孔子和曾子的言论，主题是德行在人。

其一，泰伯至德。

孔子说："泰伯可称为至德之人啊！他多次让出王位，人民简直找不出恰当的词语来称颂他。"

其二，君行六德。

孔子认为：君子尚德体现在六种德行上，称为君行六德。他说："恭敬而不懂礼则劳而无功，故恭而有礼为一德；谨慎而不懂礼则畏缩懦弱，故慎而有礼为二德；勇敢而不懂礼则易闯祸，故勇而有礼为三德；直率而不懂礼则尖刻伤人，故直而有礼为四德；君子厚待其亲族则民兴于仁爱，故笃亲兴仁为五德；君子不弃其故旧则民不会彼此冷漠无情，则故旧不遗为六德。"

其三，免伤之德。

曾子认为：君子有免伤之德。他重病在身，临终前召集本门弟子说："你们看看我的手脚如今完好无损，《诗经》里说：'战战兢兢，如临深渊，如履薄冰。'从今以后我将免伤而终啊！孩子们！"

其四，重视三德。

曾子强调：君子重视三德。他重病在身，孟敬子前来探望。他说："鸟之将死，其鸣也哀；人之将死，其言也善。君子应重视三种德行：一是动容貌之德，礼义之始在于仪容举止，重视此德就能远离他人的怠慢不敬；二是正颜色之德，对人态度庄重就能令人以信实相待；三是出辞气之德，谈吐清楚言辞适当就能避免粗野和错误。至于祭祀和礼节仪式，自有主管那些事务的官员来处理。"

其五，学修三德。

曾子主张：君子学修三德。他说："从前我有一位学友身修三德：一曰以能问于不能，以多问于寡，他才高见识多却虚怀若谷地向才不高见识少的人虚心请教；二曰有若无、实若虚，他学富五车却谦虚低调，看似若愚；三曰犯而不校，别人冒犯他、刁难甚至陷害他，他都不与他们计较。"

其六，大受之德。

曾子认为：君子有大受之德，"一曰可以托六尺之孤，即在临终前能够将幼主之孤命托付与之；二曰可以寄百里之命，即在大限之前能够把社稷江山寄托与之；三是临大节而不可夺，即在生死存亡关头也不会变节夺志。"

其七，士之大德。

曾子主张："士有弘毅之大德。他说：士必弘毅，任重而道远。以践行仁为己任，斯任难道不重吗？死而后已，斯道何其远也！"

二、德性在养 7（兴民好如三笃不）

原文

(8.8)子曰："兴于《诗》，立于礼，成于乐。"
(8.9)子曰："民可使由之，不可，使知之。"
(8.10)子曰："好勇疾贫，乱也。人而不仁，疾之已甚，乱也。"
(8.11)子曰："如有周公之才之美，使骄且吝，其余不足观也已。"
(8.12)子曰："三年学，不至于谷①，不易得也。"
(8.13)子曰："笃信好学，守死善道。危邦不入，乱邦不居。天下有道则见，无道则隐。邦有道，贫且贱焉，耻也；邦无道，富且贵焉，耻也。"
(8.14)子曰："不在其位，不谋其政。"

解意试译

这七章孔子进一步阐述德性在养的观点。

其一，**诗礼乐养德**。

孔子说："学《诗》可以治学，学礼可以立身，学乐可以成人。"

其二，**使知之养德**。

孔子说："老百姓可以放任不管吗？不可以的。教化并智之。"

其三，**容以养德则不乱**。

孔子说："好勇疾贫者易作乱，对不仁者憎恶太过而不留余地，也会出乱子。"其弊在"疾"而不容。

其四，**不骄吝养德**。

孔子说："（作为一个君主），即使有周公那样的才华与德行，如果骄傲自大又格局太小，那也将一事无成。"

其五，**学不谋禄养德**。

孔子说："为学之久而一直不求为仕谋禄，这样的人少有啊！"

其六，**守善道养六德**。

孔子说："有信仰，勤治学，守善道，死不渝。守善道养六德：一曰危邦不入，不入危险之地；二曰乱邦不居，不居动乱之土；三曰天下有道则见，天下有道就出来从政；四曰无道则隐，天下无道则隐居不仕；五曰邦有道贫且贱焉耻也，

---

① 三年学至于谷，指为学三年，谋求进身，得一职业，获一分谷禄为生，即孔子所谓"小人儒"。参见钱穆：《孔子传》，钱穆先生著作新校本，10页，北京，九州出版社，2013。

天下有道但却贫穷鄙贱，是耻辱；六曰邦无道富且贵焉耻也，天下无道但却富有显贵，也是耻辱。"

其七，谋不出位养德。

孔子说："不在其位，不谋其政。"

三、品德在心　7（师狂学舜尧舜禹）

原文

(8.15)子曰："师挚之始，《关雎》之乱，洋洋乎盈耳哉！"

(8.16)子曰："狂而不直，侗而不愿，悾悾而不信，吾不知之矣。"

(8.17)子曰："学如不及，犹恐失之。"

(8.18)子曰："巍巍乎，舜禹之有天下也，而不与焉！"

(8.19)子曰："大哉尧之为君也。巍巍乎！唯天为大，唯尧则之。荡荡乎！民无能名焉。巍巍乎！其有成功也。焕乎！其有文章。"

(8.20)舜有臣五人而天下治。武王曰："予有乱臣十人。"孔子曰："才难，不其然乎？唐虞之际，于斯为盛。有妇人焉，九人而已。三分天下有其二。以服事殷，周之德，其可谓至德也已矣。"

(8.21)子曰："禹，吾无间然矣。菲饮食，而致孝乎鬼神；恶衣服，而致美乎黻冕；卑宫室，而尽力乎沟洫。禹，吾无间然矣。"

解意试译

这七章孔子进一步阐述品德在心的观点。

其一，乐之德。

孔子说："（鲁国）经过师挚（这位大师）的整顿，音乐已复其德，能起到陶冶教化人心、治理天下的作用了。美妙的音乐，洋洋洒洒、充盈绕梁不息。"

其二，缺德三例。

孔子说：缺德有三例："狂妄而不爽直，幼稚而不谨慎，无能而不诚实。真不知他们何以为人！"

其三，好学之德。

孔子说：好学有德，"总觉得学如不及，唯恐学不到；犹恐失之，又怕刚学到的东西丢了。"

其四，不私之德。

孔子说：不私之德如舜禹，"多么崇高啊！舜禹拥有天下，完全不是为了自己的享受！"

其五，则天之德。

孔子说：则天之德如尧，"尧作为国家君主，多么伟大崇高！唯天最大，只有尧能则天而效法之。他的恩惠民悦无疆！他所建立的伟业如山，他所缔造的礼制灿烂辉煌！"

其六，尊贤之德。

孔子说：尊贤之德如舜和武王，舜有贤臣五位，天下因此太平。武王说："我有贤臣十位，同心同德天下治。"孔子（因此评价）说："（贤臣）人才难得啊！不是吗？唐尧和虞舜的时代就更难啦！其实武王说此话时不是十人，其中有一位女性，应是贤臣九位，周因此得了天下的三分之二，（为了得到人才）仍然侍奉殷朝。周之德，可谓天下最高的德啊！"

其七，克己之德。

孔子说：克己之德如禹，"禹啊，无可挑剔！自己粗茶淡饭，祭品却很丰盛；自己衣服朴素，祭服却很华美；自己宫殿简陋，却尽力兴修水利。禹啊，真的无可挑剔啊！"

小 结

泰伯第八是论语中集中讨论尚德思想的一篇，是以德为主题的首篇。这一篇共21章，通过777的数字律，从三个方面，分别说明德行在人、德性在养、品德在心。

一是德行在人。通过孔子和曾子的言论，阐发泰伯至德、君行六德、免伤之德、重视三德、学修三德、大受之德和士之大德等思想，说明德行在人。

二是德性在养。通过孔子的言论，从诗礼乐、使知之、不乱之德、不骄吝、学不仕、守善道和谋不出位七个方面，阐发孔子德性在养的思想。

三是品德在心。先述及乐之德、缺德三例和好学之德三个相对抽象的命题，然后以尧舜禹和武王为例，强调不私之德、则天之德、尊贤之德和克己之德，阐发品德在心的思想。

总之，请大家务必记住：尚德七七七！

第三节 导读《道德经·上德不德》

"上德不德"是《道德经》第38章，主题是道德观。

原文

上德不德，是以有德；下德不失德，是以无德。

上德无为而无以为；下德无为而有以为。

上仁为之而无以为；上义为之而有以为。

上礼为之而莫之应，则攘臂而扔之。

故失道而后德，失德而后仁，失仁而后义，失义而后礼。

夫礼者，忠信之薄，而乱之首。

前识者，道之华，而愚之始。是以大丈夫处其厚，不居其薄；处其实，不居其华。故去彼取此。

解意试译

这一章的标题是上德不德，主题是讨论德的思想体系，深入阐析老子道德观的辩证思想。

老子说：

（德行分上下）

上德之人不显其德，实则有德；下德之人外显为不失德，实则无德；

上德之人无心作为也表现为无为，下德之人有心作为也表现为有为。

上仁之人有所作为却出于无意，上义之人有所作为而出于有意。

上礼之人有所作为却得不到回应，于是扬起胳膊召唤别人一起行动。

因此，失去了道才有德，失去了德才有仁，失去了仁才有义，失去了义才有礼。

礼这个东西，是忠信不足的产物，即失去了道德仁义以后才出现的，当然就是社会动乱的祸首啦！

所谓先知，不过是道的虚华表面，是愚昧的开始。因此，忠信守道的人立世，为人当敦厚而不轻薄，实在而不虚华。要弃轻薄虚华而取敦厚实在。

小结

在《道德经》第38章中，老子将德行从上至下，精辟地分析了上德之人、下德之人、上仁之人、上义之人、上礼之人这五种情形下的德行差异，进而上溯及道，深入探讨了不同德行的关系，即道与德、德与仁、仁与义、义与礼，以及礼与忠信的关系。他强调：失道才有德，失德才有仁，失仁才有义，失义才有礼。因此所谓礼，不过是社会在失去了道德仁义以后才出现的，因而是忠信不足的产物，是社会动乱的源头。

第四节　导读《周易·谦》《周易·恒》

"谦"与"恒"是《周易》的第 15 卦和第 32 卦，谦卦是艮下坤上，地中有山，其象为谦让，主题是谦虚之德；恒卦是巽下震上，雷风相与，其象为久，主题是恒久之德。

一、谦卦

谦卦第十五

原文

（卦辞）谦。亨。君子有终。
（象辞）地中有山，谦。君子以裒多益寡，称物平施。
初六。谦谦君子，用涉大川，吉。
六二。鸣谦，贞吉。
九三。劳谦君子，有终，吉。
六四。无不利，㧑谦。
六五。不富以其邻。利用侵伐，无不利。
上六。鸣谦。利用行师，征邑国。

解意试译

（主题）艮下坤上，其象为谦让，主题是谦虚之德。
（卦义）顺利亨通，君子有好的结果。
（卦象）地中有山，内高外卑，居高不傲，谦让为怀。
　　　　君子以谦逊为德，助人为乐，为求公正而谦让公益。
初六（以阴居阳）。以谦虚为德，君子依此德行，可排除万难而吉祥。
六二（以阴居阴）。弘扬谦虚之德，守正吉祥。
九三（以阳居阳）。勤劳而谦虚，君子有好的结果，吉祥。
六四（以阴居阴）。没有不利，能发挥谦虚之德。
六五（以阴居阳）。不富足，在邻国帮助下征伐不义之邦，无不利。
上六（以阴居阴）。弘扬谦虚之德，出兵征伐，在道义上占上风。

二、恒卦

恒卦第三十二

原文

（卦辞）恒，亨。无咎，利贞。利有攸往。

（彖辞）圣人久于其道，而天下化成。

（象辞）雷风，恒。君子以立不易方。

初六。浚恒，贞凶，无攸利。

九二。悔亡。

九三。不恒其德，或承之羞，贞吝。

九四。田无禽。

六五。恒其德。贞，妇人吉，夫子凶。

上六。振恒，凶。

解意试译

（主题）巽下震上，其象为久，主题是恒久之德。

（卦义）通达，无灾祸，利于守正，前途光明。

圣人保持此德，则天下太平，人文化成。

（卦象）雷风相与，君子立身处世，宜坚守正道。

初六（以阴居阳）。始求恒有凶，无前景。

九二（以阳居阴）。守中则无悔。

九三（以阳居阳）。不保恒久之德，将蒙受羞辱，前行艰难。

九四（以阳居阴）。去打猎，无所获。

六五（以阴居阳）。保持恒德守正，女吉祥，男有凶。

上六（以阴居阴）。动摇不定，无恒德，有凶险。

小 结

地山谦（15）和雷风恒（32）两卦，都以德为主题，谦卦是谦让之德，恒卦是恒久之德，这两种德行都是君子所追求的高尚德行。

谦卦之象是山在地下，有高度但不显山，君子以裒多益寡、称物平施。谦卦不仅强调谦虚、谦逊，而且主张公平、公益，堪称尚德之上。恒卦之象是雷风相与，恒久为德，君子以立不易方。恒卦强调要守正持中，也要注意男女有别，最重要的是不动摇，保持恒久之德，则天下化成。

第五节　讨论：尚德的智慧

本章名之"论尚德"，尝试将《论语》第8篇"泰伯"、《道德经》第38章"上德不德"，以及《周易》第15谦卦和第32恒卦，置于尚德这一主题下，引导学生进行学习和领悟。

如开篇所述，德是《论语》《道德经》《周易》中最具共识性的一个核心范畴，以德为核心的治理思想即为德治，是中国传统治理思想中最为重要的思想之一。德治首先从尚德开始，尚德就是在为人和品性上以德为尚，追求高尚的德性。"泰伯第八"从德行在人、德性在养、品德在心三个方面讨论尚德；《道德经》第38章深入分析了道与德、德与仁、仁与义、义与礼，以及礼与忠信的关系；《周易》的谦卦和恒卦，则分别呈现谦让之德与恒久之德，强调裒多益寡、称物平施和以立不易方的君子之尚德精神。

从治理的角度看，这三部分的主题都是尚德，但视角有所不同。

作业与思考题

1. 记住泰伯第八的数字律和记忆小诗。
2. 思考和感悟老子"失道而后德"的境界。
3. 若有余力，背诵泰伯篇内容。
4. 小组讨论：如何理解"民可使由之，不可，使知之"？

第九章 论君子

本章选读《论语》第9篇"子罕"、《道德经》第13章"宠辱若惊"、《周易》第3卦"屯"和第51卦"震"。

《论语》子罕篇,以孔子为例说明君子之品性德行,进一步从各个侧面探讨君子之德行;《道德经》选取第13章"宠辱若惊",主题为君子之品格;《周易》则选择屯卦和震卦,主题皆为君子之德行。

第一节 "三经"中的君子思想

君子,是"三经"中最重要的主体称谓。

君子是孔子心目中的理想人格。《论语》篇篇有君子,君子乃孔门教育的目的和最高境界。孔子终其一生所思、所虑、所忧、所进退、所得失,皆指向君子,孔门弟子前赴后继所学、所传承、所践行、所发扬光大、所和光同尘的无一不关乎君子。在《论语》中,孔子从"复礼"出发,明确以"里仁""为仁"作为基本价值取向,基于尚德、崇德,构建起一个包括仁者、知者、勇者在内的三维框架,进而树立由士至贤乃至圣人的逐步升阶的君子思想体系,成就中华历史上第一次集大成的人文思想之丰碑。

老子言常谓圣人。老子所处时代与孔子相近,故《道德经》中圣人与君子通义。圣人乃得道之君子,君子乃玄德之圣人。老子以天道教化人道,自上德释解仁义,建构了一套以悟道明德、无为而治为核心的道德哲学与社会治理的思想体系。

《周易》是人类思想史上的三位圣人——伏羲、文王和孔子——在三个不同时代共创而成的圣典，所谓"人更三圣，世历三古"。易中有圣人有君子，皆为通天地、阅古今、明道德之大贤之人，其上呼天地、先王、君主，下应万物、男女、庶民，诚如乾坤两卦象辞所喻："天行健，君子以自强不息""地势坤，君子以厚德载物"。

本章选读《论语》第9篇"子罕第九"，《道德经》第13章"宠辱若惊"、《周易》第3卦"屯"和第51卦"震"，从不同视角来解读其中的君子思想。《论语》子罕第九，根据内容名之"论君子"，以孔子为例讲述和解释君子之品性德行，进而展开探讨君子之德行。其实在《论语》中每一篇都在讨论君子，且各处的侧重点均有不同，相对来说，子罕篇的主题略为集中一些，但并不是孔子"君子论"的全部，而只是片段，毋宁说是入门之初阶。在本书后半部分，我们还将陆续导读更为高深、逐步升阶的君子论。

《道德经》第13章"宠辱若惊"，表达的是老子对君子独立与贵身之品格的强调，引申治理天下之道。

《周易》选择屯卦和震卦，屯卦之象在盈，君子以经纶；震卦之象在动，君子以恐惧修省。这两卦较为集中地体现了其中的君子观。

第二节　导读《论语·子罕第九》

子罕第九是《论语》第9篇，主题是君子。

本篇共31章，请大家通过666355的数字律和下面这首记忆小诗，反复诵读这一篇，并牢记之。

```
6  子达麻子子太……（斯文在兹）
6  牢吾凤子颜子……（仰之弥高）
6  美九乐出子未……（待贾者也）
3  譬语子…………（进吾往也）
5  苗后法主三………（不可夺志）
5  衣不寒知共………（不忮不求）
```

依此顺序，我们按主题划分为六部分，依次导读如下。

一、斯文在兹　6（子达麻子子太）

> **原文**

(9.1) 子罕言利与命与仁。

(9.2) 达巷党人曰："大哉孔子！博学而无所成名。"子闻之，谓门弟子曰："吾何执？执御乎？执射乎？吾执御矣。"

(9.3) 子曰："麻冕，礼也；今也纯，俭，吾从众。拜下，礼也。今拜乎上，泰也。虽违众，吾从下。"

(9.4) 子绝四：毋意，毋必，毋固，毋我。

专栏 9-1　　　　*毋意，毋必，毋固，毋我*

1941年8月5日，毛泽东在给谢觉哉的回信中引用《论语》9.4章。

他说：

"客观地看问题，即是孔老先生说的'**毋意，毋必，毋固，毋我**'，你三日信的精神，与此一致，盼加发挥。"

——《毛泽东谈孔子》（作者：韩延明），来源：人民网

(9.5) 子畏于匡，曰："文王既没，文不在兹乎？天之将丧斯文也，后死者不得与于斯文也；天之未丧斯文也，匡人其如予何？"

(9.6) 太宰问于子贡曰："夫子圣者与？何其多能也？"子贡曰："固天纵之将圣，又多能也。"子闻之，曰："太宰知我乎？吾少也贱，故多能鄙事①。君子多乎哉？不多也。"

> **解意试译**

这六章以孔子为例，从六个角度说明君子之德：

其一，君子罕言利。

孔子很少（主动）谈论功利，却相信天命，赞美仁德。

---

① 鄙事：粗活小艺。孔子小时候因家穷，曾干过"委吏"（看管仓库，负责料量升斗、会计出纳等）和"乘田"（为贵族看管牛羊放牧等）。参见钱穆：《孔子传》，钱穆先生著作新校本，12页，北京，九州出版社，2013。

其二，君子当执御。

达巷那个地方有人说："夫子真伟大呀！学问广博，可惜没啥专长以成名。"孔子听了这话，对弟子们说："对呀，我有啥专长呢？我是执御（驾车）好呢？还是执射（射箭）好呢？我还是个执御者吧！"

其三，君子当从礼。

孔子说："用麻做礼帽，这是礼的规定，如今用黑色的丝做，俭而合乎义，我遵从大家的做法；臣下见君主时要先在堂下跪拜，这是礼的规定，今天都在堂上跪拜，泰而不合义，虽违背大家的做法，我还是遵从在堂下跪拜的规定。"

其四，君子绝四念。

孔子杜绝四种执念：意、必、固、我。一绝臆测心，不凭空揣测；二绝期必心，不绝对偏执；三绝固执心，不拘泥固执；四绝自我心，不唯我独尊。

其五，斯文在君子。

孔子在匡地被拘围，他说："怕什么怕！周文王死后，斯文在君子（所有的文明礼乐都传承到我这里）啊！如果老天连斯文都不要了，那么活着的人还有什么文明礼乐可言呢？！如果老天还要斯文，匡人又能把我怎么样？！"

其六，君子不多也。

太宰问子贡说："夫子简直是圣人！他怎么那么多才多艺啊！"子贡回答说："是天意让他成为圣人，又使他多才多艺。"孔子听了后，说："太宰哪里了解我？我小时候穷苦，所以掌握了很多粗活小艺。其实君子何需那么多的粗活小艺，君子不多也！"

二、仰之弥高 6（牢吾凤子颜子）

原文

(9.7)牢曰："子云：'吾不试，故艺。'"

(9.8)子曰："吾有知乎哉？无知也。有鄙夫问于我，空空如也。我叩其两端而竭焉。"

(9.9)子曰："凤鸟不至，河不出图，吾已矣夫！"

(9.10)子见齐衰者、冕衣裳者与瞽者，见之，虽少，必作；过之，必趋。

(9.11)颜渊喟然叹曰："仰之弥高，钻之弥坚。瞻之在前，忽焉在后。夫子循循然善诱人，博我以文，约我以礼，欲罢不能。既竭吾才，如有所立卓尔。虽欲从之，末由也已。"

(9.12)子疾病。子路使门人为臣。病间，曰："久矣哉，由之行诈也！无臣而为有臣，吾谁欺？欺天乎？且予与其死于臣之手也，无宁死于二三子之手乎！且予纵不得大葬，予死于道路乎？"

> 解意试译

这六章主要以孔子为例，说明君子之境界。

其一，不试而艺。

牢回忆说："（当年）孔子说过：我（年轻时）因为没有去做官，所以学会了许多技艺。"

其二，叩其两端。

孔子说："都说我无所不知，其实不然。有一位偏鄙之人问于我，我对其问的内容并无所知，实在空空如也。但我心实诚恪，我扣其问题之两端，从正反两个方面搞清问题的缘由，尽量帮他化解了问题。"

其三，凤鸟不至。

孔子说："凤鸟不来了，黄河也不出河图了，看来天道穷尽，我这一生也差不多啦！"

其四，作而趋之。

孔子见到穿丧服的人、穿着礼服前往祭祀的人和盲人，即使他们年轻，也一定要作（站起来以表达肃静）；从他们面前经过时，一定要趋（疾行以表达肃静）。

其五，仰之弥高。

颜渊喟然叹道："夫子之道，抬望之如高山仰止，钻研之如磐石弥坚，看似在前，忽又闪在后面。夫子循循善诱，以各种文献丰富我的知识，用礼乐规约我的身心，我想停下脚步都不可能。我已用尽才力啊，夫子之道依然卓立在前！我欲追随而上，却总也找不到捷径！"

其六，死亦为师。

孔子重病。子路派了几位（孔子的）弟子充当家臣（以料理后事）。后来孔子病好了些。他很生气地说："（我病了）这么久，仲由就这样做事行诈！明明我没有家臣，却骗作有家臣。在骗谁呀，难道要骗老天吗？！我与其死在这些所谓家臣的手里，宁可在你们这些学生的伺候下死去，这样我即使不能以大夫之礼来安葬，毕竟死亦为师，怎么也不会死在路边没人收尸吧！"

三、待贾者也 6（美九乐出子未）

原文

(9.13)子贡曰："有美玉于斯，韫椟而藏诸？求善贾而沽诸？"子曰："沽之哉！沽之哉！我待贾者也！"

(9.14)子欲居九夷。或曰："陋，如之何？"子曰："君子居之，何陋之有？"

专栏9-2　　　　　　何陋之有

唐代诗人刘禹锡，作有一篇脍炙人口的短文《陋室铭》，引《论语》9.14章孔子语，以托物言志：

山不在高，有仙则名。水不在深，有龙则灵。斯是陋室，惟吾德馨。苔痕上阶绿，草色入帘青。谈笑有鸿儒，往来无白丁。可以调素琴，阅金经。无丝竹之乱耳，无案牍之劳形。南阳诸葛庐，西蜀子云亭。**孔子云：何陋之有？**

(9.15)子曰："吾自卫反鲁，然后乐正，《雅》《颂》各得其所。"

(9.16)子曰："出则事公卿，入则事父兄，丧事不敢不勉，不为酒困；何有于我哉！"

(9.17)子在川上曰："逝者如斯夫！不舍昼夜。"

专栏9-3　　　　　　逝者如斯夫

2017年12月29日，习近平总书记在全国政协新年茶话会上发表讲话，引用《论语》9.17章孔子语。他说：

"从现在起到实现决胜全面建成小康社会的奋斗目标，只有1000多天了。'**逝者如斯夫！不舍昼夜**'。时间不等人！我们必须走在时间前面，成为时代的弄潮儿。"

来源：新华网

(9.18)子曰:"吾未见好德如好色者也。"

解意试译

这六章主要以孔子为例,说明君子之人格特点。

其一,待贾者也。

子贡说:"这里有一块美玉,是把它收藏在柜子里呢?还是找一个识货的贾者(商人)卖掉它呢?"孔子说:"卖掉吧,卖掉吧!我是一个等待识货的待贾者!"

其二,君子居之。

孔子想去九夷居住。有人说:"那地方愚昧落后,怎么能住?"孔子说:"君子居之,哪里还会有愚昧落后?!"

其三,各得其所。

孔子说:"我从卫国回到鲁国,乐得以整理,《雅》乐和《颂》乐(终于)各得其所(发挥其应有的作用)。"

其四,不为酒困。

孔子说:"出外服务国家,在家侍奉父兄,有丧事,不敢不勉力去办,不为酒所困,对我来说这是多么惬意充实的事情啊!"

其五,逝者如斯夫。

孔子站在河岸上说:"时光就像这河水一样不停地流逝,一去不返,逝者如斯夫!"

其六,好德好色。

孔子说:"我没有见过像好色那样好德的人。"

四、进吾往也 3(譬语子)

原文

(9.19)子曰:"譬如为山,未成一篑,止,吾止也。譬如平地,虽覆一篑,进,吾往也!"

(9.20)子曰:"语之而不惰者,其回也与!"

(9.21)子谓颜渊,曰:"惜乎!吾见其进也,未见其止也。"

> 解意试译

这三章进一步谈论君子如何做到学以进步。

其一，进吾往也。

孔子说："比如用土堆山，只差一筐土就完成了，这时停下来就功亏一篑，其止在我：止吾止也！比如挖土平地，尽管刚挖了一筐土，但只要持之以恒就必然进步，其进亦在我：进吾往也！"

其二，语之而不惰。

孔子说："我授之以道，能够做到悟道且行之以道，并丝毫也不懈怠的，恐怕只有颜回吧。"

其三，吾见其进。

孔子谈起颜回说："可惜啊！我只看见他不断进步，从来没见到过他停下来。"

五、不可夺志 5（苗后法主三）

> 原文

(9.22)子曰："苗而不秀者有矣夫！秀而不实者有矣夫！"

(9.23)子曰："后生可畏，焉知来者之不如今也？四十、五十而无闻焉，斯亦不足畏也已！"

专栏9-4　　　　　后生可畏

2018年9月下旬，习近平总书记调研东北三省并主持召开深入推进东北振兴座谈会，27日，他来到北大荒建三江国家农业科技园区，当听说园区科技人员平均年龄只有32岁，却承担了500多项各类课题时，习近平引《论语》9.23章孔子语，夸赞道："后生可畏，大有希望！"

来源：新华网

(9.24)子曰："法语之言，能无从乎？改之为贵。巽与之言，能无说乎？绎之为贵。说而不绎，从而不改，吾末如之何也已矣。"

(9.25)子曰："主忠信，无友不如己者，过则勿惮改。"

(9.26)子曰:"三军可夺帅也,匹夫不可夺志也。"

> **专栏 9-5**　　　　　匹夫不可夺志也
>
> 　　1974年"批林批孔"运动期间,在政协学习会上,人人要"表态",梁漱溟一直沉默不语。"连续几天,组员们对他那令人恼火的沉默进行指责,并严令他以某种方式表态。终于,梁漱溟同意公开表态,但他讲出的只有一句话。这句话是孔子《论语》中的一句:'三军可以夺帅也,匹夫不可夺志也。'"(引自《论语》9.26章孔子语)
>
> 　　　　　　　　　——艾凯:《最后的儒家》,330页,外语教学与研究出版社

解意试译

这五章进一步讨论君子之德的特点。

其一,学有三阶。

孔子说:学有三阶:一曰苗;二曰秀;三曰实。"有的人苗而不秀:资质虽好但却学无所成;有的人秀而不实:学有所成但却优而不仕。"

其二,后生可畏。

孔子说:"后生(年轻人)可畏,你怎么能断定他们将来赶不上我们这些人呢?不过,如果一个人到了四五十岁还没有什么成就,那就令人担忧了。"

其三,法语之言。

孔子说:"法语之言,即符合礼法的正言规劝,谁能不听从呢?但(只有按它来)改正自己的错误,才是可贵的。巽与之言,即恭维赞许的话,谁听了能不高兴呢?但只有认真辨别(它的真伪是非),才是可贵的。只是高兴而不去辨别,只是听从而不改正错误,(对这样的人)我拿他实在是没有办法啦!"

其四,主忠信。

孔子说:"亲近忠诚和讲信义的人,不要和不如自己的人交朋友,有了过错不要害怕改正。"

其五,不可夺志。

孔子说:"纵使三军都可夺帅,匹夫也不可夺志。"

六、不忮不求 5（衣不寒知共）

原文

(9.27)子曰："衣敝缊袍，与衣狐貉者立，而不耻者，其由也与？"

(9.28)"不忮不求，何用不臧？"①子路终身诵之。子曰："是道也，何足以臧？"

(9.29)子曰："岁寒，然后知松柏之后凋也。"

(9.30)子曰："知者不惑，仁者不忧，勇者不惧。"

(9.31)子曰："可与共学，未可与适道；可与适道，未可与立；可与立，未可与权。""唐棣之华，偏其反而；岂不尔思？室是远而。"子曰："未之思也，夫何远之有？"

解意试译

这六章继续讨论君子之品格特点。

其一，由也不卑。

孔子说："穿着乱麻做的破袄，与穿着貂皮大衣的人站在一起，却毫无自卑感，这恐怕只有子路才做得到。"

其二，不忮不求。

(《诗经》上说)"不忮不求，何为而不善呢？"子路听后，反复背诵这句诗。孔子说："是道，但并非是至善啊！"

其三，岁寒知松。

孔子说："到了一年中最寒冷的季节，才知道松柏的品格，它们是不会凋谢的。"

其四，君子三德。

孔子说：君子有知、仁、勇之三德，"知者明道达义，不会疑惑；仁者悲天悯人，不会忧愁；勇者见义勇为，不会畏惧。"

其五，学有四阶。

学有四阶：一曰共学，与之共学为初阶；二曰适道，由共学进阶者可适道；三曰与立，由适道进阶者可与立；四曰与权，由与立进阶者方可与权。孔子说："有的人可与共学（同学），但未可与适道（同道）；可与适道，但未可与立（创业）；可与立，但未可与权（通权达变）。"逸诗有云："唐棣之花啊，翩翩起舞。

---

① 《诗经·卫风·雄雉》诗句。忮，嫉义；求，贪义；臧，善义。不害人不贪心，何为而不善？——作者注

我岂能不想念你呢？只是家住的地方太遥远啊！"孔子说："那是没有动心真念。如若动心真念，遥远算什么？！"

小 结

"子罕第九"的主题是君子，一方面以孔子为例说明君子之德，另一方面进一步深入讨论君子之品格。

本篇共31章，从七个不同层面说明君子：一是以孔子为例从罕言利者、斯文在兹等六个角度说明君子之德；二是主要以孔子为例从仰之弥高等六个方面说明君子之境界；三是主要以孔子为例从待贾者也等六个方面说明君子之人格特点；四是进一步通过进吾往也、语之而不惰、吾见其进三个主题谈论君子如何做到学以进步；五是通过学有三阶、后生可畏、法语之言、主忠信、不可夺志五个主题，深入阐析君子之德；最后，通过由也不卑、不忮不求、岁寒知松、君子三德、学有四阶五个主题，概括君子之品格。

总之，请大家务必记住：君子六六六三五五！

第三节　导读《道德经·宠辱若惊》

"宠辱若惊"是《道德经》第13章，主题是君子。

原文

宠辱若惊，贵大患若身。

何谓宠辱若惊？宠为上，辱为下；得之若惊，失之若惊，是谓宠辱若惊。

何谓贵大患若身？吾所以有大患者，为吾有身；及吾无身，吾有何患？

故贵以身为天下，若可寄天下；爱以身为天下，若可托天下。

解意试译

这一章的标题是宠辱若惊，主题是君子。老子以宠辱若惊，说明君子的独立与贵身之品格，进而引申出治理天下当持贵身之态度和爱身之情怀，从而表达老子的贵身观。

老子说：

君子得宠和受辱都倍感惊恐。宠辱对于君子，就如大患之于身体。要像重视大患之于身体一样，重视宠辱皆为君子之患。

什么叫宠辱若惊？得宠为上，受辱为下；得之便格外惊喜，失之则惊慌不安。所以才宠辱若惊。

（故君子当独立，宠辱皆为独立之患。）

什么叫贵大患若身？我之所以有大患，因我有身体；如若没有身体，我还有什么祸患？

（故君子当贵身，贵身才可免除大患。）

因此，君子只有以贵身之态度善待天下，天下当可托付于他；君子只有以爱身之情怀爱惜天下，天下方可依靠于他。

小 结

在《道德经》第13章中，老子以宠辱若惊，说明君子的独立与贵身之品格，进而引申出治理天下当持贵身之态度和爱身之情怀。这是老子治理思想的重要基石，只有持贵身之态度才能慎为，才能审慎言行，善待天下，并思患而预防之；只有持爱身之情怀才能有为，才能务民之义，爱才如己，先天下之忧而忧之。而只有基于贵身爱身之态度与情怀，才能以君子之德善治天下。

第四节　导读《周易·屯》《周易·震》

"屯"与"震"是《周易》的第3卦和第51卦，屯卦是震下坎上，其象为盈，主题是经纶天下；震卦是震下震上，其象为动，主题是敬天修德。

屯卦第三

一、屯卦

原文

（卦辞）屯。元亨，利贞。勿用有攸往。利建侯。

（象辞）云雷屯。君子以经纶。

初九。磐桓，利居贞，利建侯。

六二。屯如邅如，乘马班如。匪寇婚媾，女子贞不字，十年乃字。

六三。即鹿无虞，惟入于林中，君子几不如舍，往吝。

六四。乘马班如。求婚媾，往吉无不利。

九五。屯其膏。小贞吉，大贞凶。

上六。乘马班如，泣血涟如。

解意试译

（主题）震下坎上，其象为盈，主题为君子经纶天下。

（卦义）元亨利贞，万物盈生，宜住不宜行，当成家立业。

（卦象）震动于下，坎润于上，天地始生，万物充盈。

　　　　君子内立其德，外成乎物，安定立业，经纶天下。

初九（以阳居阳）。艰难险阻，利于安居守正，安家立业。

六二（以阴居阴）。且驻且行，且奔且返。乘马来者，非盗匪，求婚也。美女不允，多年终允。

六三（以阴居阳）。一只小鹿，飞奔入林，君子当止，不可追。

六四（以阴居阴）。乘马而来，再次求婚；大胆表白，无不利。

九五（以阳居阳）。积蓄力量，前有险，宜守正，小事吉，大事凶。

上六（以阴居阴）。乘马奔骑，前险无途，忧惧不已。

二、震卦

震卦第五十一

原文

（卦辞）震。亨。震来虩虩，笑言哑哑，震惊百里，不丧匕鬯①。

（象辞）洊雷，震，君子以恐惧修省。

初九。震来虩虩，后笑言哑哑，吉。

六二。震来厉，亿丧贝，跻于九陵，勿逐，七日得。

六三。震苏苏，震行无眚。

九四。震遂泥。

六五。震往来厉，亿无丧，有事！

上六。震索索，视矍矍，征凶。震不于其躬。于其邻，无咎。婚媾有言。

解意试译

（主题）震下震上，其象为动，主题为君子敬天修德。

（卦义）雷声惊簌，谈笑风生；雷惊百里，心定则安。

（卦象）巨雷连击，君子当处之以缓，以恐惧修省，敬天修德。

初九（以阳居阳）。雷声惊簌，雷声过后却谈笑风生，吉祥。

---

① 匕鬯，一杯祭酒；不丧匕鬯，喻心态沉稳，杯酒不洒。——作者注

六二（以阴居阴）。雷电交加，因躲避遭失财之灾，远行至九陵山。

不必担心，七天后财自归来。

六三（以阴居阳）。雷声簌簌，当行无灾。

九四（以阳居阴）。雷声渐弱，如入云泥。

六五（以阴居阳）。雷声时起时落，无灾无损。

上六（以阴居阴）。雷电交加，谨慎前行，前路凶险。

虽不会遭雷击，但邻居遭雷击。当谨言慎行。

小　结

水雷屯（3）和洊雷震（51）两卦，主卦皆为震，震者，长子也，主题皆为君子之德行。屯卦之象为盈，震下坎上，万物充盈，险象环生，君子当内立其德，外成乎物，安定守正，经纶天下。所以屯卦强调的是君子以天下为己任、经纶天下的功德。震卦之象为动，上下皆为雷，雷电交加，君子当处之以缓，以恐惧修省，敬天修德。所以震卦强调的是君子处险而不惊、以恐惧修省的内在定力与德性把握大局。

第五节　讨论：君子的智慧

本章名之"论君子"，尝试将《论语》第9篇"子罕"、《道德经》第13章"宠辱若惊"，以及《周易》第3屯卦和第51震卦，置于君子这一主题下，引导学生进行学习和领悟。

如本章开篇所述，君子乃"三经"中最重要的主体称谓，虽各自的用词、用意及语境差异很大，但君子在这三部经典中都堪称理想人格和品德的化身。因此以其中个别篇章之内容讨论君子这一主题，实在勉为其难。

在《论语》第9篇中，以孔子为例，分别从君子之德、君子之境界、君子之人格特点、君子如何做到学以进步，以及君子之德行和品格的特点等七个方面，较为全面地探讨了君子之品性德行。

在《道德经》第13章中，老子以宠辱若惊，说明君子的独立与贵身之品格，进而引申出治理天下当持贵身之态度和爱身之情怀。

《周易》的屯卦和震卦，主题皆为君子之德行。屯卦之象为盈，强调君子当内立其德，外成乎物，安定守正，经纶天下。震卦之象为动，强调君子当处之以缓，以恐惧修省，敬天修德。

从治理的角度看，这三部分的主题都在强调治理的主体当具有独立完整的人格品性和德行，内圣外王。

作业与思考题

1. 记住子罕第九的数字律和记忆小诗。
2. 思考和体会君子之"内圣"与"外王"的关系。
3. 若有余力，背诵子罕篇内容。
4. 小组讨论：如何理解"君子以恐惧修省"？

第十章 论礼治

本章选读《论语》第10篇"乡党"、《道德经》第39章"昔之得一者"、《周易》第20卦"观"和第38卦"睽"。

《论语》乡党篇,是礼的高级篇,在八佾第三尚礼的基础上,进一步从六个方面阐发了礼的实践——礼治的思想;《道德经》相应的主题选取第39章"昔之得一者",主题为阐述老子敬天顺道、谦卑而治的思想;《周易》则选择观卦和睽卦,主题皆与礼有关。

第一节 "三经"中的礼治思想

礼治,即以礼治理天下,是尚礼的实践。

在前述第三章中,我们以"尚礼"为题,导读了"三经"中的相关内容。礼治是孔子社会治理思想的重要内容。本章导读的"乡党第十"堪称《论语》中礼治思想的高阶,以孔子的言行为例,分门别类地探讨礼治在六个方面的具体表现:一是朝廷之礼,呈现政治生活中礼的规范和表现;二是服斋之礼,具体说明社会生活中烦琐的服饰之礼和行斋之礼;三是饮食起居之礼,详细探讨饮食、祭食、食寝、食斋及就座等生活起居的礼仪;四是乡俗之礼,讨论民间乡俗的礼仪;五是日常生活中的诸种礼节;六是敬天地鬼神之礼仪。这六个方面呈现的孔子所强调的礼治,乃社会实现善治的根基。一言以蔽之,"不知礼,无以立也。"

本章选择《道德经》第39章"昔之得一者",阐述老子敬天顺道、谦卑而治的思想,这一思想是老子无为而治的思想基石。

《周易》相应的内容选择第20卦观和第38卦睽，这两卦都包含礼治的内容，表达的是敬天爱人、天人合一、包容天下的崇礼思想。

第二节　导读《论语·乡党第十》

乡党第十是《论语》第10篇，主题是礼治。

本篇共27章。① 请大家通过525573的六组数字和下面这首记忆小诗，反复诵读这一篇，并牢记之。

> 5　乡朝君入执……　　（朝廷之礼）
> 2　君斋……………　　（服斋之礼）
> 5　食祭食斋席……　　（饮食起居之礼）
> 5　乡乡问康厩……　　（乡俗之礼）
> 7　君君君入朋朋寝……（日常之礼）
> 3　见升色……………　（敬天之礼）

依此顺序，我们按主题划分为六部分，依次导读如下。

一、朝廷之礼　5（乡朝君入执）

原文

(10.1) 孔子于乡党②，恂恂如也，似不能言者。
　　　其在宗庙、朝廷，便便言，唯谨尔。

(10.2) 朝，与下大夫言，侃侃如也；与上大夫言，訚訚如也。君在，踧踖如也，与与如也。

(10.3) 君召使摈，色勃如也，足躩如也。揖所与立，左右手，衣前后，襜如也。趋进，翼如也。宾退，必复命曰："宾不顾矣。"

(10.4) 入公门，鞠躬如也，如不容。立不中门，行不履阈。过位，色勃如也，足躩如也，其言似不足者。摄齐升堂，鞠躬如也，屏气似不息者。出，

---

① 旧不分章。刘宝楠《论语正义》分为25节；本篇以杨伯峻《论语译注》为据，分为27章。
② 乡党，指孔子的本乡，又称阙党。孔子生于陬邑昌平乡，后迁曲阜阙里，故名。——作者注

降一等，逞颜色，怡怡如也。没阶，趋进，翼如也。复其位，踧踖如也。

(10.5) 执圭，鞠躬如也，如不胜。上如揖，下如授，勃如战色，足蹜蹜如有循。享礼，有容色。私觌，愉愉如也。

解意试译

这五章以孔子"在朝之容"为例，分析说明朝廷之礼。

其一，**乡朝有礼**。

孔子在故乡，非常谦恭，好像不善言辞。但他进了宗庙和朝廷却很善言辞，言语谨慎。以示乡朝之礼。

其二，**朝君有礼**。

孔子在上朝时，（在君主到来之前），同下大夫说话，温和而快乐；与上大夫说话，正直而恭敬；君主来了，显出恭敬而局促的样子，行步却从容安详。以示朝君之礼。

其三，**使至尽礼**。

君主请孔子接待国宾，他面色矜持庄重，脚步也快起来。向两旁的人作揖，不停地左右拱手，衣服一俯一仰，却很整齐。快步向前，如鸟儿展翅。贵宾退下后，他一定回来向君主报告："客人走了。"以示使至尽礼。

其四，**入宫大礼**。

孔子进入朝廷宫门，谨慎而恭敬，仿佛无容身之处。站不居门中，走不踩门槛。从君主面前走过，脸色庄重，脚步加快，低声下气。提着衣服下摆上堂时，恭敬谨慎，屏气不息。退出宫门，走下一级台阶，脸色舒展，显出轻松愉快的样子。下完台阶，快步向前，就像鸟儿展开翅膀一样。回到自己的位置，又变成恭敬不安的样子。以致入宫之大礼。

其五，**出使执礼**。

孔子（出使他国时）举着圭，恭敬谨慎的样子，仿佛很重举不动。上举如作揖，下托如亲授，脸上战战兢兢，脚步细碎，行走谨如直线。赠送礼物的时候，满脸和气。以私人身份会见的时候，则轻松愉快。以呈出使执礼。

二、服斋之礼　2（君斋）

原文

(10.6) 君子不以绀緅饰，红紫不以为亵服。当暑，袗絺绤，必表而出之。

缁衣，羔裘；素衣，麑裘；黄衣，狐裘。亵裘长，短右袂。必有寝衣，长一身有半。狐貉之厚以居。去丧，无所不佩。非帷裳，必杀之。羔裘玄冠不以吊。吉月，必朝服而朝。

(10.7) 斋，必有明衣，布。

斋必变食，居必迁坐。

解意试译

这两章分析说明服饰之礼和行斋之礼。尤其详记衣服礼数，钱穆称之"人人易以取法"。

其一，服饰之礼。

孔子不用青透红或黑里透红的颜色做衣服的镶边，不用红紫色的布做家居时穿的便服。夏天，穿粗的或细的麻布单衣时，一定要穿在内衣的外面。黑色的罩衣配紫羔皮衣；白色的罩衣配麑裘衣；黄色的罩衣配狐裘衣。在家穿的棉衣做得长一些，右边的袖子短一些。一定要有睡衣，有一身半长。用狐貉的厚毛做坐垫。服丧期间除外，衣带上没有什么不能佩戴的装饰品。除上朝和祭祀时穿的礼服外，其他的衣服一定要剪掉多余的布。紫羔衣和黑色的帽子都不在吊丧时穿戴。大年初一，一定要穿着上朝的礼服去朝见君主。

其二，行斋之礼。

孔子斋戒的时候，沐浴前一定要准备好用布做的浴衣。斋戒时一定要改变日常饮食，不住在卧室。

三、饮食起居之礼　5（食祭食斋席）

原文

(10.8) 食不厌精，脍不厌细。食饐而餲，鱼馁而肉败，不食。色恶，不食。臭恶，不食。失饪，不食。不时，不食。割不正，不食。不得其酱，不食。肉虽多，不使胜食气。唯酒无量，不及乱。沽酒市脯不食。不撤姜食，不多食。

(10.9) 祭于公，不宿肉。祭肉不出三日。出三日，不食之矣。

(10.10) 食不语，寝不言。

(10.11) 虽疏食菜羹，瓜祭，必斋如也。

(10.12) 席不正，不坐。

解意试译

这五章详细说明饮食起居之礼。

其一，饮食之礼。

孔子吃的粮食要求舂得越精细越好，鱼和肉不要怕切细了。饭变味，鱼和肉腐烂了，都不吃。颜色不好，不吃。味道难闻，不吃。烹调不当，不吃。不合时令的东西，不吃。肉切得不正，不吃。没有相配的酱料，不吃。肉虽多，但不能超过主食。唯酒无量，不及乱。零打的酒和腊肉，不吃。餐间一直不撤姜碟，但不多吃。

其二，祭肉之礼。

孔子参加君主祭祀得来的祭肉，不留到第二天。自家的祭肉存放不超过第三天。超过三天，就不吃了。

其三，食寝之礼。

孔子吃饭的时候不说话，睡觉的时候不交谈。

其四，食斋之礼。

孔子即使吃的是粗茶淡饭，也一定要祭一祭，祭时表情严肃恭敬。

其五，入席之礼。

孔子入席时，座席未端正或不是自己该坐的位置，不坐。

四、乡俗之礼 5（乡乡问康厩）

原文

(10.13) 乡人饮酒，杖者出，斯出矣。

(10.14) 乡人傩①，朝服而立于阼阶。

(10.15) 问人于他邦，再拜而送之。

(10.16) 康子馈药，拜而受之，曰："丘未达，不敢尝。"

(10.17) 厩焚。子退朝，曰："伤人乎？"不问马。

解意试译

这五章说明乡俗之礼。

其一，尊老有礼。

（孔子在乡下）与乡人饮酒礼后，要等老年人都出去了，自己才出去。

---

① 傩，音nuó，古人迎神以驱逐疫鬼的俗礼。——作者注

其二，遵从乡礼。

（孔子）参加乡人举行的傩礼，穿着朝服，站在主人所立的东阶之上。

其三，请托有礼。

（孔子）托人给在国外的朋友问好送礼，要再三向受托者行拜托之礼，并亲自送到门口。

其四，收药有礼。

季康子给孔子送药，孔子拜而接受，并说："礼物谨收下，谅药不敢吃，因不通药性也。"

其五，礼重人道。

孔子家的马棚着火了，他刚下朝先问人之安否："伤着人了吗？"而不问到马。

五、日常之礼　7（君君君入朋朋寝）

原文

(10.18) 君赐食，必正席先尝之。君赐腥，必熟而荐之。君赐生，必畜之。侍食于君，君祭，先饭。

(10.19) 疾，君视之，东首，加朝服，拖绅。

(10.20) 君命召，不俟驾行矣。

(10.21) 入太庙，每事问。

(10.22) 朋友死，无所归，曰："于我殡。"

(10.23) 朋友之馈，虽车马，非祭肉，不拜。

(10.24) 寝不尸，居不客。

解意试译

这七章说明日常生活中礼的实践。

其一，君赐有礼。

君主赐以熟食，孔子一定要摆正席位先尝一尝；君主赐以生肉，一定要煮熟了，先给祖先上供；君主赐以活物，一定要养着它；陪同君主一起吃饭，趁着君主行饭前祭礼，孔子要先尝一尝。

其二，君视敬礼。

孔子患病在家，君主前来探视。孔子赶紧调整位置，头朝东，把朝服披在身上，拖着大带（以示礼敬）。

其三，君召有礼。

孔子接到君主之命召其入宫，不等车马备好，立即步行前往。

其四，入太庙礼。

孔子进入太庙，每件事都要问明白。

其五，友殡之礼。

朋友去世后没人为其举行丧葬，孔子说："丧葬由我来负责料理。"

其六，受馈之礼。

接到朋友的馈赠，即使贵如豪车马，只要不是祭肉，孔子不行受馈之礼。

其七，寝居之礼。

孔子寝居有礼，寝不尸，即不平躺如尸；居不客，即不坐如待客（般拘谨）。

六、敬天之礼　3（见升色）

原文

(10.25) 见齐衰者，虽狎，必变。见冕者与瞽者，虽亵，必以貌。凶服者式之。式负版者。有盛馔，必变色而作。迅雷风烈必变。

(10.26) 升车，必正立，执绥。车中，不内顾，不疾言，不亲指。

(10.27) 色斯举矣，翔而后集。曰："山梁雌雉，时哉时哉！"子路共之，三嗅而作。

解意试译

这三章概要说明敬天之礼。

其一，近鬼神天地者有礼。

孔子看见穿齐衰孝服的人，即使是很亲密的人，一定变脸肃敬；看见戴礼帽的人和盲人，（自己）虽身穿便服但立即整装表敬；在车上遇到穿着丧服的人，立即身体前倾，手扶横木，以示敬意；遇到持邦国图籍者，也手扶横木以礼敬之；宴席中每上来一道丰盛的菜肴，一定变脸肃敬，站立以礼；遇到迅雷、大风，也立即变脸肃敬。

其二，乘行有礼。

孔子上车，一定先端正地站好，拉着扶手带登车。在车上，不向内环顾，不疾言快语，不指手画脚。

其三，天地有礼。

野鸡在飞翔，如得天象，盘桓群落，若举色行礼。孔子说："山梁之雌雉，得天地之时啊！"子路向它们拱拱手，野鸡振几下翅膀飞走了。

小　结

"乡党第十"是论语中集中讨论"礼治"思想的第二篇，上一篇是"八佾第三"，我们称之为"尚礼"，与之相比，这里讨论的礼治是尚礼的实践，堪称礼治之高阶。

这一篇共27章，以孔子的言行举止为例，从六个方面阐发了礼治的高阶内容：

其一，朝廷之礼：一为乡朝有礼；二为朝君有礼；三为使至尽礼；四为入宫大礼；五为出使执礼。

其二，服斋之礼：一为服饰之礼；二为行斋之礼。

其三，饮食起居之礼：一为饮食之礼；二为祭肉之礼；三为食寝之礼；四为食斋之礼；五为入席之礼。

其四，乡俗之礼：一为尊老有礼；二为遵从乡礼；三为请托有礼；四为收药有礼；五为礼重人道。

其五，日常之礼：一为君赐有礼；二为君视敬礼；三为君召有礼；四为入太庙礼；五为友殡之礼；六为受馈之礼；七为寝居之礼。

其六，敬天之礼：一为近鬼神天地者有礼；二为乘行有礼；三为天地有礼。

总之，请大家务必记住：礼治五二五五七三！

第三节　导读《道德经·昔之得一者》

"昔之得一者"是《道德经》第39章，主题是得一顺道。

原文

昔之得一者：天得一以清；地得一以宁；神得一以灵；谷得一以盈；万物得一以生；侯王得一以为天下正。

其致之也，天无以清，将恐裂；地无以宁，将恐废；神无以灵，将恐歇；谷无以盈，将恐竭；万物无以生，将恐灭；侯王无以正，将恐蹶。

故贵以贱为本，高以下为基。是以侯王自谓孤、寡、不谷。此非以贱为本邪？非乎？故至誉无誉。是故不欲琭琭如玉，珞珞如石。

解意试译

这一章的标题是"昔之得一者"，主题是得一顺道，强调以贱为本、以下为基的至誉无誉，才是礼的最佳状态。

老子说：

自古以来，凡顺道者（皆行）。天顺道而清明；地顺道而宁静；神顺道而灵验；河谷顺道而充盈；万物顺道而生长；君王顺道则天下守正而治。

反过来说，天若不得清明就会崩裂；地若不得宁静就会震坏；神若不得灵验就会消失；河谷若不得充盈就会枯竭；万物若不得生长就会灭绝；君王若不得守正就会颠覆。

因此，贵以贱为根本，高以下为基础。君王总是自称"孤""寡人""不谷"，这不就是把低贱当作根本吗？难道不是吗？！因此最高的荣誉是"无誉"。（君子）不要追求像美玉那样华丽富贵，而宁可像石头一样朴实坚韧。

小 结

在《道德经》第39章中，老子聚焦"得一"，强调只有敬天顺道才能得道，才能实现善治。老子以天、地、神、河谷、万物为例，从正反两个方面，说明君王治理天下，要敬天顺道，守正而治，否则天下就会颠覆。

"得一"强调敬天顺道，更蕴含道乃万物之源的深刻思想。老子强调一生于道，得乎一就顺乎道，而一为至简、至贱、至下，有了一才能生乎二生乎三，才有万物。也就是说，以贱为本才有贵，以下为基方得高。君王只有明白这个道理，才能做到谦卑而治，就不会去追求华丽富贵，而真正注重朴实坚韧。换句话说："无誉"才能"至誉"。

第四节 导读《周易·观》《周易·睽》

"观"与"睽"是《周易》的第20卦和第38卦，观卦是坤下巽上，风行地上，其象为示，主题是物大可观，授之以礼；睽卦是兑下离上，水火相逆，其象为乖，主题是异中求同，以包容之心礼遇天下。

一、观卦

观卦第二十

原文

（卦辞）观。盥而不荐，有孚颙若。

（彖辞）大观在上，顺而巽，中正以观天下。

（象辞）风行地上，观。先王以省方观民设教。

初六。童观。小人无咎，君子吝。

六二。窥观。利女贞。

六三。观我生进退。

六四。观国之光，利用宾于王。

九五。观我生，君子无咎。

上九。观其生，君子无咎。

解意试译

（主题）坤下巽上，其象为示，主题是物大可观，授之以礼。

（卦义）宗庙祭典，观之盛礼，遵行大道，中正谛视，取信于民。

（卦象）风行地上，德被万物，考察四方，体恤民情，教书育人。

初六（以阴居阳）。以童稚之心观天地，察万物，细致无过。

六二（以阴居阴）。由小及大，由近及远，有节守正。

六三（以阴居阳）。观我之志行，以德进退。

六四（以阴居阴）。观国之文武，尚贤有道。

九五（以阳居阳）。观我之志行，君子内省无咎。

上九（以阳居阴）。观乎君主之德行，君子仁以为己任，任重而道远。

二、睽卦

睽卦第三十八

原文

（卦辞）睽。小事吉。

（彖辞）天地睽而其事同也，男女睽而其志通也，万物睽而其事类也。睽之时用大矣哉！

（象辞）上火下泽，睽。君子以同而异。

初九。悔亡。丧马，勿逐自复，见恶人，无咎。

九二。遇主于巷，无咎。

六三。见舆曳，其牛掣，其人天且劓，无初有终。

九四。睽孤。遇元夫。交孚，厉无咎。

六五。悔亡，厥宗噬肤，往何咎？

上九。睽孤。见豕负涂，载鬼一车。先张之弧，后说之弧。匪寇婚媾，往遇雨则吉。

解意试译

（主题）兑下离上，其象为乖，主题是异中求同，包容天下。

（卦义）火水相逆，异中求同，大事不济，小事吉利。

（卦象）上火下泽，乖久必合，君子以同而异。

初九（以阳居阳）。艰难困苦将自化，失去的宝马将自复。谨慎对待恶人，没错。

九二（以阳居阴）。与上司不期而遇，好事。

六三（以阴居阳）。途中遇一大车陷泥沼中，赶车人受尽磨难，最终摆脱困局。

九四（以阳居阴）。寂寞独行中遇一强者，相见恨晚，结为挚友，有险无咎。

六五（以阴居阳）。艰难困苦将自化，与朋友大快朵颐，前行怕什么！

上九（以阳居阴）。寂寞独行中，见一头野猪满身污泥，又见一辆满载鬼怪的大车飞驰而来，张弓欲射，那原不是鬼怪盗寇，而是娶亲的队伍，当以美酒待之。续行，逢吉雨纷纷。

小 结

风地观（20）和火泽睽（38）两卦，不相邻，不近象，但主题皆涉礼，是礼治在两个不同角度的展现。

观卦的角度是君主的角度，强调物大可观，授之以礼。其中有敬天之礼，遵道之礼，中正之礼，信民之礼。要持童稚之心观天地万物，有节守正，以德进退，尚贤有道，内省无咎，守仁重道，努力做到省方、观民、设教。

睽卦的角度是世俗的角度，强调在社会交往中要异中求同，以包容之心礼遇天下。即无论是对待恶人、上级领导、司机、强者、朋友，乃至如鬼怪似的各种怪异之人，都应以宽宏包容之心待之，努力做到以同而异。

第五节 讨论：礼治的智慧

本章名为"礼治"，是第二次论及礼的主题。将《论语》第10篇"乡党"、《道德经》第39章"昔之得一者"，以及《周易》第20观卦和第38睽卦，置于礼治的主题下，引导学生进行较为深入的学习和领悟。

从治理的角度看，这三部分的主题接近，都与礼有关。《论语》的主题是礼的实践，进一步深入论述礼，在此基础上以夫子的言行举止为例，从六个方面阐发了礼治的丰富内容和境界。《道德经》的主题是敬天顺道，深入阐析老子敬天顺道、谦卑而治的治理思想。《周易》的观卦和睽卦，则从君主和世俗两个不同的角度分别阐释了礼治的两个面向：一方面强调物大可观，授之以礼，要求君主努力做到省方、观民、设教；另一方面强调君子在社会交往中要异中求同，以宽宏包容之心对待社会上的各种人，做到以同而异。

从治理的角度看，礼治属社会治理，调节的是人与人的社会关系。由此看来，"三经"虽角度不同，但都高度重视礼治即社会治理。这可说是中国古代社会治理的一大优势。

作业与思考题

1. 记住乡党第十的数字律和记忆小诗。
2. 思考和体会孔子"食不厌精，脍不厌细"的境界。
3. 若有余力，背诵乡党篇内容。
4. 小组讨论：如何理解"礼治"之治？

第十一章 论传道

本章选读《论语》第 11 篇 "先进"、《道德经》第 41 章 "明道若昧"、《周易》第 46 卦 "升" 和第 55 卦 "丰"。

《论语》先进篇,以传道为主题,从七个方面展示弟子诸相;《道德经》选取第 41 章 "明道若昧";《周易》则选择升卦和丰卦,主题皆与传道有关。

第一节 "三经" 中的传道思想

传道,指传授圣贤思想、天地大道或真理,为师之道也。

《论语》是孔子与弟子们关于传道授业解惑的对话语集;《道德经》是老子在归隐之前留给世人的悟道心得;《周易》则承载了上古圣人伏羲、中古圣人周文王和近古圣人孔子关于天地大道的最高智慧。因此,"三经" 堪称是传道之圣典。

在《论语》中,传道的思想贯穿始终。孔子身体力行的好学之道、为师之道,孔门教学中所倡导的君子之道、尚礼之道、尚德之道、为政之道,孔门师生习道闻道悟道的精彩场域,皆呈现在这流传千古的不朽篇章中。本章所导读的先进第十一,堪称传道思想的集大成。其中从弟子之贤、弟子之亡、言行寓道、得道之途、闻道而行、行道之义等各个方面,层层递进地以弟子的品性、为学、为人、为政等主题,展示孔子传道的精彩内容,最后以一场精彩的师生对话,展现了孔子传道、弟子为学精进之互动升维的学习道场。

《道德经》堪称通篇传道,道乃老子哲学的最高境界。老子谆谆告诫后人道之不可道、不可名、不可知、不可视等至高境界,描述并探析了天道、大道、道生、天法道、道法自然等各种客观规律乃至道纪之本源,进而总结人类之善为道、惟道、全道、从事于道、同道、在道、有道者、以道莅天下等社会善治之道,鞭辟了各种不道、失道、非道等社会之恶,昭示人们闻道、明道、贵道之法,以求得长生久视之道、天之道、圣人之道。本章选择《道德经》第41章"明道若昧",从明道、进道、夷道、上德、广德五个层面阐述老子传道的思想,展示其辩证思想和深邃悠远的灵性境界。

《周易》所传乃天地大道。上行天,下势地,风水泽,火雷山,八卦乘八卦,上经接下经,卦卦皆传道,爻爻接太极。

朱熹赞曰:①

是以六十四卦为其体,三百八十四爻互为其用,远在六合之外,近在一身之中。暂于瞬息,微于动静,莫不有卦之象焉,莫不有爻之义焉。至哉易乎!其道至大而无不包,其用至神而无不存。

本章导读第46卦"升"和第55卦"丰",这两卦都包含传道的内容,表达的是升维和得道,突出强调升维、得道有时,当应天顺德。

第二节　导读《论语·先进第十一》

先进第十一是《论语》第11篇,主题是传道。

本篇共26章。② 请大家通过6534521的数字律和下面这首记忆小诗,反复诵读这一篇,并牢记之。

6	先从德回孝南……（弟子之贤）
5	季为天哭厚………（弟子之亡）
3	季闵鲁……………（言行寓道）
4	升过鸣柴…………（得道之途）
5	回善论闻子………（闻道而行）
2	季子………………（行道之义）
1	子…………………（四子侍坐）

---

① 朱熹:《周易本义·周易序》,九州易学丛刊,北京,九州出版社,2004。
② 本篇以杨伯峻《论语译注》为据,分为26章。

依此顺序，我们按主题划分为七部分，依次导读如下。

一、弟子之贤　6（先从德回孝南）

原文

(11.1)子曰："先进于礼乐，野人也；后进于礼乐，君子也。如用之，则吾从先进。"

(11.2)子曰："从我于陈、蔡者，皆不及门也。"

(11.3)德行：颜渊，闵子骞，冉伯牛，仲弓。言语：宰我，子贡。政事：冉有，季路。文学：子游，子夏。

(11.4)子曰："回也非助我者也，于吾言无所不说。"

(11.5)子曰："孝哉闵子骞！人不间于其父母昆弟之言。"

(11.6)南容三复白圭①，孔子以其兄之子妻之。

解意试译

这六章讨论传道的条件。孔子举弟子之贤为例说明传道之条件。

其一，择贤教之。

孔子主张：传道当择贤教之。他说："有两种弟子，一是先学礼乐，而后为官，所谓一张白纸的'野人'是也；二是先为官，而后学礼乐，所谓家有祖荫的'君子'是也。若我择之（弟子），则我择贤（先学礼乐之野人为弟子）而教之。"

其二，患难与共。

孔子主张：传道当患难与共。他说："当年跟着我在陈蔡之地患难与共的弟子们，现在都不在门下受教了。"

其三，四科优等。

孔子强调：传道有四科，且皆有楷模。弟子们按学科分，最优秀的四科优等生如下：德行科：颜渊，闵子骞，冉伯牛，仲弓；言语科：宰我，子贡；政事科：冉有，季路；文学科：子游，子夏。

其四，颜回之贤。

孔子强调：传道当有颜回之贤。他说："颜回之贤表现在：他非助我而悦我，即对我的言论始终满怀信心而接纳之。"

---

① 白圭，指《诗经·大雅·抑篇》中的如下诗句："白圭之玷，尚可磨也；斯言之玷，不可为也。"——作者注

其五，闵子之孝。

孔子强调：传道当有闵子之孝。他说："闵子骞之孝表现在：因他的孝行之深，以致人们无法去批评他的父母兄弟。"

其六，南容之谨。

孔子强调：传道当有南容之谨。南容是一位谨者，其谨表现在：他一日三复，诵读白圭那四句强调谨言慎行的诗句，他是那么谨慎小心！孔子因此将自己的侄女嫁给了他。

二、弟子之亡　5（季为天哭厚）

原文

(11.7) **季**康子问："弟子孰为好学？"孔子对曰："有颜回者好学，不幸短命死矣！今也则亡。"

(11.8) 颜渊死，颜路请子之车以**为**之椁。子曰："才不才，亦各言其子也。鲤也死，有棺而无椁。吾不徒行以为之椁。以吾从大夫之后，不可徒行也。"

(11.9) 颜渊死。子曰："噫！**天**丧予！天丧予！"

(11.10) 颜渊死，子**哭**之恸。从者曰："子恸矣！"曰："有恸乎？非夫人之为恸而谁为？"

(11.11) 颜渊死，门人欲**厚**葬之。子曰："不可。"门人厚葬之。子曰："回也视予犹父也，予不得视犹子也。非我也，夫二三子也。"

解意试译

这五章以颜回为例，说明唯一堪称好学的弟子颜回，几近道，却早亡，之于孔子之悲哀与礼约。

其一，好学者死矣。

孔子对好学颜渊（回）之死悲叹不已，认为颜渊死则好学者死矣。季康子问孔子说："您的弟子中谁可谓好学？"孔子说："有一位叫颜回的弟子堪称好学，不幸他短命已去世。现在没人好学啦！"

其二，礼大于哀。

颜渊之死令孔子悲恸不已，但他依然认为礼大于哀。颜渊父颜路请求孔子卖掉车马来替颜渊举办椁之礼。孔子说："不管有没有才能，都是在讨论儿子之丧礼。孔鲤是我的儿子，他死后的丧礼只及棺而不及椁。况且，我怎么能卖掉车马而改步行？作为一个曾任大夫的退休高官，出行必须遵循礼制乘以车马，怎么能步行呢！"

其三，**悲天悯人**。

颜渊去世了，孔子悲天悯人地大呼："哎呀，这是老天爷要我的命呀！老天爷呀，你这不是要我的命吗？！"

其四，**痛哭不已**。

颜渊去世了，孔子悲痛欲绝，痛哭不已。随从弟子说："您伤心太过啦！"孔子说："我能不悲痛欲绝吗？不为颜渊这样的人而痛哭，还有什么人值得我痛哭啊？！"

其五，**不可厚葬违礼**。

颜渊去世了，弟子们都想为他举行厚葬之礼。孔子说："不得（违背礼制而）厚葬。"弟子们最终为颜渊举行了厚葬之礼。孔子说："颜渊啊，你待我如父，我却无法待你如子啊！（如此违背礼制而厚葬）并非我的主意，而是你那帮同学干的呀！"

三、言行寓道 3（季闵鲁）

原文

(11.12)季路问事鬼神。子曰："未能事人，焉能事鬼？"曰："敢问死？"曰："未知生，焉知死？"

(11.13)闵子侍侧，訚訚如也；子路，行行如也；冉有、子贡，侃侃如也。子乐："若由也，不得其死然。"

(11.14)鲁人为长府。闵子骞曰："仍旧贯，如之何？何必改作？"子曰："夫人不言，言必有中。"

解意试译

这三章孔子谈及几位弟子侍侧跟读，以言行寓道。

其一，**人生为道**。

孔子强调人生为道。子路向孔子请教如何侍奉鬼神？孔子曰："未能事人焉能事鬼？"就是说：你人都没有侍奉好，怎么去侍奉鬼神？！子路又问："人死后如何？"孔子说："连活着的道理都没搞清楚，怎么去知晓死后如何？！"故侍奉人、搞清楚人生是道也。

其二，四子四象。

孔子谈及弟子诸象曰：闵子訚訚，子路行行，冉有子贡侃侃。訚訚行行侃侃，皆忠信率直，闵子自在悦中；子路刚直在外；冉有子贡坦荡表现。孔子说："子路这性格要改啊，否则会不得好死的！"

其三，金口玉言。

鲁国要重修长府的国库。闵子骞说："保持原样不是挺好吗？何必要重修？"孔子曰："闵子金口玉言啊，平时不言，言必有中。"

四、得道之途 4（升过鸣柴）

原文

(11.15)子曰："由之瑟奚为于丘之门？"门人不敬子路。子曰："由也升堂矣，未入于室也。"

(11.16)子贡问："师与商也孰贤？"子曰："师也过，商也不及。"曰："然则师愈与？"子曰："过犹不及。"

(11.17)季氏富于周公，而求也为之聚敛而附益之。子曰："非吾徒也。小子鸣鼓而攻之，可也。"

(11.18)柴也愚，参也鲁，师也辟，由也喭。

解意试译

这四章孔子以几位弟子为例，从正反两个方面阐述得道之途。

其一，升堂入室。

孔子强调得道应升堂入室。他说："子路瑟弹得这么难听，羞为孔门之徒啊！"弟子们因此看不起子路。孔子说："子路学问堪称升堂，只不过艺不够精进，而尚未入室而已啊！"

其二，过犹不及。

孔子强调得道过犹不及。子贡问孔子说："子张和子夏两位弟子，您觉得谁更贤能一些呢？"孔子说："子张过头，子夏不足。"子贡说："那么是子张好一些吗？"孔子说："过犹不及。"（即过分和不足是一样的）

其三，鸣鼓攻之。

孔子主张对无道之徒当鸣鼓攻之。季氏比周朝的公侯还要富有，而冉求还帮着他搜刮钱财以增其富。孔子说："非我弟子所为，弟子们，可大张旗鼓地去攻伐他！"

其四，愚鲁辟喭。

孔子主张得道并非一定要天分高。他评价高柴、曾参、子张、子路这四位弟子天分都不高，堪称"愚鲁辟喭"，即高柴愚笨、曾参迟钝、子张偏激、子路鲁莽，都是平凡人，但他们都成为孔门弟子并有所成就。

五、闻道而行 5（回善论闻子）

原文

(11.19) 子曰："回也其庶乎，屡空。赐不受命，而货殖焉，亿则屡中。"

(11.20) 子张问善人之道。子曰："不践迹，亦不入于室。"

(11.21) 子曰："论笃是与，君子者乎？色庄者乎？"

(11.22) 子路问："闻斯行诸？"子曰："有父兄在，如之何其闻斯行之？"冉有问："闻斯行诸？"子曰："闻斯行之。"公西华曰："由也问闻斯行诸，子曰，'有父兄在'；求也问闻斯行诸？子曰，'闻斯行之'。赤也惑，敢问。"子曰："求也退，故进之；由也兼人，故退之。"

(11.23) 子畏于匡，颜渊后。子曰："吾以女为死矣。"曰："子在，回何敢死？"

解意试译

这五章孔子通过表达、对话及评价，阐述闻道而行。

其一，道同命不同。

孔子感叹道同命不同。他说："颜回的学问与道德都接近完美，却安命守静，屡陷贫困，以致早亡；子贡修道不及颜回，又不肯受命进仕，而去做生意，却总挣大钱。"可见同样修道，命却不同。

其二，践迹入室。

孔子主张践迹入室。子张问善人之道。孔子说："若不践行古圣先贤的脚印，其学问与修养就不到家，无法入圣人之门。"故践迹入室，方能得道。

其三，道在言行。

孔子赞许说话稳重的笃实君，但主张"不能由笃而断其实，到底是内在的君子还是色庄的小人，不仅要审其言更要观其行。"

其四，闻道而行。

子路和冉有都问孔子"闻斯行诸？"（听到了就去做，可以吗？）孔子却做了不同的回答。子路问："闻斯行诸？"孔子说："有父兄在，你怎么能闻斯行之？！"冉有问："闻斯行诸？"孔子说："闻斯行之！"公西华困惑地问："由也问闻斯行诸，您说有父兄在；求也问闻斯行诸？您却说闻斯行之。那我被弄糊涂了。敢问您到底为什么？"孔子说："冉求退缩，故我鼓励他进之，闻道当即行；子路好胜，故我有意使他退之，闻道当缓行。"

其五，子在何敢死。

孔子被围困在匡地。颜渊后来才赶过来。孔子说："我以为你死了呢！"颜渊说："夫子在，弟子怎么敢死呢！"

六、行道之义　2（季子）

原文

(11.24)季子然问："仲由、冉求可谓大臣与？"子曰："吾以子为异之问，曾由与求之问。所谓大臣者，以道事君，不可则止。今由与求也，可谓具臣矣。"曰："然则从之者与？"子曰："弑父与君，亦不从也。"

(11.25)子路使子羔为费宰。子曰："贼夫人之子。"子路曰："有民人焉，有社稷焉，何必读书，然后为学？"子曰："是故恶夫佞者。"

解意试译

这两章从两个方面，以孔子和子路的言论阐析行道之义。

其一，以道事君。

季子然问孔子："子路和冉有能称得上是大臣吗？"孔子说："我以为你是问别的事呢，你要问子路和冉有啊！所谓大臣者，以道事君，不可则止。如今子路和冉有为臣，可说是具备了成为大臣的条件。"季子然又问："那么，他们会一切都顺从君主吗？"孔子说："倘若君主做出杀父弑君这样背德的事情，他们当然不顺从。"

其二，为仕亦为学。

子路主张为仕亦为学。他叫子羔去做费城的长官。孔子说："你这是祸害子弟的做法。"子路说："有民生社稷则当为仕，为仕亦为学，何必读书才算为学？"孔子说："所以我讨厌像你这些善于狡辩的家伙！"

七、四子侍坐 1（子）

原文

(11.26)子路、曾皙、冉有、公西华侍坐。子曰："以吾一日长乎尔，毋吾以也。居则曰：'不吾知也！'如或知尔，则何以哉？"子路率尔而对曰："千乘之国，摄乎大国之间，加之以师旅，因之以饥馑，由也为之，比及三年，可使有勇，且知方也。"夫子哂之。"求！尔何如？"对曰："方六七十，如五六十，求也为之，比及三年，可使足民；如其礼乐，以俟君子。""赤！尔何如？"对曰："非曰能之，愿学焉！宗庙之事，如会同，端章甫，愿为小相焉。""点！尔何如？"鼓瑟希，铿尔，舍瑟而作。对曰："异乎三子者之撰。"子曰："何伤乎？亦各言其志也。"曰："莫春者，春服既成，冠者五六人，童子六七人，浴乎沂，风乎舞雩，咏而归。"孔子喟然叹曰："吾与点也！"三子者出，曾皙后。曾皙曰："夫三子者之言何如？"子曰："亦各言其志也已矣。"曰："夫子何哂由也？"曰："为国以礼，其言不让，是故哂之。""唯求则非邦也与？""安见方六七十如五六十而非邦也者？""唯赤则非邦也与？""宗庙会同，非诸侯而何？赤也为之小，孰能为之大？"

解意试译

这一章以著名的"四子侍坐"为题传诵至今，栩栩如生地再现了孔子与弟子们问道之场域，表达了君子谋道的不同境界。

子路、曾皙、冉有、公西华四位弟子一起在上孔子的课。

孔子说："我比你们年纪大，不会有什么用武之地了。你们平时总说：无人能知我呀！假如有知你者，请问你将如何用武——实现你的志向？"

子路不假思索地抢先道："一个拥有千辆兵车的中等国家，内外交困，一方面因夹在两个大国之间而常受外部侵犯，另一方面内部遭遇饥荒，如果让我来治理，给我三年工夫，必使人人勇敢善战，且教化人民知书达礼。"

孔子听了，微微一笑。

孔子问："冉求，你怎么样？"

冉求回答："一个方圆六七十里，或者五六十里的小国，如果让我去治理。给我三年，我能使老百姓富足起来，以待君子来教化人民修明礼乐。"

孔子又问："公西华，你怎么样？"

公西华说:"我不敢说能做到,但愿为学。在宗庙祭祀中,或在诸侯会盟朝见天子时,我愿着礼服、戴礼帽,做一个小小的相官。"

孔子又问:"曾皙,你怎么样?"

曾皙正在弹瑟,瑟声转低,随着"铿"的一声,他放下瑟,直起身子轻声道:"我和他们三位的想法不一样的。"

孔子说:"没关系呀,随便谈谈各自的志向罢。"

曾皙说:"暮春时节,备好春天的装束,我愿我们五六位弟子,携六七个书童,到沂河里沐浴畅泳,在舞雩台随风畅饮,于春风清水间放歌而行,尽兴而归。"

孔子长叹道:"我和曾皙的想法一样啊!"

下课了,子路、冉有、公西华三人都出去了,曾皙留在后面。曾皙问孔子:"他们三人所言何如?"孔子说:"没什么,不过各自谈谈自己的志向罢了。"

曾皙问:"您为何笑子路呢?"

孔子说:"为国以礼,可他说话一点也不谦让,所以我笑他。"

曾皙问:"冉有所言,不是国家大事吧?"

孔子说:"怎么能说一个小至六七十或者五六十见方的小国,就不是国家呢?"

曾皙问:"那么,公西华所言,不是国家大事吧?"

孔子说:"宗庙会盟,只有诸侯国家才能有啊,公西华要去做的如果是小事,那么还有什么事是大事呢?"

小 结

先进第十一是《论语》中集中讨论传道的一篇。此篇26章,按内容分为七节,从弟子之贤、弟子之亡、言行寓道、得道之途、闻道而行、行道之义等各个方面,层层递进地以弟子的品性、为学、为人、为政等主题,展示孔子传道的精彩内容,最后以一场精彩的师生对话,展现了孔子传道、弟子为学精进之互动升维的学习道场。

总之,请大家务必记住:传道六五三四五二一!

第三节　导读《道德经·明道若昧》

"明道若昧"是《道德经》第41章,主题是明道。

原文

上士闻道，勤而行之；中士闻道，若存若亡；下士闻道，大笑之，不笑不足以为道。故建言有之：

明道若昧，进道若退，夷道若颣。

上德若谷，广德若不足，建德若偷，质真若渝。

大白若辱，大方无隅，大器晚成。

大音希声，大象无形。道隐无名。

夫唯道，善贷且成。

专栏 11-1　　大象无形，大方无隅，大音希声

2007年4月9日，时任上海市委书记的习近平调研上海世博会筹备工作，他对当时提出的"城市发展中的中国智慧"这一中国馆主题表示肯定，并引用《道德经》第41章老子语。他说：

"'中国智慧'要体现中华民族的大智慧。比如**'大象无形'**、**'大方无隅'**、大智若愚、**'大音希声'**，这些'中国智慧'，若体现出来，会很有意思。"他表示：从包容性看，改造、融合、兼收并蓄，都是"中国智慧"的特点。要通过中国馆的舞台，借鉴国际化的传播方式，将东方的智慧，变成世界的智慧。

——《习近平在上海》　来源：《解放日报》等联合报道组

解意试译

本章以"明道若昧"为题，惟妙惟肖地表达了老子的明道思想及道之灵韵！老子从上、中、下三类士人闻道后的不同反应入手，以古人立言的名义，从明道、进道、夷道、上德、广德等各个层面阐析老子明道的思想，展示其辩证的逻辑和深邃悠远的灵性境界。

老子说：

上等的士人闻道，努力践行；中等的士人闻道，半信半疑；下等的士人闻道，哈哈大笑，啥也没听懂。对呀，他不笑则不足以为道啊！因此，古人立言以诫后人：

明道若昧：明道之人好学，却总是学如不及，犹恐失之；

进道若退：得道之人进步，却总是后退一步，考虑进退；

夷道若颣：有道之人行路，虽一片坦途却总是谨慎小心；
上德若谷：上德之人为学，虚怀若谷；
广德若不足：广德之人做人，内心宽容却总担心不足；
建德若偷：立德之人做事，已尽善尽美却总是小心翼翼；
质真若渝：质真之人纯净，却看上去飘忽不定；
大白若辱：最纯洁的状态，却看上去带有污迹；
大方无隅：最方正的形状，其实没有角落；
大器晚成：担当重任之人，往往成就较晚；
大音希声：最大最美的声音，乃无声之音；
大象无形：最大最高的境界，乃无形之物；
道隐无名：大道，乃藏于无法名状的事物中。
因故只有道，才能使万物善始善终。

小 结

本章层次递进地阐析老子的明道观，以古人立言的名义，说明道之明昧、进退、夷平，道与德的关系，等等，说明只有道，才能使万物善始善终。其中"大白若辱，大方无隅，大器晚成，大音希声，大象无形"等句，不仅真切形象地刻画了道之高深莫测的境界，而且用语组词优美简洁之至，成为千古流传的经典用语，且具有极高的哲学和美学蕴涵，足见老子哲圣道神之智及其高超的美学素养。

第四节　导读《周易·升》《周易·丰》

"升"与"丰"是《周易》的第46卦和第55卦，升卦是巽下坤上，木在地中，其象为上升，主题是得道升维；丰卦是离下震上，雷电皆至，其象为大，主题是得道。

一、升卦

升卦第四十六

原文

（卦辞）升。元亨。用见大人，勿恤。南征吉。
（象辞）地中生木，升。君子以顺德，积小以高大。

初六。允升，大吉。
九二。孚乃利用禴，无咎。
九三。升虚邑。
六四。王用亨于岐山，吉，无咎。
六五。贞吉，升阶。
上六。冥升，利于不息之贞。

解意试译

（主题）巽下坤上，其象为上升，主题是得道升维。

（卦义）升，进而上也。适时而升。贵人相助，宜南行，得大道。

（卦象）地中有木，顺应慎德，积小以高大。

初六（以阴居阳）。得道进步，大吉大利。

九二（以阳居阴）。诚心诚意，以礼祭祀。

九三（以阳居阳）。升维入境。

六四（以阴居阴）。谦恭尽责，尊王顺民，吉祥无咎。

六五（以阴居阳）。守正吉祥，实现升维。

上六（以阴居阴）。冥升在上，当守于止。

二、丰卦

原文

（卦辞）丰。亨。王假之。勿忧，宜日中。
（象辞）雷电皆至，丰，君子以折狱致刑。
初九。遇其配主，虽旬无咎，往有尚。
六二。丰其蔀，日中见斗。往得疑疾。有孚发若，吉。
九三。丰其沛，日中见沫。折其右肱，无咎。
九四。丰其蔀，日中见斗。遇其夷主，吉。
六五。来章，有庆誉，吉。
上六。丰其屋，蔀其家。窥其户，阒其无人。三岁不觌，凶。

解意试译

（主题）离下震上，其象为大，主题是得道。

（卦义）丰，大也，以明而动，得其所归，大道朝阳，如日中天，普照大地。

（卦象）上雷下电，威照并行。君子当善用其政，以明断刑，以仁庶政。

初九（以阳居阳）。偶遇贵人，虽久无灾，前行有道。

六二（以阴居阴）。天狗蚀日，午见星斗，前行有疑，诚信自吉。

九三（以阳居阳）。天狗遮日，午见雷电，折断右臂，无疾而终。

九四（以阳居阴）。天狗蚀日，午见星斗，遇到主人，吉祥。

六五（以阴居阳）。贤德皆来，福庆嘉誉，吉祥。

上六（以阴居阴）。遮天蔽地，大道既济，隐身不现，反道有灾。

小 结

地风升（46）和雷火丰（55）两卦，不相邻，不近象，但主题皆为道，一个论及升维，一个论及得道。升卦主题是升维，强调顺应德性，积小以高大；丰卦主题是得道，强调得道的君子当善用其政，以明断刑，以仁庶政。这两卦的主题皆为道，突出强调得道有时，当应天顺德。

第五节　讨论：传道的智慧

本章名为"论传道"，将《论语》第11篇"先进"、《道德经》第41章"明道若昧"，以及《周易》第46升卦和第55丰卦，置于传道的主题下，引导学生进行较为深入的学习和领悟。

从治理的角度看，这三部分的主题接近，都与道有关。《论语》的主题是传道，从弟子之贤、弟子之亡、言行寓道、得道之途、闻道而行、行道之义及四子侍坐七个方面，展示孔子传道的精彩内容和学习场域；《道德经》的主题是明道，以古人立言的名义阐述老子关于明道的思想；《周易》则选择升卦和丰卦，主题皆与得道相关。

尽管都论道，但"三经"各自道的境界和高度有很大不同。当细细品味。

作业与思考题

1. 记住先进第十一的数字律和记忆小诗。
2. 思考和感悟孔子和老子各自"道"的境界。
3. 若有余力，背诵先进篇内容。
4. 小组讨论：以"四子侍坐"为题开一个小型讨论会。

第十二章 论仁政

本章选读《论语》第12篇"颜渊"、《道德经》第57章"以正治国"、《周易》第16卦"豫"和第50卦"鼎"。

《论语》颜渊篇,以仁政为主题,从五个方面阐述孔子的仁政思想,在内容上是为政第二的升阶;《道德经》选取第57章"以正治国",表达老子的无为而治思想;《周易》则选择豫卦和鼎卦,主题皆为仁政。

第一节 "三经"中的仁政思想

仁政,即践行仁,以仁为本从事政治和政务。

仁与政,是《论语》的两个核心范畴,在本书第二章、第四章和第五章,分别以"为政"、"里仁"和"为仁"导读了这两个范畴及其主要思想。仁政合一,实为孔子为政思想的主旨。本篇集中呈现的即为孔子的仁政思想。这种思想至少包括五个方面:一是主体必为君子,其内在的里仁是仁政的前提;二是客体必为行仁,践行仁是仁政的使命;三是仁政必崇德,以崇尚并不断提高道德为其宗旨;四是仁政必有大格局,力求超越自我,超越现实,实现更高的政治和行政理想;五是仁政必有高度,努力追求人伦、文化、思想,以及社会的更高境界。本篇导读的仁政思想五个层次即为其例。

《道德经》贯穿老子的无为而治思想,实为更高境界的仁政。老子称之为"以正治国",主张君子治国当无为、好静、无事、无欲,则人民必然自化、自正、自富、自朴,天下必太平。

《周易》导读第16卦"豫"和第50卦"鼎",主题皆为仁政,分别强调凡事预则立,以正平天下。

第二节　导读《论语·颜渊第十二》

颜渊第十二是《论语》第12篇,主题是仁政。

本篇共24章。请大家通过56535的数字律和下面这首记忆小诗,反复诵读这一篇,并牢记之。

> 5　颜仲牛牛牛……（五仁）
> 6　张贡棘哀张齐…（六德）
> 5　片听张博成……（五格局）
> 3　季季季…………（三正道）
> 5　张樊樊友友……（五境界）

依此顺序,我们按主题划分为五节,依次导读如下。

一、仁政行五仁　5（颜仲牛牛牛）

原文

(12.1)**颜渊**问仁。子曰:"克己复礼为仁。一日克己复礼,天下归仁焉。为仁由己,而由人乎哉?"颜渊曰:"请问其目。"子曰:"非礼勿视,非礼勿听,非礼勿言,非礼勿动。"颜渊曰:"回虽不敏,请事斯语矣。"

(12.2)**仲**弓问仁。子曰:"出门如见大宾,使民如承大祭。己所不欲,勿施于人;在邦无怨,在家无怨。"仲弓曰:"雍虽不敏,请事斯语矣。"

(12.3)司马**牛**问仁。子曰:"仁者,其言也讱。"曰:"其言也讱,斯谓之仁矣乎?"子曰:"为之难,言之得无讱乎?"

(12.4)司马**牛**问君子。子曰:"君子不忧不惧。"曰:"不忧不惧,斯谓之君子已乎?"子曰:"内省不疚,夫何忧何惧?"

(12.5)司马**牛**忧曰:"人皆有兄弟,我独亡。"子夏曰:"商闻之矣:死生有命，富贵在天。君子敬而无失，与人恭而有礼。四海之内，皆兄弟也。君子何患乎无兄弟也？"

> **专栏 12-1　　　　　　四海之内皆兄弟也**
>
> 2015年3月28日，习近平主席出席博鳌亚洲论坛2015年年会开幕式并发表主旨演讲，其中引用《论语》12.5章子夏语。他说：
>
> "中国最需要和谐稳定的国内环境与和平安宁的国际环境，任何动荡和战争都不符合中国人民根本利益。中华民族历来爱好和平，自古就崇尚'以和为贵''协和万邦'**'四海之内皆兄弟也'**等思想。"
>
> 来源：新华网

解意试译

这五章以对话方式，集中表达了孔子对于仁政行仁的看法。

其一，克己复礼为仁。

颜渊问孔子："何为仁？"孔子说："克己复礼为仁。能做到一天克己复礼，天下就能实现仁。为仁之本在于自己，不在于别人。"颜渊问："如何理解其本？"孔子说："非礼勿视，非礼勿听，非礼勿言，非礼勿动。"颜渊说："我虽不才，但愿尽力践行。"

其二，恕而无怨为仁。

仲弓问孔子："何为仁？"孔子说："出门与人交往，如同会见贵宾一样敬重有礼；役使民众，如同承办大型祭祀活动一样虔诚谨慎。自己不愿做的事，就别要求别人去做。为政于国，人民不抱怨；为臣于家，族人无怨恨。"仲弓说："我虽不才，但愿尽力践行。"

其三，其言也讱为仁。

司马牛问孔子："何为仁？"孔子说："仁者说话要谨慎，慢一点。"司马牛不解："说话谨慎就算仁吗？"孔子说："做起来不容易，说起来能不小心谨慎吗？"

其四，不忧不惧为君子。

司马牛问孔子："怎么才能成为君子？"孔子说："君子不忧不惧。"司马牛不解："不忧不惧，就称得上君子吗？"孔子说："反省自己的内心没有愧疚，那又何忧何惧呢？"

其五，君子四海之内皆兄弟。

司马牛忧愁地说："人家都有兄弟，唯独我没有。"子夏说："我听说呀，人的生死由命主宰，富贵由天安排。君子只要心存敬意，做事不出差错，对人恭敬，行为合乎礼节。如此一来，君子四海之内皆兄弟呀！怎么还担心没有兄弟呢？"

故仁政当行五仁：一曰克己复礼为仁，二曰恕而无怨为仁，三曰其言也讱为仁，四曰不忧不惧为君子，五曰君子四海之内皆兄弟。

二、仁政存六德　6（张贡棘哀张齐）

原文

(12.6)子张问明。子曰："浸润之谮，肤受之愬，不行焉，可谓明也已矣。浸润之谮，肤受之愬，不行焉，可谓远也已矣。"

(12.7)子贡问政。子曰："足食，足兵，民信之矣。"子贡曰："必不得已而去，于斯三者何先？"曰："去兵。"子贡曰："必不得已而去，于斯二者何先？"曰："去食。自古皆有死，民无信不立。"

(12.8)棘子成曰："君子质而已矣，何以文为？"子贡曰："惜乎，夫子之说君子也，驷不及舌。文犹质也，质犹文也；虎豹之鞟，犹犬羊之鞟。"

(12.9)哀公问于有若曰："年饥，用不足，如之何？"有若对曰："盍彻乎？"曰："二，吾犹不足，如之何其彻也？"对曰："百姓足，君孰与不足？百姓不足，君孰与足？"

(12.10)子张问崇德辨惑。子曰："主忠信，徙义，崇德也。爱之欲其生，恶之欲其死。既欲其生，又欲其死，是惑也。'诚不以富，亦祇以异。'①"

(12.11)齐景公问政于孔子。孔子对曰："君君，臣臣，父父，子子。"公曰："善哉！信如君不君，臣不臣，父不父，子不子，虽有粟，吾得而食诸？"

解意试译

这六章以对话形式，表达孔子对仁政之德的观点。

其一，明之远之。

子张问孔子："何为明？何为远？"孔子说："明察和高远（乃君子仁政之修养）。怎么算做到明察和高远？简言之，连浸润之谮和肤受之愬都行不通，堪称

---

① 《诗经·小雅·我行其野篇》诗句。钱穆认为是错简。此处据朱熹《集注》解释附译之。——作者注

明察和高远。具体来说，即如浸润般的谗言，一点一滴地渗润你周围，你能很快明白并拒绝之；如切肤般的诬告，在不知不觉中蚕食你的利益，你能察觉并阻断之。这样的人，堪称明之远之的君子啊！"

其二，**民信为本**。

子贡问孔子："何为仁政？"孔子说："仓廪足（充足的粮食），武备修（充足的军备），然后教化行而人民对政府有信心。"子贡又问："万一不得已而无法兼顾，在这三者中要舍其一，您认为可舍哪一项？"孔子说："舍去武备吧。"子贡问："万一不得已而无法兼顾，在剩下两者中要舍其一，您认为可舍哪一项？"孔子说："舍去仓廪吧！自古以来，人谁不死？但若民信不存，政府不能取信于民，则无立国之本！"

其三，**文质相符**。

卫国的大夫棘子成说："君子本质好就行，何必还要礼仪文采？"子贡批评他说："先生您错了！您怎么能这样评价君子呢？一言既出驷马难追，您刚才的话太不慎重了！君子的本质离不开礼仪文采，礼仪文采也离不开本质，两者相依相存啊！就像虎豹，如果去掉其形其色其威武之状，那与犬羊又有什么区别？！"

其四，**百姓为上**。

鲁哀公问孔门弟子有若道："年岁荒歉，国用不足。该怎么办？"有若回答："那我建议减税，实行10%的税。"哀公说："现在我收的是20%的税，国用仍然不足，怎么能减税呢？"有若说："百姓足了，国用有何不足？百姓不足，国用当何足？！"

其五，**崇德辨惑**。

子张问孔子："怎么样算崇德辨惑？"孔子说："以忠诚信实为本，闻义则追随之，就能够不断提升德行，是为崇德。喜爱一个人，便想让他生，厌恶了他，又想让他死。既要他生，又要他死。这就算是惑了。"试举《诗经》中"诚不以富，亦祗以异"说明"辨惑"之意：辨识其德，以区其类。

其六，**君臣父子**。

齐景公问孔子："什么是仁政之道？"孔子说："君要尽到君道，臣要尽到臣道，父要尽到父道，子要尽到子道。"景公说："好极了！若是君不尽君道，臣不尽臣道，父不尽父道，子不尽子道，虽有存粮，我也吃不上呀！"

故仁政当存六德：一曰明之远之；二曰民信为本；三曰文质相符；四曰百姓为上；五曰崇德辨惑；六曰君臣父子。

三、仁政五格局 5（片听张博成）

原文

(12.12)子曰："片言可以折狱者，其由也与？"子路无宿诺。
(12.13)子曰："听讼，吾犹人也。必也使无讼乎！"
(12.14)子张问政。子曰："居之无倦，行之以忠。"
(12.15)子曰："博学于文，约之以礼，亦可以弗畔矣夫。"
(12.16)子曰："君子成人之美，不成人之恶；小人反是。"

解意试译

这五章进一步阐述仁政的五大格局。

其一，公正无私。

孔子说："凭着一面之词就可以公正断案，能做到这一点的，只有子路。"子路在审理之前，不会有承诺以偏向任何一方。

其二，使无讼乎。

孔子说："审理诉讼以断案，我和别人并无不同。所不同的，是我努力使案件不发生，也就无所诉讼了。（这才是善治之本）。"

其三，勤政忠诚。

子张问孔子："何为仁政？"孔子说："在任何职位上，都要勤勉无倦；推行一切政策，皆出于忠诚之心。"

其四，博文约礼。

此文重复，已见《雍也第六》（6.27）。但置于此，强调的是仁政之格局，来自修养上的博文约礼。孔子说："博学广识以文化仁，约束修身以礼养德，就能够做到不离经叛道了。"

其五，成人之美。

孔子说："君子（为政），努力成全别人之善行，而不助成别人的坏事。小人则相反。"

故仁政当有五格局：一曰公正无私；二曰使无讼乎；三曰勤政忠诚；四曰博文约礼；五曰成人之美。

四、仁政三正道　3（季季季）

原文

(12.17)季康子问政于孔子。孔子对曰："政者，正也。子帅以正，孰敢不正？"

(12.18)季康子患盗，问于孔子。孔子对曰："苟子之不欲，虽赏之不窃。"

(12.19)季康子问政于孔子曰："如杀无道，以就有道，何如？"孔子对曰："子为政，焉用杀？子欲善而民善矣。君子之德风，小人之德草。草上之风，必偃。"

解意试译

这三章表达孔子关于仁政之道在于以正治国的思想。

其一，政者正也。

鲁国主政者季康子来问孔子为政之道。孔子说："所谓仁政归根到底就是以正治国。你以正治国，带头行正道，谁还敢不走正道？"

其二，上行下效。

季康子为鲁国多盗贼而发愁，问孔子该怎么办。孔子回答说："上行下效。如果你能做到没有贪求财货的欲望，即使奖励人们去偷盗，也没人去干。"

其三，政善则民善。

季康子来问孔子为政之道，他说："我杀掉那些无道的坏人，以成全那些有道的好人，如何？"孔子回答说："你为政，干吗要杀人？你善良起来，老百姓自然就善良起来了。君子之道德就像是风，老百姓的道德好比是草，风向哪里刮，草就必然向哪里倒啊！"

故仁政当明三正道：一曰政者正也；二曰上行下效；三曰政善则民善。

五、仁政五境界　5（张樊樊友友）

原文

(12.20)子张问："士何如斯可谓之达矣？"子曰："何哉？尔所谓达者？"子张对曰："在邦必闻，在家必闻。"子曰："是闻也，非达也。夫达也者，质直而好义，察言而观色，虑以下人。在邦必达，在家必达。夫闻也者，色取仁而行违，居之不疑。在邦必闻，在家必闻。"

(12.21)樊迟从游于舞雩之下。曰:"敢问崇德,修慝,辨惑?"子曰:"善哉问!先事后得,非崇德与?攻其恶,无攻人之恶,非修慝与?一朝之忿,忘其身,以及其亲,非惑与?"

(12.22)樊迟问仁。子曰:"爱人。"问知。子曰:"知人。"樊迟未达。子曰:"举直错诸枉,能使枉者直。"樊迟退,见子夏曰:"乡也,吾见于夫子而问知,子曰,'举直错诸枉,能使枉者直。'何谓也?"子夏曰:"富哉言乎!舜有天下,选于众,举皋陶,不仁者远矣;汤有天下,选于众,举伊尹,不仁者远矣。"

(12.23)子贡问友。子曰:"忠告而善道之,不可则止,毋自辱焉。"

(12.24)曾子曰:"君子以文会友,以友辅仁。"

解意试译

这五章说明仁政所体现的君子境界。

其一,心正则达。

子张问孔子:"一个士怎样才算是通达?"孔子反问他:"你所说的通达指的是什么?"子张回答:"一个通达之人,于国于家必是知名人士罢。"孔子说:"你说的是知名,不是通达。所谓通达者,必是天性正直,心志好义,又能察人言语,观人容色,存心谦退,总把自己摆在别人之下的谦谦君子。而所谓知名者,表面上讲仁义,行为上则违背(仁义),还自认为(仁义)并确信不疑,在国在家都很知名。"

其二,崇德修慝辨惑。

弟子樊迟跟随孔子在舞雩台下漫步。樊迟问:"敢问先生,如何做到崇德,修慝,辨惑?"孔子说:"好问题!先做事,后计得,不就是崇德吗?对自身的毛病毫不留情地挑剔,而不去挤对别人身上的毛病,这不就是修慝么?耐不住一时气愤,不顾生命安危,甚至连累家人,可不是惑吗?"

其三,爱人则仁,知人善任。

樊迟问:"何为仁?"孔子答:"爱人。"樊迟问:"何为知?"孔子答:"知人。"樊迟不解。孔子又解释说:"举直错诸枉,能使枉者直。"樊迟退下。去见同学子夏,说:"刚才我去见先生,请问何为知,先生说:举直错诸枉,能使枉者直。这怎么理解呢?"子夏说:"这句话中含义多丰富呀!当年舜拥有天下,在众人中选拔,举用了皋陶,不仁的人便离得远远的。商汤拥有天下,在众人中选拔,举用了伊尹,不仁的人也都离得远远的。"这说明:知人善任则为知,天下归仁则为仁。

其四，忠告善导。

子贡问交友之道。孔子说："朋友有过，要忠诚地直言劝告他，善意并巧妙地劝说引导他，但若他听不进去，也不要勉强他，不要自取其辱。"

其五，以友辅仁。

曾子说："君子应当以礼乐文章会聚交往朋友，以交往朋友辅助培养仁义。"

故仁政当达五境界：一曰心正则达；二曰崇德修慝辨惑；三曰爱人则仁、知人善任；四曰忠告善导；五曰以友辅仁。

小　结

颜渊第十二是《论语》中集中讨论仁政的一篇。共24章，按内容分为五节，表达了仁政思想的五个层次：即行五仁、存六德、五格局、三正道、五境界：

第一，君子行五仁：一曰克己复礼为仁；二曰恕而无怨为仁；三曰其言也讱为仁；四曰不忧不惧为君子；五曰君子四海之内皆兄弟。

第二，仁政存六德：一曰明之远之；二曰民信为本；三曰文质相符；四曰百姓为上；五曰崇德辨惑；六曰君臣父子。

第三，仁政五格局：一曰公正无私；二曰使无讼乎；三曰勤政忠诚；四曰博文约礼；五曰成人之美。

第四，仁政三正道：一曰政者正也；二曰上行下效；三曰政善则民善。

第五，仁政五境界：一曰心正则达；二曰崇德修慝辨惑；三曰爱人则仁、知人善任；四曰忠告善导；五曰以友辅仁。

总之，请大家务必记住：仁政五六五三五！

第三节　导读《道德经·以正治国》

"以正治国"是《道德经》第57章，主题是无为而治。

原文

以正治国，以奇用兵，以无事取天下。吾何以知其然哉？以此：

天下多忌讳，而民弥贫；人多利器，国家滋昏；人多伎巧，奇物滋起；法令滋彰，盗贼多有。

故圣人云："我无为，而民自化，我好静，而民自正；我无事，而民自富，我无欲，而民自朴。"

解意试译

这一章的标题是以正治国，主题是无为而治。

老子说：

以清静守正治国，以奇智奇谋用兵，以和谐不征平天下。我深信此乃大道。何以如此？

天下的禁忌越多，人民越贫穷；世上装备越精良，国家越混乱；人类越足智多谋，邪恶越频发；法令越完备，盗贼反而更多。

所以圣人说：我无所作为，人民自会自我化育；我追求清静，人民自会走上轨道；我无所事事，人民自会勤劳富足；我没有贪欲，人民自会淳朴实在。

小 结

在本章中，老子分三个层次，说明无为而治才是治国平天下的大道。他以用兵与治国相比，说明用兵要奇，治国平天下则须清静无为。他批判当时的苛政、刑政、智政、法政等，借圣人之口，主张主政者当无为、好静、无事、无欲，则人民就必然自化、自正、自富、自朴，天下必然太平。

第四节　导读《周易·豫》《周易·鼎》

"豫"与"鼎"是《周易》的第16卦和第50卦，豫卦是坤下震上，雷出地奋，其象为愉，主题是豫以顺动，民生安康；鼎卦是巽下离上，木在火中，其象为鼎，主题是养贤立国。

一、豫卦

豫卦第十六

原文

（卦辞）豫。利建侯行师。

（彖辞）豫，刚应而志行，顺以动。……天地以顺动，故日月不过而四时不忒。圣人以顺动，则刑罚清而民服。豫之时义大矣哉！

（象辞）雷出地奋，豫。先王以作乐崇德，殷荐之上帝，以配祖考。

初六。鸣豫，凶。

六二。介于石，不终日，贞吉。
六三。盱豫悔。迟，有悔。
九四。由豫，大有得；勿疑，朋盍簪。
六五。贞疾。恒不死。
上六。冥豫，成有渝，无咎。

解意试译

（主题）坤下震上，其象为愉，主题是豫以顺动，民生安康。

（卦义）豫者，愉也。雷依时出，大地豫以顺动，则天地正；圣人豫以顺动，则民生安康。

（卦象）雷在地上，以乐崇德，翰音登天，祭祀先祖。

初六（以阴居阳）。志得意满，过于自负，有凶。

六二（以阴居阴）。心如磐石，勤勉奋斗，中正吉祥。

六三（以阴居阳）。夸大冲突，反应迟缓，追悔莫及。

九四（以阳居阴）。建功立业，成就巨大，是万众一心的结果。

六五（以阴居阳）。大疾之难，恒幸不死。

上六（以阴居阴）。树大荫浓，政清人和，子承父业，安居无咎。

二、鼎卦

鼎卦第五十

原文

（卦辞）鼎。元吉，亨。

（象辞）木上有火，鼎。君子以正位凝命。

初六。鼎颠趾。利出否。得妾以其子，无咎。

九二。鼎有实。我仇有疾，不我能即，吉。

九三。鼎耳革，其行塞，雉膏不食。方雨亏悔，终吉。

九四。鼎折足，覆公悚，其形渥，凶。

六五。鼎黄耳，金铉，利贞。

上九。鼎玉铉，大吉，无不利。

解意试译

（主题）巽下离上，其象为鼎，主题是以正平天下。

（卦义）滋养圣贤，上承天意，下载民生，利于建国行仁政。

（卦象）木在火中，君子以正位凝命，以正平天下。

初六（以阴居阳）。鼎颠覆，从头开始；如妾生子，无所怪罪。

九二（以阳居阴）。鼎满盈，小人嫉妒，但无损伤，吉祥。

九三（以阳居阳）。鼎失耳，难于移动，虽有美味不食，雨淋而懊悔，最终吉祥。

九四（以阳居阴）。鼎脚折，覆倒公家美食，罪过。有凶险。

六五（以阴居阳）。鼎耳配，黄色金钩，利于守正。

上九（以阳居阴）。鼎玉环，大吉，无不利。

小 结

雷地豫（16）和火风鼎（50）两卦，不相邻，不近象，但主题皆为仁政。豫卦坤下震上，其象为愉，主题是豫以顺动，强调大地豫以顺动则天地正；圣人豫以顺动则民生安康。鼎卦巽下离上，其象为鼎，主题是养贤立国，强调以正平天下，正位凝命，喻除旧布新，滋养圣贤，上承天意，下载民生。

第五节 讨论：仁政的智慧

本章尝试将《论语》第12篇"颜渊"、《道德经》第57章"以正治国"，以及《周易》第16豫卦和第50鼎卦，置于统一的仁政主题之下，引导学生进行较为深入的学习和领悟。

从治理的角度看，这三部分的主题接近，都与仁政有关。《论语》的主题是仁政，从行五仁、存六德、五格局、三正道、五境界五个方面，阐述孔子和弟子们关于仁政的思想。《道德经》的主题是无为而治，主张主政者当无为、好静、无事、无欲，则人民必然自化、自正、自富、自朴，则天下太平。《周易》豫（16）和鼎（50）两卦，主题皆为仁政，分别强调豫以顺动、养贤立国。

比较可见，所谓仁政，在"三经"中各自的角度和主张有很大不同。

作业与思考题

1. 记住颜渊第十二的数字律和记忆小诗。
2. 思考和体会孔子"克己复礼"的境界。
3. 若有余力，背诵颜渊篇内容。
4. 小组讨论：如何理解仁政之"仁"？

第十三章 论善治

本章选读《论语》第13篇"子路"、《道德经》第58章"其政闷闷"、《周易》第17卦"随"和第48卦"井"。

《论语》子路篇，以善治为主题，从五个方面阐述孔子的善治思想；《道德经》选取第58章"其政闷闷"，表达老子的善治思想；《周易》则选择随卦和井卦，主题皆为善治。

第一节 "三经"中的善治思想

善治，更善的治理，或称智慧治理，是比仁政更高阶的治理。

在《论语》中，如称"为政第二"为治理之初阶，则"颜渊第十二"为治理之中阶，本篇导读的"子路第十三"堪称治理之高阶。

在本篇中，善治思想至少包括五个层次：一是善治之正，盖有六正，即正己、正才、正名、正道、正修、正身，六正则政正，政正则天下正；二是善治之和，盖有六和，即和邻、和欲、和策、和我、和邦、和仁，六和则政和，政和则天下和；三是善治之义，盖有六义，即正义、政义、言义、仁政义、大事义、直义，六义则政义，政义则天下义；四是善治之德，盖有六德，即仁之德、士之德、为之德、恒其德、和之德、好恶有德，六德则政德，政德则天下德；五是善治之道，盖有六道，即悦有道、泰之道、近仁之道、士有道、戎有道、战有道，六道则政道，政道则天下道。概言之，善治乃有六正六和六义六德六道，能够实现天下正、天下和、天下义、天下德、天下道，是为善治也。

本章导读《道德经》第58章"其政闷闷",继续阐述老子无为而治的思想,是为善治。老子主张圣人要运用大智慧来践行无为之善治,做到"不割""不刿""不肆""不耀"。

《周易》导读第17卦随和第48卦井,主题皆为善治,强调随善而治,善养则治。

第二节　导读《论语·子路第十三》

子路第十三是《论语》第13篇,主题是善治。

本篇共30章。请大家通过66666的数字律和下面这首记忆小诗,反复诵读这一篇,并牢记之。

```
6　路仲路樊诵其……（六正）
6　鲁卫子苟善如……（六和）
6　苟冉一叶夏叶……（六义）
6　樊贡不南和贡……（六德）
6　易泰刚路善以……（六道）
```

依此顺序,我们按主题划分为五节,依次导读如下。

一、六正　6（路仲路樊诵其）

【原文】

(13.1)子路问政。子曰:"先之,劳之。"请益。曰:"无倦。"

(13.2)仲弓为季氏宰,问政。子曰:"先有司,赦小过,举贤才。"曰:"焉知贤才而举之?"子曰:"举尔所知,尔所不知,人其舍诸?"

(13.3)子路曰:"卫君待子而为政,子将奚先?"子曰:"必也正名乎!"子路曰:"有是哉,子之迂也!奚其正?"

子曰:"野哉由也!君子于其所不知,盖阙如也。名不正,则言不顺;言不顺,则事不成;事不成,则礼乐不兴;礼乐不兴,则刑罚不中;刑罚不中,则民无所措手足。故君子名之必可言也，言之必可行也。君子于其言，无所苟而已矣！"

(13.4)樊迟请学稼，子曰："吾不如老农。"请学为圃，曰："吾不如老圃。"樊迟出，子曰："小人哉，樊须也！上好礼，则民莫敢不敬；上好义，则民莫敢不服；上好信，则民莫敢不用情。夫如是，则四方之民襁负其子而至矣，焉用稼？"

(13.5)子曰："诵诗三百；授之以政，不达；使于四方，不能专对；虽多，亦奚以为？"

(13.6)子曰："其身正，不令而行；其身不正，虽令不从。"

专栏 13-1　　　　其身正，不令而行

2005年2月7日，时任浙江省委书记的习近平在《浙江日报》"之江新语"栏目发表《要用人格魅力管好自己》的短文，引用《论语》13.6章孔子语。他说："人格魅力是领导干部人品、气质、能力的综合反映，也是党的干部所应具备的公正无私、以身作则、言行一致优良品质的外在表现。广大干部群众的眼睛是雪亮的，他们不但要看我们是怎么说的，更要看我们是怎么做的。'其身正，不令而行；其身不正，虽令不从'，讲的就是这个道理。"

——转引自《思想政治工作研究》2013年2月

解意试译

这六章从正己、正才、正名、正道、正修、正身六个方面，阐述孔子关于善治之正的思想。

其一，正己：端正自己，身先士卒。

子路请教为政之道。孔子说："以身先之，以劳其民。"（是为正己）子路请多讲一点。孔子说："照我说的去做，不要厌倦懈怠。"

其二，正才：正确选拔人才。

仲弓做了季氏的宰相，请教为政之道。孔子说："给下属做榜样，赦免他们小的过失，选拔任用贤能的人。"仲弓问："如何选拔任用贤能的人呢？"孔子说："选拔你了解的贤能之人（是为正才）。你不了解的，别人会给你推荐的。"

其三，正名：正其名分。

子路问："如果卫君有意请先生去辅佐为政，您将从哪里下手呢？"孔子说："首先必须正名吧。"子路说："先生您真够迂腐的，这名从哪里正呢？"孔子说：

"仲由呀，你太粗野了吧！君子对于自己不知道的事情，当存而不论。名分不正，就说不通；说不通，就办不成事；办不成事，礼乐就不兴；礼乐不兴，刑罚就不力；刑罚不力，百姓就不知所措。所以君子定下名分，一定要说得通，说出来一定要行得通。君子对于自己说出来的话，不能有一点马虎！"

其四，正道：君子以仁政为正道。

樊迟请教种地。孔子说："我不如老农。"又请教种菜。孔子说："我不如菜农。"樊迟出去了。孔子说："樊迟真成了小人呐！君子治国，倡导礼，百姓没有不敬的；倡导义，百姓没有不服的；倡导诚信，百姓没有不用真情的。因此（君子的正道是）以礼义、诚信实现仁政，四方的百姓都会拖家带口蜂拥而至，怎么还用得着你去学种地？！"

其五，正修：学以致用谓之正修。

孔子说："熟读《诗经》三百篇，但交给他政事办不了，出使外国也不能独立应对。即使学得多，又有什么用？"

其六，正身：端正其身，为政者正。

孔子说："为政者其身正，不待下令就会执行；其身不正，即使三令五申也不会照办。"

二、六和　6（鲁卫子苟善如）

原文

(13.7) 子曰："鲁卫之政，兄弟也。"

(13.8) 子谓卫公子荆，"善居室。始有，曰：'苟合矣。'少有，曰：'苟完矣。'富有，曰：'苟美矣。'"

(13.9) 子适卫，冉有仆。子曰："庶矣哉！"冉有曰："既庶矣，又何加焉？"曰："富之。"曰："既富矣，又何加焉？"曰："教之。"

(13.10) 子曰："苟有用我者，期月而已可也，三年有成。"

(13.11) 子曰："善人为邦百年，亦可以胜残去杀矣。诚哉是言也！"

(13.12) 子曰："如有王者，必世而后仁。"

解意试译

这六章从和邻、和欲、和策、和我、和邦、和仁六个方面，阐述孔子关于善治之和的思想。

其一，和邻：和亲邻邦以善治。

孔子说："鲁国和卫国的政治（和邻）如兄弟一般。"

其二，和欲：调和欲望以善治。

孔子说："卫公子荆堪称一位善治家的人了。刚有一点收入，他就说：'差不多够用了。'稍多了一些，就说：'几近完备了！'到他有更多财富时，他说：'近乎完美了！'"

其三，和策：改进政策以善治。

孔子到卫国，冉有驾车随从。孔子感慨道："卫国人口真多呀！"冉有问："人口多了以后，再行什么政策？"孔子说："经济富民。"冉有又问："富了以后，再行什么政策？"孔子说："教育人民。"（增加人口＋经济富民＋教育人民，故为和策也）。

其四，和我：用我之才以善治。

孔子说："如果有人用我来治理国家，一年可以理顺，三年则可见效。"

其五，和邦：调和国内国际矛盾以善治。

孔子说："古人说：'善人治理国政百年，才会消除残暴免去虐杀。'这话没错啊！"

其六，和仁：天下归仁以善治。

孔子说："如果有一位圣人来治理国家，也要三十年以后才能实现天下归仁啊！"

三、六义　6（苟冉一叶夏叶）

原文

(13.13)子曰："苟正其身矣，于从政乎何有？不能正其身，如正人何？"

(13.14)冉子退朝。子曰："何晏也？"对曰："有政。"子曰："其事也。如有政，虽不吾以，吾其与闻之。"

(13.15)定公问："一言而可以兴邦，有诸？"孔子对曰："言不可以若是其几也。人之言曰：'为君难，为臣不易。'如知为君之难也，不几乎一言而兴邦乎？"曰："一言而丧邦，有诸？"孔子对曰："言不可以若是其几也。人之言曰：'予无乐乎为君，唯其言而莫予违也。'如其善而莫之违也，不亦善乎？如不善而莫之违也，不几乎一言而丧邦乎？"

(13.16)叶公问政。子曰："近者说，远者来。"

(13.17)子夏为莒父宰，问政。子曰："无欲速，无见小利。欲速则不达；见小利则大事不成。"

> **专栏 13-2**　　　　欲速则不达　过犹不及
>
> 1990年5月，即将离任的宁德地委书记习近平以"同心同德 兴民兴邦"为题，给任职近两年的宁德地区的地直机关领导干部写下了一篇临别赠言，其中引《论语》13.17章和11.16章两处的孔子语。他说：
>
> "各级领导干部应时刻牢记'**欲速则不达**''**过犹不及**'的道理，克服经济建设中的急躁情绪和短期行为，做长期艰苦的努力。"
>
> —— 习近平：《摆脱贫困》，福建人民出版社。来源：人民网

(13.18) 叶公语孔子曰："吾党有直躬者：其父攘羊，而子证之。"

孔子曰："吾党之直者异于是。父为子隐，子为父隐，直在其中矣。"

解意试译

这六章从正义、政义、言义、信义、大义、直义六个方面，阐述孔子关于善治之义的思想。

其一，正义：**正之义在于正其身。**

孔子说："假如能够自正其身，为政还有何难？但若不能正其身，那如何去正人呢？"

其二，政义：**政之义有别于事之义。**

冉有退朝回来。孔子问："怎么这么晚呀！"冉有说："因有政务。"孔子说："你那是事务吧。如有政务，我虽不在场，但一定能听说的。"

其三，言义：**言之义大，一言可兴邦，一言可丧邦。**

鲁定公问孔子："说一句话就可以使国家兴盛，有这样的话吗？"孔子回答："话没有那么管事的。不过要找差不多的话，常言道：'做国君难，做臣子不易。'如果真的明白做国君难，不就接近于一句话就可以使国家兴盛吗？"

鲁定公又问："说一句话就可以丧失国家，有这样的话吗？"孔子回答："话没有那么管事的。不过要找差不多的话，常言道：'做国君没什么快乐，只是说出话来没人敢违抗。'如果说的话正确没人敢违抗，当然很好了；但若说的话不正确又没人敢违抗，岂不就等于一句话可以丧失国家了吗？！"

其四，信义：**仁政民信，近悦远来。**

叶公问仁政之道。孔子说："让附近的百姓过上幸福美好的生活，让远方的百姓纷纷举家投奔而来。"

其五，大义：见小利则大事不成。

子夏做了鲁国城邑莒父的市长，问为政之道。孔子说："不要求速成，不要只见小利。欲速则不达；只见小利，则不能成大事。"

其六，直义：直义在仁。

叶公告诉孔子说："我家乡有一个立身正直的人，他父亲偷了羊，儿子就把父亲告发了。"孔子说："我家乡正直的人不同于你们那里，父亲替儿子隐瞒，儿子替父亲隐瞒，直义即正直之义，就在于仁之中。"

四、六德 6（樊贡不南和贡）

原文

(13.19)樊迟问仁。子曰："居处恭，执事敬，与人忠；虽之夷狄，不可弃也。"

(13.20)子贡问曰："何如斯可谓之士矣？"子曰："行己有耻，使于四方，不辱君命，可谓士矣。"曰："敢问其次？"曰："宗族称孝焉，乡党称弟焉。"曰："敢问其次？"曰："言必信，行必果，硁硁然小人哉！抑亦可以为次矣。"曰："今之从政者何如？"子曰："噫！斗筲之人，何足算也？"

专栏13-3　**言必信，行必果；知者不惑，仁者不忧，勇者不惧**

2021年10月8日，习近平主席与日本首相岸田文雄通电话，两国领导人就保持高层沟通、深化各领域合作、妥善管控分歧、开辟中日关系发展新前景达成广泛共识。通话中，习主席引用"**言必信、行必果**"（《论语》13.20章孔子语）他强调："**知者不惑，仁者不忧，勇者不惧**"（《论语》9.30章孔子语），希望中日两国领导人以古代先贤哲理映照当今时代潮流，以历史辩证思维把握中日关系大势，为即将迎来邦交正常化50周年的中日两国继承过往、立足当下、共创未来。

——《光明日报》2021年10月10日

(13.21)子曰："不得中行而与之，必也狂狷乎！狂者进取，狷者有所不为也。"

(13.22)子曰："南人有言曰：'人而无恒，不可以作巫医。'善夫！""不恒其德，或承之羞。"子曰："不占而已矣。"

(13.23)子曰："君子和而不同，小人同而不和。"

(13.24)子贡问曰："乡人皆好之，何如？"子曰："未可也。""乡人皆恶之，何如？"子曰："未可也。不如乡人之善者好之，其不善者恶之。"

解意试译

这六章从仁之德、士之德、为之德、恒其德、和之德、好恶有德六个方面，阐述了孔子关于善治之德的思想。

其一，仁之德。

樊迟问仁。孔子说："居处要谦恭，做事要敬业，与人要忠诚。这三项仁德，即使到了夷狄等艰难困苦之地，也不要放弃。"

其二，士之德。

子贡问："怎样才能称得上是士？"孔子说："他行为知廉耻，出使四方能不辱君命，堪称为士了。"子贡问："敢问先生，次一等的士如何？"孔子说："在宗族里，大家称他孝顺；在乡里乡亲中，大家称他友爱兄弟。"子贡问："敢问先生，再次一等的士如何呢？"孔子说："出一言必信，不反悔；做一事必果断，不犹豫。不拘小节，看上去小人一样的，但也算是再次一等的士罢！"子贡又问："那您看现在执政者如何？"孔子说："哼哼，那些气量狭小的人，算得了什么？！"

其三，为之德。

孔子说："得不到中庸之士，我宁愿与狂狷者为伍：狂者能进取，狷者能有所不为。"

其四，恒其德。

孔子说："南方人常说：人若无恒，不可当巫医。这话说得多好啊！"（《周易》恒卦（九三爻）曰：）"不能保持恒久之德的人，将蒙受羞辱。"孔子说："这种人用不着去占卜。"

其五，和之德。

孔子说："君子和谐相处，但不盲目苟同。小人盲目苟同，但不和谐相处。"

其六，好恶有德。

子贡问道："满乡的人都喜欢他，这人如何？"孔子答："未必见得好。"子贡问："满乡的人都讨厌他，这人如何？"孔子答："未见得不好。不如说：乡下的善人都喜欢，乡下的恶人都不喜欢，这样的人可称为好人。"

五、六道 6（易泰刚路善以）

原文

(13.25)子曰："君子**易**事而难说也：说之不以道，不说也；及其使人也，器之。小人难事而易说也：说之虽不以道，说也；及其使人也，求备焉。"

(13.26)子曰："君子**泰**而不骄；小人骄而不泰。"

(13.27)子曰："**刚**、毅、木、讷，近仁。"

(13.28)子**路**问曰："何如斯可谓之士矣？"子曰："切切偲偲、怡怡如也，可谓士矣。朋友切切偲偲，兄弟怡怡。"

(13.29)子曰："**善**人教民七年，亦可以即戎矣。"

(13.30)子曰："**以**不教民战，是谓弃之。"

解意试译

这六章从悦有道、泰之道、近仁之道、士有道、戎有道、战有道六个方面，阐述了孔子关于善治之道的思想。

其一，悦有道。

孔子说："君子者，人皆易于为他做事，但难于取悦于他，悦之不以道，他不高兴，但君子用人量才是用。小人者，人皆不易为他做事，但易于取悦于他，悦之虽不以道，他也很高兴。小人用人则求全责备。"

其二，泰之道。

孔子说："君子为人泰而不骄，心泰然而态度不骄矜；小人为人骄而不泰，态度骄矜而内心不泰。"

其三，近仁之道。

孔子说："刚强，坚毅，质朴，谨言，乃近仁之道。"

其四，士有道。

子路问："怎样做才能称为士？"孔子回答："相互切磋勉励，又能和悦相处，堪称为士。切磋以交朋友，和悦以处兄弟。"

其五，戎有道。

孔子说："善人为师，教化训练百姓七年，才能（毕业）上战场。"

其六，战有道。

孔子说："让没经教化训练的百姓直接上战场，那叫（无道）送死。"

小 结

子路第十三是《论语》中集中讨论善治的一篇。此篇共30章，按照内容将其分为五节，表达了善治思想的五个层次：即善治之正、善治之和、善治之义、善治之德、善治之道。

第一，善治有六正：正己，正才，正名，正道，正修，正身。六正则政正，则天下正。

第二，善治有六和：和邻，和欲，和策，和我，和邦，和仁。六和则政和，则天下和。

第三，善治有六义：正义，政义，言义，信义，大义，直义。六义则政义，则天下义。

第四，善治有六德：仁之德，士之德，为之德，恒其德，和之德，好恶有德。六德则政德，则天下德。

第五，善治有六道：悦有道，泰之道，近仁之道，士有道，戎有道，战有道。六道则政道，则天下道。

总之，请大家务必记住：善治六六六六六！

第三节　导读《道德经·其政闷闷》

"其政闷闷"是《道德经》第58章，主题是善治。

原文

其政闷闷，其民淳淳；其政察察，其民缺缺。

祸兮，福之所倚；福兮，祸之所伏。孰知其极？其无正也。正复为奇，善复为妖。人之迷，其日固久。

是以圣人方而不割，廉而不刿，直而不肆，光而不耀。

解意试译

这一章的标题是其政闷闷，主题是善治。

老子说：

政治宽厚混沌，人民就敦厚纯朴；政治苛刻严厉，人民就狡黠抱怨。

灾祸啊，幸福就依傍在旁边；幸福啊，灾祸就藏伏于其中。谁能知道其中究竟？其根本就没有准！正忽而转变为邪，善忽而转变为恶！人类迷茫其中，已为时太久远了！

因此，圣人（之善治）在于：方正而不孤傲，锐利而不伤人；率直而不放肆，光明而不刺眼。

小 结

本章在前一章基础上，进一步说明无为而治才是善治之道。老子强调要让人民淳厚朴实并过上幸福生活，为政者当努力营造宽厚混沌（闷闷）的政风。要谨慎谦恭，小心翼翼地追求人民幸福，避免随时都可能发生的灾祸，因为灾祸就在幸福的边上。作为有道的圣人，一方面要有"方""廉""直""光"的政治能力和积极态度；另一方面要运用大智慧，努力践行无为之善治，做到"不割""不刿""不肆""不耀"。

本章在表达上述善治思想的同时，以"祸兮福之所倚，福兮祸之所伏"的千古警句，揭示了一个重要的人生哲理：福祸相依。

第四节　导读《周易·随》《周易·井》

"随"与"井"是《周易》的第17卦和第48卦，随卦是震下兑上，雷入泽中，其象为随从，主题是随善而治；井卦是巽下坎上，木在水中，其象为养，主题是善养则治。

一、随卦

随卦第十七

原文

（卦辞）随。元亨利贞。无咎。

（象辞）泽中有雷，随。君子以向晦入宴息。

初九。官有渝。贞吉。出门交有功。

六二。系小子，失丈夫。

六三。系丈夫，失小子。随有求得，利居贞。

九四。随有获，贞凶。有孚在道以明，何咎？

九五。孚于嘉，吉。

上六。拘系之，乃从维之。王用亨于西山。

解意试译

（主题）震下兑上，其象为随从，主题是随善而治。

（卦义）刚来下柔，礼贤下士，守正吉祥，天下随善。

（卦象）雷入泽中，以德为度，随遇而安，万物蛰伏。

　　　　君子随时作息，向晚则入室休息。

初九（以阳居阳）。官场有变，守正吉祥，出门交友。

六二（以阴居阴）。捡了芝麻，丢了西瓜，因小失大。

六三（以阴居阳）。主忠信，追随德才兼备者，有求必应，宜居中守正。

九四（以阳居阴）。随之有获有凶，心存诚信，不违正道，不会有大过。

九五（以阳居阳）。以诚信善待君子，吉祥。

上六（以阴居阴）。紧密团结，追随领导，周王在岐山祭祖。

二、井卦

井卦第四十八

原文

（卦辞）井。改邑不改井，无丧无得，往来井井。汔至，亦未繘井，羸其瓶，凶。

（彖辞）巽乎水而上水，井。井养而不穷也。

（象辞）木上有水，井。君子以劳民劝相。

初六。井泥不食，旧井无禽。

九二。井谷射鲋，瓮敝漏。

九三。井渫不食，为我心恻。可用汲，王明，并受其福。

六四。井甃无咎。

九五。井洌，寒泉食。

上六。井收勿幕，有孚元吉。

解意试译

（主题）巽下坎上，其象为养，主题是善养则治。

（卦义）井以水养人，人以德养井；相互供养，天地共生。

（卦象）木上有水，养而不穷。

　　　　君子以劳其民，倡导相助共养。

初六（以阴居阳）。井中淤泥，不可饮水，井枯，飞鸟不来栖息。
九二（以阳居阴）。井底蛤蟆串游，瓦罐又旧又漏。
九三（以阳居阳）。枯井修缮一新，依旧无人问津。令人心生凄凉。井水可饮用，乃君王圣明带来的共享恩泽。
六四（以阴居阴）。用砖修井，无过错。
九五（以阳居阳）。井水清冽，有如寒泉，甘甜可饮。
上六（以阴居阴）。修缮完毕，勿盖井口，心怀诚信，大吉大利。

小 结

泽雷随（17）和水木井（48）两卦，不相邻，不近象，但主题皆为善治，一个强调随善而治，一个强调善养则治。随卦之象为雷入泽中，君子以向晦入宴息；井卦之象为木上有水，君子以劳民劝相。这两卦体现的都是基于德与仁的善治，追随良知，随遇而安；养德共生，社会和谐。

第五节 讨论：善治的智慧

本章尝试将《论语》第13篇"子路"、《道德经》第58章"其政闷闷"，及《周易》第17随卦和第48井卦，置于统一的善治主题之下，引导学生进行较为深入的学习和领悟。

从治理的角度看，这三部分的主题接近，都与善治有关。《论语》的主题是善治，从善治之六正、善治之六和、善治之六义、善治之六德、善治之六道这六个方面，阐述孔子和弟子们关于善治的思想。《道德经》强调无为而治才是善治之道，主张圣人一方面要有"方""廉""直""光"的政治能力和积极态度，另一方面要运用大智慧，做到"不割""不刿""不肆""不耀"。《周易》随（17）和井（48）两卦，主题皆为善治，分别强调随善而治和善养则治。

虽曰善治，但在"三经"中，善与治的境界还是有很大的差异。

作业与思考题

1. 记住子路第十三的数字律和记忆小诗。
2. 思考和感悟孔子"六和"的境界。
3. 若有余力，背诵子路篇内容。
4. 小组讨论：如何理解"父为子隐，子为父隐"之中的"直"？

第十四章 论仁者

本章选读《论语》第 14 篇"宪问"、《道德经》第 15 章"古之善为士者"、《周易》第 39 卦"蹇"和第 52 卦"艮"。

《论语》宪问篇，以仁者为主题，从六个方面阐述孔子的仁者思想；《道德经》选取第 15 章"古之善为士者"，表达老子的仁者思想；《周易》则选择蹇卦和艮卦，主题皆为仁者。

第一节 "三经"中的仁者思想

仁者，君子三道之首。从本章开始，用三章的篇幅，借用孔子"君子道者三"的仁者、知者、勇者，来进一步深入和系统地学习导读"三经"中的君子思想。

在前述第九章，已结合《论语》子罕第九、《道德经》第 13 章"宠辱若惊"及《周易》屯卦和震卦的导读，学习了有关君子之品性德行的思想。与之相比，本章及后续两章讨论的，是君子思想更为高阶的内容。

在《论语》中，仁者和知者往往并用且具对应含义。比如：安仁对利仁；不忧对不惑，乐山对乐水，静对动，寿对乐。本章在主题上名之"仁者"，乃取其对应于知者的含义。以我的理解，宪问第十四的主题依然是君子，不过在以往讨论基础上进一步提高位阶，倾向于从仁者的角度来探讨君子思想。什么是仁者的角度呢？从对应于知者的角度看，就是安仁的角度，不忧的角度，乐山的角度，静的角度和寿的角度。大家可以在后续的导读中体会这种角度上的对举和特色。

在内容上，《论语》宪问篇所表达的仁者思想，至少包括六个层次：一是孰为仁者；二是仁者安仁；三是仁者不忧；四是仁者好义；五是仁者崇德；六是仁者行道。

《道德经》中也有类似的思想，本章导读《道德经》第15章，展示老子从多重视角刻画的仁者所谓"微妙玄通，深不可识"的人格特征；《周易》则选择塞（39）和艮（52）两卦，学习并理解与"乐山"相关的仁者思想及相对应的卦象和义理。

第二节　导读《论语·宪问第十四》

宪问第十四是《论语》第14篇，主题是仁者。

本篇共44章。请大家通过788885的数字律和下面这首记忆小诗，反复诵读这一篇，并牢记之。

> 7　宪士危有南君能……（孰为仁者）
> 8　为或贫孟路子臧晋…（仁者安仁）
> 8　路贡公子其陈路君…（仁者不忧）
> 8　古蘧不耻道贡不逆…（仁者好义）
> 8　微骥以莫公贤路子…（仁者崇德）
> 5　高上路原阙…………（仁者行道）

依此顺序，我们按主题划分为六节，依次导读如下。

一、孰为仁者？　7（宪士危有南君能）

原文

(14.1) 宪问耻。子曰："邦有道，谷；邦无道，谷，耻也。"

"克、伐、怨、欲，不行焉，可以为仁矣？"子曰："可以为难矣，仁则吾不知也。"

(14.2) 子曰："士而怀居，不足以为士矣。"

(14.3)子曰:"邦有道,危言危行;邦无道,危行言孙。"

(14.4)子曰:"有德者必有言,有言者不必有德。仁者必有勇,勇者不必有仁。"

(14.5)南宫适问于孔子曰:"羿善射,奡荡舟,俱不得其死然。禹稷躬稼,而有天下。"夫子不答。南宫适出。子曰:"君子哉若人!尚德哉若人!"

(14.6)子曰:"君子而不仁者有矣夫,未有小人而仁者也。"

(14.7)子曰:"爱之,能勿劳乎?忠焉,能勿诲乎?"

解意试译

这七章从知耻近仁、士不怀居、言行依道、德者仁者、君子尚德、小人不仁、忠诚则诲七个不同侧面,尝试勾勒孰为仁者之像。

其一,知耻近仁。

孔子主张知耻近仁。宪(原思)问:"如何理解耻?"孔子说:"国家治理有道,你可当官拿俸禄;国家治理无道,你还在当官拿俸禄,那就是可耻的事情了。"

他又问:"一个人控制住克伐怨欲的本能,身上没有好胜、自夸、怨恨、贪婪的四种毛病,算不算仁呢?"孔子说:"那叫难能可贵。但算不算仁,我可说不上。"

其二,士不怀居。

孔子主张士不怀居。他说:"一个士,如果留恋居家生活的享受,那就够不上士了。"

其三,言行依道。

孔子主张言行依道。他说:"国家治理有道,便可大胆地直言直行;国家无道,可直行,但应慎言。"

其四,德者仁者。

孔子强调:有德者必有言,仁者必有勇。他说:"一个有德之人,一定有合乎道德的言论;但一个有合乎道德言论的人,未必是有德之人。一个仁者必然有勇,但一个有勇的人,未必是仁者。"

其五,君子尚德。

孔子强调:君子尚德。弟子南宫适问:"羿善射;奡是大力士,能荡覆敌国战船,却都不得好死。禹治水,后稷亲自种田,他们都得了天下。"孔子不答。南宫适出去后,孔子对诸弟子说:"这孩子堪称君子啊!能够明白尚德!"

其六，小人不仁。

孔子强调：小人不会有仁义。他说："君子或许有不尽仁义的地方。但小人不可能有仁义。"

其七，忠诚则诲。

孔子强调：忠诚则诲。他说："爱一个人，能不教他勤劳吗？忠诚于他，能不教诲他吗？"

二、仁者安仁 8（为或贫孟路子臧晋）

原文

(14.8)子曰："为命，裨谌草创之，世叔讨论之，行人子羽修饰之，东里子产润色之。"

(14.9)或问子产。子曰："惠人也。"问子西，曰："彼哉！彼哉！"问管仲，曰："人也。夺伯氏骈邑三百，饭疏食，没齿无怨言。"

(14.10)子曰："贫而无怨难，富而无骄易。"

(14.11)子曰："孟公绰为赵魏老则优，不可以为滕薛大夫。"

(14.12)子路问成人。子曰："若臧武仲之知，公绰之不欲，卞庄子之勇，冉求之艺，文之以礼乐，亦可以为成人矣。"曰："今之成人者何必然？见利思义，见危授命，久要不忘平生之言，亦可以为成人矣。"

(14.13)子问公叔文子于公明贾曰："信乎，夫子不言、不笑、不取乎？"公明贾对曰："以告者过也。夫子时然后言，人不厌其言；乐然后笑，人不厌其笑；义然后取，人不厌其取。"子曰："其然？岂其然乎？"

(14.14)子曰："臧武仲以防求为后于鲁，虽曰不要君，吾不信也。"

(14.15)子曰："晋文公谲而不正，齐桓公正而不谲。"

解意试译

这八章从共创达仁、子评三子、贫而无怨、任所能为、所谓完人、然后见仁、求利失义、正而不谲这八个不同侧面，解释仁者安仁。

其一，共创达仁。

孔子主张：共创方能达仁。他说："郑国制定政令，先由裨谌起草初稿，再经世叔讨论内容，然后由外交官子羽修饰措辞，最后东里的子产来润色定夺。"

其二，子评三子。

孔子评价三子。有人问孔子如何评价子产。孔子说："他堪称惠人。"问子西如何？他说："不好说。"问管仲如何？他说："管仲堪称仁人。他剥夺了伯氏三百户的封地庄园，使伯氏只能终身吃糠咽菜过活，却到死不抱怨他。"

其三，贫而无怨。

孔子强调：贫而无怨难。他说："陷于贫困却不抱怨，这很难做到；富贵而不骄傲，这比较容易做到。"

其四，任所能为。

孔子强调：人才当任所能为。他说："孟公绰虽可胜任赵、魏这类大国的大臣，但做不了滕、薛这类小国的大夫。"

其五，所谓完人。

孔子强调：所谓完美的君子，能做到见利思义，见危授命，久要不忘平生之言。子路问："如何才能算是一个完美的人呢？"孔子说："其智如臧武仲一般，其不欲若孟公绰一般，其勇若卞庄子一般，其多才多艺若冉求一般，再加上礼乐之修养，就可以算是一个完人了。"他接着说："当今时代，完人也不必求全啦！能做到见到利益能思量该不该得，见到危险能挺身而出，处于困境而不忘自己的初心，那就堪称完人啦！"

其六，然后见仁。

孔子认为：能做到时然后言，乐然后笑，义然后取，堪称然后见仁。他向公明贾打听公叔文子："唉，真有那么回事吗？据说他老先生平常不言不笑，也分文不取！"公明贾说："这话传得过了！老先生是这样：该他说话的时候他才说，所以人们不讨厌他说；他高兴的时候才笑，所以人们也不讨厌他笑；该他取得的东西他才取，所以别人不讨厌他取。"孔子听罢，长舒一口气："果然，他是这样的，难道不该是这样的吗？"

其七，求利失义。

孔子认为：臧武仲求利失义。他说："臧武仲用让出防这个地方作为条件，请求鲁君为臧氏立后（即传承家业），这虽说不是要挟鲁君，但我不相信他（是义）。"

其八，正而不谲。

孔子赞赏齐恒公正而不谲。他说："晋文公诡诈而不正义；齐桓公正义而不诡诈。"

三、仁者不忧 8（路贡公子其陈路君）

原文

(14.16)子路曰："桓公杀公子纠，召忽死之，管仲不死。"曰："未仁乎？"子曰："桓公九合诸侯，不以兵车，管仲之力也。如其仁，如其仁。"

(14.17)子贡曰："管仲非仁者与？桓公杀公子纠，不能死，又相之。"子曰："管仲相桓公，霸诸侯，一匡天下。民到于今受其赐。微管仲，吾其被发左衽矣。岂若匹夫匹妇之为谅也，自经于沟渎而莫之知也？"

(14.18)公叔文子之臣大夫僎，与文子同升诸公。子闻之曰："可以为'文'矣。"

(14.19)子言卫灵公之无道也，康子曰："夫如是，奚而不丧？"孔子曰："仲叔圉治宾客，祝鮀治宗庙，王孙贾治军旅。夫如是，奚其丧？"

(14.20)子曰："其言之不怍，则为之也难。"

(14.21)陈成子弑简公。孔子沐浴而朝，告于哀公曰："陈恒弑其君，请讨之。"公曰："告夫三子！"孔子曰："以吾从大夫之后，不敢不告也。君曰'告夫三子'者。"之三子告，不可。孔子曰："以吾从大夫之后，不敢不告也。"

(14.22)子路问事君。子曰："勿欺也，而犯之。"

(14.23)子曰："君子上达，小人下达。"

解意试译

这八章从功如其仁、惠民同仁、同升之仁、补君之仁、言不怍不仁、告夫之仁、勿欺之仁、上达之仁这八个方面，说明仁者不忧。

其一，功如其仁。

子路说："齐桓公杀了公子纠，召忽为主人公子纠殉难而死，管仲却没有死。"他问："管仲算不仁吧？"孔子说："齐桓公九次主持诸侯会盟，不靠兵车武力，都是管仲之功。这就是管仲之仁了，功如其仁啊！"

其二，惠民同仁。

子贡说："管仲不算仁者吧？齐桓公杀了公子纠，他不但不为主人殉难，还做了齐桓公的国相。"孔子说："管仲辅佐桓公，称霸诸侯，匡正天下，人民直到今天还受其恩泽。若没有管仲，我们都会如披发左衽一样沦为未开化的民族啊！难道非要求（管仲）像匹夫匹妇那样为了小节，在山沟里自生自灭而不为人知吗？！"

其三，同升之仁。

公叔文子的家臣僎，经文子举荐和他一起做了卫君的大夫，孔子听说后赞叹道："此举堪称仁，可获'文'的谥号了！"

其四，补君之仁。

孔子说卫灵公乃无道之君。季康子问："既然如此，他为什么不灭亡？"孔子回答："有仲叔圉为他治理外交，有祝鮀为他治理宗庙礼仪，有王孙贾为他治理军队，如此（贤人补君之仁），怎么会灭亡呢？"

其五，言不怍不仁。

孔子说："一个人大言不惭，他做起来就难了。"

其六，告夫之仁。

陈成子杀了齐简公。孔子在家斋戒沐浴后去朝见鲁哀公。他说："陈恒弑齐君，请出兵讨伐他。"哀公说："这事你去报告（主持鲁政的）季孙、仲孙、孟孙三家吧。"孔子说："因为我做过大夫，所以不敢不报告吾君您。但您却说让我报告三子。"孔子到三家，一一告诉他们，三家都说不出兵。孔子出来说："因为我做过大夫，所以不敢不报告啊！"

其七，勿欺之仁。

子路问事君之道。孔子说："不要欺骗他，但要直言敢谏。"

其八，上达之仁。

孔子说："君子向上通达道义，小人向下追求名利。"

四、仁者好义 8（古蘧不耻道贡不逆）

原文

(14.24)子曰："古之学者为己，今之学者为人。"

(14.25)蘧伯玉使人于孔子。孔子与之坐而问焉，曰："夫子何为？"对曰："夫子欲寡其过而未能也。"使者出。子曰："使乎！使乎！"

(14.26)子曰："不在其位，不谋其政。"

　　　曾子曰："君子思不出其位。"

(14.27)子曰："君子耻其言而过其行。"

(14.28)子曰："君子道者三，我无能焉：仁者不忧，知者不惑，勇者不惧。"子贡曰："夫子自道也。"

(14.29)子贡方人。子曰："赐也贤乎哉？夫我则不暇。"

(14.30)子曰："不患人之不己知，患其不能也。"

(14.31)子曰："不逆诈，不亿不信，抑亦先觉者，是贤乎！"

> **解意试译**

这八章从为己之义、使者之义、不位之义、行言之义、自道之义、不方之义、患己之义、不逆诈之义这八个方面，说明仁者好义。

其一，为己之义。

孔子说："从前学者为提高自己而学，如今学者为给人看而学。"

其二，使者之义。

卫国的大夫蘧伯玉遣使者来孔子家。孔子请使者入座后问："蘧老先生近况可好？"使者说："我们先生想让自己少犯错误，在不断修身改过，却总觉得做得不够好。"使者辞去后，孔子赞叹道："好极了！这使者，说得多么得体啊！"

其三，不位之义。

孔子说："不在其位，不谋其政。"曾子（解释）说："君子思考问题，不超出其所在的职位。"

其四，行言之义。

孔子说："君子以言过其行为耻。"

其五，自道之义。

孔子说："君子有三道，一道仁者不忧，二道知者不惑，三道勇者不惧。此三道，我皆不及义。"子贡说："您说的正是自道之义呀！"

其六，不方之义。

子贡好褒贬人。孔子说："端木赐呀，你真够闲得慌！要我呀，没那个闲工夫！"

其七，患己之义。

孔子说："不要担心别人不了解你，要担心的是你自己能力不够。"

其八，不逆诈之义。

孔子说："不预设怀疑别人会欺诈，也不揣测别人不诚实，但临事遇人有欺诈和不诚实，能事先觉察到，这不就是贤人吗！"

五、仁者崇德　8（微骥以莫公贤路子）

> **原文**

(14.32)微生母谓孔子曰："丘何为是栖栖者与？无乃为佞乎？"孔子曰："非敢为佞也，疾固也。"

(14.33)子曰:"骥不称其力,称其德也。"

(14.34)或曰:"以德报怨,何如?"子曰:"何以报德?以直报怨,以德报德。"

(14.35)子曰:"莫我知也夫!"子贡曰:"何为其莫知子也?"子曰:"不怨天,不尤人,下学而上达。知我者,其天乎!"

(14.36)公伯寮愬子路于季孙。子服景伯以告,曰:"夫子固有惑志于公伯寮,吾力犹能肆诸市朝。"子曰:"道之将行也与,命也;道之将废也与,命也。公伯寮其如命何!"

(14.37)子曰:"贤者辟世,其次辟地,其次辟色,其次辟言。"子曰:"作者七人①矣。"

(14.38)子路宿于石门。晨门曰:"奚自?"子路曰:"自孔氏。"曰:"是知其不可而为之者与?"

(14.39)子击磬于卫。有荷蒉而过孔氏之门者,曰:"有心哉,击磬乎!"既而曰:"鄙哉,硁硁乎!莫己知也,斯己而已矣!深则厉,浅则揭。"子曰:"果哉!末之难矣。"

解意试译

这八章从疾固之德、骥称其德、以德报德、下学上达、道行在命、贤者避世、知不可而为、深厉浅揭这八个方面,说明仁者崇德。

其一,疾固之德。

微生母对孔子说:"孔丘呀!你为何总是这样栖栖遑遑到处奔波呢?莫不是在卖弄你的口才吧!"孔子说:"我何敢卖弄自己?我只是在一味医治世人的痼疾啊!"

其二,骥称其德。

孔子说:"千里马值得称赞的不是它的力气,而是它的品德。"

其三,以德报德。

有人问:"以德报怨,如何呀?"孔子说:"那么如何报德呢?不如以直报怨(用公道对待怨恨),以德报德。"

其四,下学上达。

孔子叹息道:"何人能知我啊!"子贡说:"怎么会没人知道先生您呢?"

---

① 作者七人,有两种解释:一般认为是《微子十八》中所记载的七位逸民;但钱穆解释说是《论语》中所记载的七位隐士:长沮、桀溺、荷蓧丈人、晨门、荷蒉、仪封人、狂接舆(参见钱穆:《论语新解》,钱穆先生著作新校本,282页,北京,九州出版社,2018)。

孔子说:"我上不怨天,下不尤人,下学人间社会,上达天道。知我者,算只有天了!"

其五,道行在命。

公伯寮向季孙诬告子路。弟子子服景伯将此事告诉孔子,生气地说:"季孙先生本来就受公伯寮的蛊惑而对子路不满(他这样做太气人!)。以我之力,我来说服季孙杀了公伯寮,将这家伙暴尸于市!"孔子说:"不用不用。我看呀,道之将行是天命;道之不行,也是天命。公伯寮,他能把天命怎么样呢?!"

其六,贤者避世。

孔子说:"贤者躲避乱世,以出世;次一等避开此地,另居一地;再其次的,看脸色不对,就躲远点;更其次的人,听说话不对劲,就避而不谈。"

孔子又说:"能做到贤者避世的,有七人。"

其七,知不可而为。

子路在石门外住了一晚上(黎明将进城)。晨门(守门人)问:"你从哪里来?"子路说:"从孔先生那里来。"晨门问:"就是那个知道做不成却定要去做的人吗?"

其八,深厉浅揭。

孔子在卫国。一天正在击磬为乐。一个荷蒉者(挑着草筐的人)正好从门前经过。他说:"这磬声听来很用心啊!"过了一会儿又说:"这磬声硁硁然,格调不高啊!仿佛在诉说何人能知我。其实没人能知你,便只为你自己罢了!譬如人生,当深厉浅揭,深则履石而过,浅当揭裳而过呀!"孔子闻言叹道:"果然如此!还有何难?!"

六、仁者行道　5(高上路原阙)

原文

(14.40)子张曰:"《书》云:'高宗谅阴,三年不言。'何谓也?"子曰:"何必高宗,古之人皆然。君薨,百官总己以听于冢宰三年。"

(14.41)子曰:"上好礼,则民易使也。"

(14.42)子路问君子。子曰:"修己以敬。"曰:"如斯而已乎?"曰:"修己以安人。"曰:"如斯而已乎?"曰:"修己以安百姓。修己以安百姓,尧舜其犹病诸!"

> **专栏 14-1　　　　修己以敬**
>
> 2018年11月26日，中共中央总书记习近平主持第十九届中央政治局第十次集体学习并发表重要讲话，其中引用《论语》14.42章孔子语。他说：
>
> "《论语》中说要'**修己以敬**''**修己以安人**''**修己以安百姓**'，对我们共产党人来说，修己最重要的是修政治道德。我们党对干部的要求，首先是政治上的要求。选拔任用干部，首先要看干部政治上清醒不清醒、坚定不坚定。"
>
> ——习近平：《努力造就一支忠诚干净担当的高素质干部队伍》，《求是》2019年第2期

(14.43) 原壤夷俟。子曰："幼而不孙弟，长而无述焉，老而不死，是为贼！"以杖叩其胫。

(14.44) 阙党童子将命。或问之曰："益者与？"子曰："吾见其居于位也，见其与先生并行也。非求益者也，欲速成者也。"

解意试译

这五章从居丧三年、上礼下易、修己以敬、原壤夷俟、阙党童子这五个方面，尝试说明仁者行道。

其一，居丧三年。

子张问："《尚书》上说：'高宗谅阴，三年不言。'这是什么意思呢？"孔子说："何必一定是殷高宗呢？古人莫不是这样！先王过世，朝廷百官，便各自总摄己职去听命于宰相。"（继位的君王三年不问国政，居丧三年）

其二，上礼下易。

孔子说："在上位者躬行礼仪，在下民众就容易役使。"

其三，修己以敬。

子路问君子之道。孔子说："修己以敬（修养自己，以恭敬地待人处事）。"子路问："这样就够了么？"孔子说："修己以安人（修养自己，使人得到安乐）。"子路又问："这样就够了么？"孔子补充道："修己以安百姓（修养自己，以使百姓得到安乐。）修己以安百姓，就连尧舜也未必做到了呀！"

其四，原壤夷俟。

故友原壤箕踞而坐等孔子。孔子没好气地说："小时候不恭逊、不孝悌，老了也没好样子为后辈做出榜样，只是这老而不死的样子呀，真像害人虫！"说完，用手杖轻轻敲打他的腿。

其五，阙党童子。

老家阙里的一位年轻人向孔子传令。有人问道："这孩子有望长进吗？"孔子说："我见他坐在长者的席位上，又见他与先生并肩而行。看样子他（不知礼）不求上进啊，只是急于求成罢了。"

小 结

宪问第十四是《论语》中篇幅最长的一篇，围绕君子洋洋洒洒44章，谨以孔子君子三道之首"仁者"为题，按照内容将其分为六节，依次以孰为仁者、仁者安仁、仁者不忧、仁者好义、仁者崇德、仁者行道整理分析如上。

第一，孰为仁者。从知耻近仁、士不怀居、言行依道、德者仁者、君子尚德、小人不仁、忠诚则诲这7个不同侧面，勾勒仁者之像。

第二，仁者安仁。从共创达仁、子评三子、贫而无怨、任所能为、所谓完人、然后见仁、求利失义、正而不谲这八个不同侧面，解释仁者安仁。

第三，仁者不忧。从功如其仁、惠民同仁、同升之仁、补君之仁、言不怍不仁、告夫之仁、勿欺之仁、上达之仁这八个方面，说明仁者不忧。

第四，仁者好义。从为己之义、使者之义、不位之义、行言之义、自道之义、不方之义、患己之义、不逆诈之义这八个方面，说明仁者好义。

第五，仁者崇德。从疾固之德、骥称其德、以德报德、下学上达、道行在命、贤者避世、知不可而为、深厉浅揭这八个方面，说明仁者崇德。

第六，仁者行道。从居丧三年、上礼下易、修己以敬、原壤夷俟、阙党童子这五个方面，说明仁者行道。

总之，请大家务必记住，仁者七八八八八五！

第三节 导读《道德经·古之善为士者》

"古之善为士者"是《道德经》第15章，主题是仁者。

原文

古之善为士者，微妙玄通，深不可识。

夫唯不可识，故强为之容：

豫兮，若冬涉川；犹兮，若畏四邻；俨兮，其若客；

涣兮，其若凌释；敦兮，其若朴；

旷兮，其若谷；混兮，其若浊！

孰能浊以静之徐清？孰能安以动之徐生？

保此道者不欲盈，夫唯不盈，故能蔽而新成。

解意试译

这一章的标题是古之善为士者，主题是仁者。

老子说：

古时候极为擅长为士之道的仁者，精微奥妙，灵玄通达，高深莫测，无法了解。

正因为无法了解，所以只能勉强描述他的样子：

他小心翼翼的时候就像冬天在结冰的江面上行走，如履薄冰；

他警惕防范的时候就像在提防着四面八方的围攻，如畏四邻；

他严肃庄重小心翼翼的时候就像是在别人家做客，慎言慎行；

他轻松散漫的时候就像是冰河解冻一样；

他老实敦厚的样子就像是森林古树一样；

空旷豁达啊，如深山的幽谷；

浑朴淳厚啊，如浑浊的江水！

谁能在浑浊的水流中停止流动，安静下来以渐渐变得澄清？

谁能如草木般保持长久的静寂，却又萌动生机而茁壮成长？

坚守此道的仁者不会自满。正因为不自满，所以能够去故更新。

小 结

本章的主题是仁者，即老子所谓得道的善为士者。能够得道并善为士，必然与众不同！他们"微妙玄通，深不可识"。老子强调他们最大的特点是"不欲盈"，即不自满，正因为不自满，所以能够不断进步提升。如何做到不欲盈？老子用了七个比喻"强为之容"：其豫若冬涉川，其犹若畏四邻，其俨若客，其涣若凌释，其敦若朴，其旷若谷，其混若浊。这七个比喻栩栩如生地刻画出了仁者在不同场景下的人格特征，他们自律、警惕、严肃、洒脱、融和、纯朴、旷达、浑厚，既能静定持心，又能由静入动，做到"浊以静之徐清""安以动之徐生"。

唯其如此，才能成为去故更新的得道之仁者！

第四节　导读《周易·蹇》《周易·艮》

"蹇"与"艮"是《周易》的第 39 卦和第 52 卦，仁者乐山，水山蹇，兼山艮，这两卦皆靠山。蹇卦是艮下坎上，山上有水，其象为难，主题是君子反身修德；艮卦是艮下艮上，上下皆山，其象为止，主题是君子止于至善。

一、蹇卦

蹇卦第三十九

原文

（卦辞）蹇。利西南，不利东北。利见大人，贞吉。

（彖辞）蹇，难也，险在前也。见险而能止。知矣哉。

（象辞）山上有水，蹇。君子以反身修德。

初六。往蹇来誉。

六二。王臣蹇蹇，匪躬之故。

九三。往蹇来反。

六四。往蹇来连。

九五。大蹇朋来。

上六。往蹇来硕，吉，利见大人。

解意试译

（主题）艮下坎上，其象为难，主题是君子反身修德。

（卦义）足不能进，见险而止，大人相助，守正吉祥。

（卦象）山上有水，险阻在前，君子当反省自身，修养品德。

初六（以阴居阳）。遇险而返，得誉。

六二（以阴居阴）。不以其身，遭遇双险。

九三（以阳居阳）。遇险而返，得其所安。

六四（以阴居阴）。遇险而返，合力以济。

九五（以阳居阳）。遭遇大险，有朋来助，共克难关。

上六（以阴居阴）。遇险而返，回归宗庙以弘教化，吉祥，得见贵人。

二、艮卦

艮卦第五十二

原文

（卦辞）艮其背，不获其身。行其庭，不见其人，无咎。

（彖辞）艮，止也。时止则止，时行则行，动静不失其时，其道光明。

（象辞）兼山，艮，君子以思不出其位。

初六。艮其趾，无咎，利永贞。

六二。艮其腓，不拯其随，其心不快。

九三。艮其限，列其夤，厉薰心。

六四。艮其身，无咎。

六五。艮其辅，言有序，悔亡。

上九。敦艮，吉。

解意试译

（主题）艮下艮上，其象为止，主题是君子止于至善。

（卦义）时止则止，无私无我，止于至善，其道光明。

（卦象）重山相立，宜止不进，君子当止其所止，止于至善。

初六（以阴居阳）。止诸其趾，无灾祸，永守正道。

六二（以阴居阴）。止诸其腿，无法拯救追随者，内心不快。

九三（以阳居阳）。止诸其腰，时行不行，危及其心。

六四（以阴居阴）。止诸其身，安分守己，了无灾祸。

六五（以阴居阳）。止诸其口，不言则已，言必有信，中正无悔。

上九（以阳居阴）。止于至善，得止之道。

小 结

水山蹇（39）和兼山艮（52）两卦，皆依山靠山，以山为基，由山而成，正所谓"仁者乐山"，故两卦皆云仁者。蹇卦有水山之象，山上有水。水为险为难，危险在前，困难在上；山为止为终，仁者当止于山前，不能出险，应等待有道有德之高人的指点，方能化险为夷，终至吉祥。故君子以反身修德。艮卦乃重山之象，上下皆山。山象为止，止而后定，定而后静，静而后安，安而后虑，虑而后得。艮乃重山相立，宜止不宜进，仁者当止其所止，止于至善。故君子以思不出其位。

第五节 讨论：仁者的智慧

本章尝试将《论语》第14篇"宪问"、《道德经》第15章"古之善为士者"，以及《周易》第39蹇卦和第52艮卦，置于统一的仁者主题之下，引导学生进行较为深入的学习和领悟。

从治理的角度看，这三部分的主题接近，都与君子之仁者有关。《论语》宪问篇围绕君子洋洋洒洒44章，以"仁者"为题，按内容将其分为孰为仁者、仁者安仁、仁者不忧、仁者好义、仁者崇德、仁者行道的六个方面，比较全面呈现了孔子和弟子们的仁者思想。在《道德经》第15章中，老子从多重视角刻画了"善为士"的仁者"微妙玄通，深不可识"的人格特征。《周易》的蹇（39）和艮（52）两卦，则凸显了"乐山"的仁者与山密切相关的两个重要的品格特点：反身修德和止于至善。

君子首当仁者。

仁者安仁、不忧、乐山、静、寿，从"三经"视角看，其斯之谓与？

作业与思考题

1. 记住宪问第十四的数字律和记忆小诗。
2. 思考和感悟孔子对管仲之"仁者"的评价。
3. 若有余力，背诵宪问篇内容。
4. 小组讨论：如何理解"君子而不仁者有矣夫，未有小人而仁者也"？

第十五章 论知者

本章选读《论语》第 15 篇"卫灵公"、《道德经》第 33 章"知人者智"、《周易》第 29 卦"坎"和第 47 卦"困"。

《论语》卫灵公篇，以知者为主题，从六个方面阐述孔子的知者思想；《道德经》选取第 33 章"知人者智"，表达老子的知者思想；《周易》则选择坎卦和困卦，主题皆为知者。

第一节 "三经"中的知者思想

知者，君子三道之二。

如前所述，《论语》中的知者往往和仁者并用并具相对含义。如：利仁对安仁，不惑对不忧，乐水对乐山，动对静，乐对寿。本章和上一章相对，在主题上名为"知者"，取其相对仁者之义。以我浅见，卫灵公第十五的主题依然是君子，不过在以往讨论基础上进一步提高位阶，倾向于从知者的角度来探讨君子思想。什么是知者的角度呢？即上述对应于仁者的利仁的角度、不惑的角度、乐水的角度、动的角度和乐的角度。大家可以在后续的导读中体会这种角度上的对举和特色。

在内容上，《论语》卫灵公篇所表达的知者思想，至少包括六个层次：一是孰为知者；二是知者利仁；三是知者尚义；四是知者乐行；五是知者谋道；六是知者不惑。

《道德经》中也有关于知者的讨论，本章选择《道德经》第 33 章"知人者智",学习和理解老子的知者思想;《周易》则选择坎(29)和困(47)两卦,学习并理解与"乐水"相关的知者思想及相应的卦象和义理。

第二节　导读《论语·卫灵公第十五》

卫灵公第十五是《论语》第15篇,主题是知者。

本篇共42章。请大家通过788874的数字律和下面这首记忆小诗,反复诵读这一篇,并牢记之。

```
7  卫在一由无张直……（孰为知者）
8  失志贡颜远好臧躬…（知者利仁）
8  不群义病疾求矜不…（知者尚义）
8  贡吾吾巧众人过吾…（知者乐行）
7  谋知不民当贞事……（知者谋道）
4  有道辞师…………（知者不惑）
```

依此顺序,我们按主题划分为六节,依次导读如下。

一、孰为知者？　7（卫在一由无张直）

【原文】

(15.1)卫灵公问陈①于孔子。孔子对曰:"俎豆之事,则尝闻之矣;军旅之事,未之学也。"明日遂行。

(15.2)在陈绝粮,从者病,莫能兴。子路愠见曰:"君子亦有穷乎?"子曰:"君子固穷,小人穷斯滥矣!"

(15.3)子曰:"赐也,女以予为多学而识之者与?"对曰:"然。非与?"曰:"非也,予一以贯之。"

(15.4)子曰:"由!知德者鲜矣!"

(15.5)子曰:"无为而治者,其舜也与?夫何为哉?恭己正南面而已矣。"

---

① 即"阵",古称"军陈行列之法"为阵。

(15.6)子张问行。子曰:"言忠信,行笃敬,虽蛮貊之邦行矣。言不忠信,行不笃敬,虽州里行乎哉?立,则见其参于前也,在舆,则见其倚于衡也,夫然后行。"子张书诸绅。

(15.7)子曰:"直哉史鱼!邦有道,如矢;邦无道,如矢。君子哉蘧伯玉!邦有道,则仕;邦无道,则可卷而怀之。"

解意试译

这七章从知者不兵、知者固穷、一以贯之、知者知德、知者如舜、知者知行、知如伯玉七个不同侧面,勾勒孰为知者之像。

其一,知者不兵。

卫灵公问兵阵之道。孔子说:"大至礼乐小及俎豆之类,我曾听闻了解。唯军旅之事不在所学。"次日即打道离去。

其二,知者固穷。

周游列国的孔子一行在陈国被困断粮,弟子们饿坏了,都站不起来了。子路生气地去见孔子。说:"君子也会遭遇困境吗?"孔子说:"君子穷则益固,不失其道;小人穷则乱来,横行无肆。"

其三,一以贯之。

孔子对子贡说:"端木赐呀!你是不是以为我是学得多又记得住的那类博学强记的人?"子贡说:"是啊!难道不是吗?"孔子说:"不是的。我的特点在于一以贯之,即以一个基本思想,将其贯穿在所学所思之中而形成体系并不断完善和丰富之。"

其四,知者知德。

孔子对子路说:"仲由呀!对于德,懂得的人真是太少了!"

其五,知者如舜。

孔子说:"能做到无为而治的,恐怕只有舜一个人了!他是怎么做到的呢?不过只是恭恭敬敬,端正地面南安坐而已啊!"

其六,知者知行。

子张问行之道。孔子说:"说话忠诚信实,行为敦厚恭敬,不管在哪里,即使在荒僻的边远地区也行得通。说话不忠诚信实,行为不敦厚恭敬,即使在本乡本土,能行得通吗?!要记住忠信笃敬这四个字。站着的时候,就仿佛它们立在你面前;在车上,就好像它们刻在车前的横木上。记住了就去做,就行得通了。"子张将这番话写在他随身系着的衣带上,作为座右铭。

其七，知如伯玉。

孔子说："正直啊，史鱼！邦国有道，他正直如矢；邦国无道，他依然正直如矢！蘧伯玉啊，则堪称知者之君子！邦国有道，他出仕为官；邦国无道，他卷而怀之，隐居不仕。"

二、知者利仁　8（失志贡颜远好臧躬）

原文

(15.8)子曰："可与言而不与之言，失人；不可与言而与之言，失言。知者不失人，亦不失言。"

(15.9)子曰："志士仁人，无求生以害仁，有杀身以成仁。"

(15.10)子贡问为仁。子曰："工欲善其事，必先利其器。居是邦也，事其大夫之贤者，友其士之仁者。"

专栏15-1　　工欲善其事，必先利其器

2006年12月8日，时任浙江省委书记的习近平在《浙江日报》"之江新语"栏目发表《掌握正确的工作方法》的短文，引用《论语》15.10章孔子语。

他说：

"'工欲善其事，必先利其器'。正确的方法是做好工作的重要保证。掌握了正确的工作方法，往往能收到事半功倍的效果。"

——《习近平用典》第一辑，人民日报出版社

(15.11)颜渊问为邦。子曰："行夏之时，乘殷之辂，服周之冕，乐则《韶》《舞》①。放郑声，远佞人。郑声淫，佞人殆。"

(15.12)子曰："人无远虑，必有近忧。"

(15.13)子曰："已矣乎！吾未见好德如好色者也！"

(15.14)子曰："臧文仲其窃位者与？知柳下惠之贤而不与立也。"

(15.15)子曰："躬自厚而薄责于人，则远怨矣。"

---

① 舞，同"武"。

> 解意试译

这八章以不失人亦不失言、仁重于身、为仁之道、为邦之道、知者远虑、知者好德、不可知贤不立、厚责于己薄责于人为题,阐释知者利仁。

其一,不失人亦不失言。

孔子说:"该说而不和他说,会失人;不该说而和他说,会失言。知者不失人亦不失言。"

其二,仁重于身。

孔子说:"一个志士仁人,不会为了求生而妨害仁,宁可为了成全仁而献出身体与生命。"

其三,为仁之道。

子贡问为仁之道。孔子说:"如同工匠为了做最好的工作,必先精细打磨好其器具一样,你到了一个想要治理好的邦国,要追随并侍奉好这个国家中的贤明大夫,要广泛结交有仁义的士人。"

其四,为邦之道。

颜渊问为邦之道。孔子说:"推行夏朝的历法,乘坐商朝的马车,穿戴周朝的礼服,乐舞则取法于《韶》《武》。要放弃郑人的音乐,其太过淫靡;要疏远谗佞的小人,其太过危险!"

其五,知者远虑。

孔子说:君子当有长远考虑,"人若没有远虑,必有当下忧患!"

其六,知者好德。

孔子叹息道:"算了吧!(我还是离开卫国吧!)我还真没见过爱好美德如同爱好美色的人啊!"

其七,不可知贤不立。

孔子说:"臧文仲(不能算知者,他)明知柳下惠是贤者,却不推荐他与自己同朝为官,是个知贤不立的窃据其位者。"

其八,厚责于己薄责于人。

孔子说:"如果能多责备自己,少责备别人,怨恨就将远离你而去了。"

三、知者尚义　8(不群义病疾求矜不)

> 原文

(15.16)子曰:"不曰'如之何,如之何'者,吾末如之何也已矣!"

(15.17)子曰:"**群**居终日,言不及义,好行小慧,难矣哉!"
(15.18)子曰:"君子**义**以为质,礼以行之,孙以出之,信以成之。君子哉!"
(15.19)子曰:"君子**病**无能焉,不病人之不己知也。"
(15.20)子曰:"君子**疾**没世而名不称焉。"
(15.21)子曰:"君子**求**诸己,小人求诸人。"
(15.22)子曰:"君子**矜**而不争,群而不党。"
(15.23)子曰:"君子**不**以言举人,不以人废言。"

解意试译

这八章从凡事深思反问、不做三闲君、四以真君子、君子何所病、君子何所疾、君子求诸己、君子不争不党、君子不以言举人不以人废言这八个方面,说明知者尚义。

其一,凡事深思反问。

孔子主张凡事要深思反问,他说:"凡事不作深思反问'如之何如之何'这样的人,我也不知道该拿他'如之何'了。"

其二,不做三闲君。

孔子说:"群居终日(一天到晚聚在一起)则闲时多,言不及义(言谈皆不及道义)则闲谈多,好行小慧(好耍小聪明)则闲事多,此等三闲君难以成才啊!"

其三,四以真君子。

孔子说:"君子以道义作为根本,以礼来推行之,以谦逊来表达之,以诚信来成就之,这才是真君子!"

其四,君子何所病?

孔子说:"君子以自己能力不足为忧患,而不忧患没人了解自己。"

其五,君子何所疾?

孔子说:"君子以其身后名声之不传为疾恨。"

其六,君子求诸己。

孔子说:"君子一切都要求自己,小人凡事都要求别人。"

其七,君子不争不党。

孔子说:"君子庄敬自守,但不与人争;和聚合群,但不结党营私。"

其八,君子不以言举人,不以人废言。

孔子说:"君子用人,不因其说得好就用其人;君子用言,不因其人不好就废其言。"

四、知者乐行　8（贡吾吾巧众人过吾）

原文

(15.24)子贡问曰："有一言而可以终身行之者乎？"子曰："其恕乎！己所不欲，勿施于人。"

专栏15-2　　己所不欲，勿施于人

2015年11月6日，习近平应邀访问越南，在河内会见中越青年代表，引用《论语》15.24章孔子语。他说：

"中国人民崇尚'**己所不欲，勿施于人**'，中国不认同'国强必霸'。""中国将继续秉持亲诚惠容的理念，深化同包括越南在内的周边国家互利合作和互联互通，永远做社会主义国家的亲密同志，永远做发展中国家的可靠朋友和真诚伙伴。"

来源：人民网

(15.25)子曰："吾之于人也，谁毁谁誉？如有所誉者，其有所试矣。斯民也，三代之所以直道而行也。"

(15.26)子曰："吾犹及史之阙文也。有马者借人乘之。今亡矣夫！"

(15.27)子曰："巧言乱德。小不忍则乱大谋。"

(15.28)子曰："众恶之，必察焉；众好之，必察焉。"

(15.29)子曰："人能弘道，非道弘人。"

(15.30)子曰："过而不改，是谓过矣。"

(15.31)子曰："吾尝终日不食，终夜不寝，以思，无益，不如学也。"

解意试译

这八章从终身行恕、毁誉试道、以待能者、慎口忍事、好恶必察、人能弘道、过而改之、思不如学这八个方面，说明知者乐行。

其一，终身行恕。

子贡问："有一个字能够终身奉行的吗？"孔子说："大概就是恕这个字吧？自己不想要的，就不要施加在别人身上。"

其二，毁誉试道。

孔子说："我对人的评价，诋毁了谁？赞誉了谁？如有赞誉的，我必有所考察以试其道啊！比如我所赞誉的子民，是夏商周三代以来一直都行直道之人啊！"

其三，以待能者。

孔子说："从前常见文献中有'阙文'以示作者阙之待问，亦见有马不能调良而借人乘之，如今穿凿附会者众，此等以待能者的美德见不到了！"

其四，慎口忍事。

孔子说："巧言乱人德（当慎口）；小不忍则乱大谋（当忍事）。"

其五，好恶必察。

孔子说："人人都厌恶必得慎察之；人人都喜好也必得慎察之。"

其六，人能弘道。

孔子说："人能弘大道，但道不能弘大人。"

其七，过而改之。

孔子说："有了过失而不改正，那才是真过失。"

其八，思不如学。

孔子说："我曾整天不吃，整夜不睡，苦思冥想，却无所得。不如踏踏实实地学习。"

五、知者谋道　7（谋知不民当贞事）

原文

(15.32)子曰："君子**谋**道不谋食。耕也，馁在其中矣；学也，禄在其中矣。君子忧道不忧贫。"

(15.33)子曰："**知**及之，仁不能守之；虽得之，必失之。知及之，仁能守之，不庄以莅之，则民不敬。知及之，仁能守之，庄以莅之，动之不以礼，未善也。"

(15.34)子曰："君子**不**可小知，而可大受也；小人不可大受，而可小知也。"

(15.35)子曰："**民**之于仁也，甚于水火。水火，吾见蹈而死者矣，未见蹈仁而死者也。"

(15.36)子曰："**当**仁，不让于师。"

(15.37)子曰："君子**贞**而不谅。"

(15.38)子曰："**事**君，敬其事而后其食。"

> 解意试译

　　这七章从君子谋道、守仁及善、君子不可小知而可大受、蹈仁不死、当仁不让、贞而不谅、敬事后食这七个方面，说明知者谋道。

　　其一，君子谋道。

　　孔子说："君子谋求道，不谋求食。耕以谋食，亦有饥饿之患；学以谋道，亦有禄仕之获。君子之忧患在于道之不明不行，不在于贫不得食。"

　　其二，守仁及善。

　　孔子说："一个知者，凭其知足以得道，但不能守仁，则即使得道也必失之。知能得道，仁能守之，但不能庄严地行道并用来治理天下，人民不会敬爱他。知能得道，仁能守之，行道庄严并治理天下，但若不能动之以礼，仍然还是未善。"

　　其三，君子不可小知而可大受。

　　孔子说："君子不可用小事来察知他，但可以委以大任；小人不可委以大任，但可用小事察知他。"

　　其四，蹈仁不死。

　　孔子说："人生有赖于仁义，甚至比水火更重要。水火无情，赴汤蹈火会要人命。但我还没见过谁为赴仁蹈义而死的呀！"

　　其五，当仁不让。

　　孔子说："若遇为仁义之大事，当抢先向前，不要让仁义晾在众人面前。"

　　其六，贞而不谅。

　　孔子说："君子当固守正道，不拘小节小信。"

　　其七，敬事后食。

　　孔子说："事君之道，当敬执其事，然后再考虑俸禄。"

六、知者不惑　4（有道辞师）

> 原文

　　(15.39)子曰："**有**教无类。"

　　(15.40)子曰："**道**不同，不相为谋。"

　　(15.41)子曰："**辞**，达而已矣。"

　　(15.42)**师**冕见，及阶，子曰："阶也。"及席，子曰："席也。"皆坐，子告之曰："某在斯，某在斯。"师冕出，子张问曰："与师言之道与？"子曰："然。固相师之道也。"

> **解意试译**

这四章从有教无类、道不同不相为谋、辞达而已、相师之道这四个方面，说明知者不惑。

其一，有教无类。

孔子说："人皆应接受教育，不应分等类。"

其二，道不同不相为谋。

孔子说："不在同一条道上，各从其志，各谋其事。"

其三，辞达而已。

孔子说："言语文辞，但求能表达清楚意思就可以了。"

其四，相师之道。

盲人乐师冕来见孔子。走到台阶前，孔子说："前面是台阶。"走到座席前，孔子说："前面是座席。"大家都坐定了。孔子对师冕说："某人在这边，某人在那边。"

师冕出去后，子张问："您对师冕先生如此这般，也是道吗？"孔子说："是啊，这就是相师之道呀！"

小 结

卫灵公第十五是《论语》中讨论君子的第三篇，在子罕第九讨论君子之品性德行、宪问第十四讨论君子三道之仁者的基础上，本篇讨论知者。我们按其内容分为六节，依次以孰为知者、知者利仁、知者尚义、知者乐行、知者谋道、知者不惑为题整理分析如上。

第一，孰为知者。从知者不兵、知者固穷、一以贯之、知者知德、知者如舜、知者知行、知如伯玉七个不同侧面，勾勒知者之像。

第二，知者利仁。以不失人亦不失言、仁重于身、为仁之道、为邦之道、知者远虑、知者好德、不可知贤不立、厚责于己薄责于人这样八个主题，解释知者利仁。

第三，知者尚义。从凡事深思反问、不做三闲君、四以真君子、君子何所病、君子何所疾、君子求诸己、君子不争不党、君子不以言举人不以人废言这八个方面，说明知者尚义。

第四，知者乐行。从终身行恕、毁誉试道、以待能者、慎口忍事、好恶必察、人能弘道、过而改之、思不如学这八个方面，说明知者乐行。

第五，知者谋道。从君子谋道、守仁及善、君子不可小知而可大受、蹈仁不死、当仁不让、贞而不谅、敬事后食这七个方面，说明知者谋道。

第六，知者不惑。从有教无类、道不同不相为谋、辞达而已、相师之道这四个方面，说明知者不惑。

总之，请大家务必记住：知者七八八八七四！

第三节　导读《道德经·知人者智》

"知人者智"是《道德经》第33章，主题是知者。

原文

知人者智，自知者明。

胜人者有力，自胜者强。

知足者富。

强行者有志。

不失其所者久。

死而不亡者寿。

专栏15-3　　自胜者强

2013年5月4日，习近平主席来到中国航天科技集团公司中国空间技术研究院，同各界优秀青年代表座谈并发表讲话。其中引用《道德经》第33章老子语激励青年。他说：

"我们的国家，我们的民族，从积贫积弱一步一步走到今天的发展繁荣，靠的就是一代又一代人的顽强拼搏，靠的就是中华民族自强不息的奋斗精神。当前，我们既面临着重要发展机遇，也面临着前所未有的困难和挑战。梦在前方，路在脚下。**自胜者强**，自强者胜。实现我们的发展目标，需要广大青年锲而不舍、驰而不息的奋斗。"

来源：新华网

解意试译

这一章的标题是知人者智，主题是知者。

老子说：

　　知人者谓之智；自知者谓之明；

　　战胜别人的人谓之有力；战胜自己的人才称得上强。

　　知道满足的人堪称富有。

　　坚持力行的人是为有志者。

　　不迷失其根基的人方可长久。

　　身死而堪称不朽的人才可称之为寿者。

小　结

　　《道德经》第33章的主题是知者。何为知者？老子给出了两个视角：人和我的视角。知人、胜人、富有、长久，皆堪称知者，但皆以人为参照物，是社会层面的知者，表现为智、有力、富有和长久。自知、自胜、强行、不亡则反身观我，以我为唯一参照物，是德与道层面的知者，故而谓之明，谓之强，谓之有志，谓之寿。不仅如此，由自知到自胜，由自胜到强行，由强行到不亡，又体现为一个渐次升维的向上过程。

　　知者，当求其德，求其道！

第四节　导读《周易·坎》《周易·困》

　　"坎"与"困"是《周易》的第29卦和第47卦。知者乐水，水洊至，泽水困，这两卦皆带水。坎卦是坎下坎上，水流不盈，其象为陷，主题是君子以常德行；困卦是坎下兑上，泽无水困，其象为困，主题是君子以致命遂志。

坎卦第二十九

一、坎卦

原文

　　（卦辞）习坎。有孚，维心亨，行有尚。

　　（彖辞）习坎，重险也。水流而不盈，行险而不失其信。

　　（象辞）水洊至，习坎，君子以常德行，习教事。

　　初六。习坎，入于坎窞，凶。

　　九二。坎有险，求小得。

六三。来之坎坎，险且枕。入于坎窞。勿用。

六四。樽酒簋贰用缶，纳约自牖，终无咎。

九五。坎不盈，祗既平，无咎。

上六。系用徽纆，寘于丛棘，三岁不得，凶。

解意试译

（主题）坎下坎上，其象为陷，主题是君子以常德行，习教示。

（卦义）重险累陷，行险信实，虽险亦通，行必有方。

（卦象）上下皆水，阳陷阴中，中实修心，以常德行。

初六（以阴居阳）。坎中有陷，失道而凶。

九二（以阳居阴）。坎中有险，但求小利。

六三（以阴居阳）。来往皆险，进退维谷，无计可施。

六四（以阴居阴）。坎中自嗨，两壶老酒，凭窗自酌，安神定心。

九五（以阳居阳）。坎险将过，安然无恙。

上六（以阴居阴）。身陷囹圄，囚禁三年，生死未卜。

二、困卦

困卦第四十七

原文

（卦辞）困。亨，贞，大人吉，无咎。有言不信。

（彖辞）困，刚掩也。险以悦，困而不失其所亨，其唯君子乎！

（象辞）泽无水，困，君子以致命遂志。

初六。臀困于株木。入于幽谷，三岁不觌。

九二。困于酒食，朱绂方来。利用享祀。征凶，无咎。

六三。困于石，据于蒺藜。入于其宫，不见其妻，凶。

九四。来徐徐，困于金车，吝，有终。

九五。劓刖，困于赤绂。乃徐有说，利用祭祀。

上六。困于葛藟，于臲卼。曰动悔，有悔，征吉。

解意试译

（主题）坎下兑上，其象为困，主题是君子以致命遂志。

（卦义）艰难困苦，坚守正道，大人天佑，寡言慎行。

（卦象）水在泽下，居险以悦，困极终吉，致命遂志。

初六（以阴居阳）。身困幽谷，时遭厄运，不见天日，三年无望。
九二（以阳居阴）。困苦以艰，厚德以载，祭祖以佑，守中以待。
六三（以阴居阳）。前后受阻，进退维谷，返家不遇，凶险在前。
九四（以阳居阴）。行困车马，身无分文，穷困潦倒，将有善终。
九五（以阳居阳）。受尽苦难，面目全非，运势有转，祭祀以祷。
上六（以阴居阴）。困厄缠绕，危机丛丛，冒险出征，前行有吉。

小　结

习坎卦（29）和泽水困（47）两卦，堪称一衣带水，以水为体用，正所谓"知者乐水"，故两卦皆云知者。

坎卦上下皆水，其象为水，坎险且陷，虽险亦通。当此卦，君子应以知者之心，顺应并掌握水的规律，避险修德，反复练习，设险自守，循道变通，方可安全行达。

困卦水下泽上，其象为困，但下险上悦，居险以悦，说明只要坚守正道，自有大人天佑。当此卦，君子当以知者之心，谨慎观察并乐观应对艰难困厄的内外环境，把握时机，以智脱困，随时做好杀身成仁致命遂志的准备，同时不断修德以磨砺身心，做好时来运转担当大任的准备。

第五节　讨论：知者的智慧

本章尝试将《论语》第15篇"卫灵公"、《道德经》第33章"知人者智"、以及《周易》第29坎卦和第47困卦，置于统一的知者主题之下，引导学生进行较为深入的学习和领悟。

从治理的角度看，这三部分的主题接近，都与知者有关。《论语》卫灵公篇洋洋洒洒42章，以"知者"为题，按内容将其分为孰为知者、知者利仁、知者尚义、知者乐行、知者谋道、知者不惑六个方面，比较全面呈现了孔子和弟子们的知者思想。在《道德经》第33章中，老子以其精练的话语，从人和我的两个视角，区分了知人、胜人、富有、长久，与自知、自胜、强行、不亡，说明反身观我所体现的是德与道层面的知者，而由自知到自胜，由自胜到强行，由强行到不亡，又体现了一个渐次升维的向上过程。《周易》的坎（29）和困（47）两卦，则凸显了"乐水"的知者与水密切相关的两个重要的品格特点：以常德行和致命遂志。

君子必为知者。

知者利仁、不惑、乐水、动、乐，对比仁者，进而从"三经"视角看，其斯之谓与？

作业与思考题

1. 记住卫灵公第十五的数字律和记忆小诗。
2. 思考和感悟孔子之"仁者"与"知者"的境界及其差异。
3. 若有余力，背诵卫灵公篇内容。
4. 小组讨论：如何理解"自胜者强"？

第十六章 论勇者

本章选读《论语》第16篇"季氏"、《道德经》第50章"出生入死"、《周易》第43卦"夬"和第49卦"革"。

《论语》季氏篇,以勇者为主题,从四个方面阐述孔子的勇者思想;《道德经》选取第50章"出生入死",表达老子的勇者思想;《周易》则选择夬卦和革卦,主题皆为勇者。

第一节 "三经"中的勇者思想

勇者,君子三道之三。

在《论语》中,孔子强调勇者之道在于"不惧"。何以不惧?本章导读的《论语》季氏篇、《道德经》第50章"出生入死"以及《周易》第43夬卦和第49革卦,从三个不同时代的视角,展现了勇者何以不惧的思想高度及其境界。

《论语》季氏篇以一篇政论文开篇,围绕季氏将伐颛臾,孔子站在君子的高度批评教育冉有和子路,表达了勇者捍卫道德正义的浩然正气、高度智慧和毋庸辩驳的思辨逻辑。然后分别从勇者之眼界、勇者之行界、勇者之境界三个方面,概括和表达了孔子与弟子们的勇者思想。在《道德经》第50章中,老子的勇者思想从向死而生视角出发,他将人生分为有寿者、无寿者、折寿者和善摄生者,强调真的勇者当是人生中只占极少数的善摄生者!《周易》的夬(43)和革(49)两卦,通过决除小人的勇者和革命者,表达了易经中的勇者思想。

第二节 导读《论语·季氏第十六》

季氏第十六是《论语》第 16 篇，主题是勇者。

本篇共 14 章。请大家通过 1454 的数字律和下面这首记忆小诗，诵读这一篇，并牢记之。

> 1 季…………（孰为勇者）
> 4 天禄益益……（勇者之眼界）
> 5 惩戒畏知思…（勇者之行界）
> 4 见齐陈妻……（勇者之境界）

依此顺序，我们按主题划分为四节，依次导读如下。

一、孰为勇者？　1（季）

原文

(16.1) 季氏将伐颛臾。冉有、季路见于孔子曰："季氏将有事于颛臾。"孔子曰："求！无乃尔是过与？夫颛臾，昔者先王以为东蒙主，且在邦域之中矣，是社稷之臣也。何以伐为？"冉有曰："夫子欲之，吾二臣者，皆不欲也。"孔子曰："求！周任有言曰：'陈力就列，不能者止。'危而不持，颠而不扶，则将焉用彼相矣？且尔言过矣，虎兕出于柙，龟玉毁于椟中，是谁之过与？"冉有曰："今夫颛臾，固而近于费，今不取，后世必为子孙忧。"孔子曰："求！君子疾夫舍曰欲之而必为之辞。丘也闻有国有家者，不患寡而患不均，不患贫而患不安。① 盖均无贫，和无寡，安无倾。夫如是，故远人不服，则修文德以来之。既来之，则安之。今由与求也，相夫子，远人不服，而不能来也。邦分崩离析，而不能守也。而谋动干戈于邦内。吾恐季孙之忧，不在颛臾，而在萧墙之内也。"

---

① 这两句应为"不患贫而患不均，不患寡而患不安。"下文"均无贫"当承上句；"和无寡"当承下句。参见钱穆：《论语新解》，钱穆先生著作新校本，313 页，北京，九州出版社，2018。

| 专栏 16-1 | 不患寡而患不均 |

2016年1月18日，习近平总书记在省部级主要领导干部学习贯彻党的十八届五中全会精神专题研讨班上发表重要讲话，其中引用《论语》16.1章孔子语。他说：

"共享理念实质就是坚持以人民为中心的发展思想，体现的是逐步实现共同富裕的要求。共同富裕，是马克思主义的一个基本目标，也是自古以来我国人民的一个基本理想。孔子说：'**不患寡而患不均，不患贫而患不安。**'"

来源：人民网

解意试译

这一章与《论语》中其他章节在体例、形式、风格和内容上都迥异，是一篇完整的政论文。钱穆评价此章"独繁而曲，亦不类"。但因没有确凿证据说明其出处，仍作为一章导读和学习。

鲁国的执政者季氏将要兴兵攻打颛臾这一附属小国。当时冉有和子路正担任季氏的属臣。他们为此来见孔子。说："季氏要攻打颛臾了。"孔子说："冉求呀，这件事难道不该责怪你吗？颛臾是个附属国，当年先王分封它的时候，让它主持东蒙山的祭祀，而且它就在我们鲁国的境内，本来就是国家的臣属，为什么要去征伐它？"

冉有说："是季氏要做的，我和子路都不想这么做。"

孔子说："冉求呀，古之良史周任说过一句话：'要量你的能力就你的职位，若力不胜任就该辞去！'盲人遇到危险你不去帮忙扶持，还用你这领路相做什么？再说了，你刚才的话也不对。老虎、犀牛从笼子中跑出来了，宝石龟玉在柜子里毁坏了，那该是谁的过失呢？"

冉有说："如今那颛臾，城防坚固，而且就紧挨着季氏的封地费邑，现在不攻下来，将来一定会给季氏子孙留下祸患。"

孔子说："冉求呀，君子最厌恶的是你这种明明自己想要做却偏偏找借口的毛病！以老师我的见识，一个国一个家，不担心贫穷而担心不公平，不担心人口少而担心不安定。有了公平就无所谓贫穷，团结和睦就不怕人口少，安定了就不会倾覆。正因这样，如有远方的人不归服，只修自己的文德礼乐就能招致他们来，来了以后，就能使他们安顿下来。如今你们两人辅佐季氏，远方的人不归服，你们无法招致他们来；国家分崩离析，你们不能好好治理保全，反而谋划在国内大动干戈。我担心啊，季氏真正的祸患恐怕不在颛臾，而在君王之侧吧。"

二、勇者之眼界　4（天禄益益）

原文

(16.2)孔子曰："天下有道，则礼乐征伐自天子出；天下无道，则礼乐征伐自诸侯出。自诸侯出，盖十世希不失矣；自大夫出，五世希不失矣；陪臣执国命，三世希不失矣。天下有道，则政不在大夫。天下有道，则庶人不议。"

(16.3)孔子曰："禄之去公室，五世矣，政逮于大夫，四世矣，故夫三桓之子孙微矣。"

(16.4)孔子曰："益者三友，损者三友。友直，友谅，友多闻，益矣。友便辟，友善柔，友便佞，损矣。"

专栏 16-2　　　　益者三友

2017年12月1日，习近平总书记在中国共产党与世界政党高层对话会开幕式上发表讲话，引用《论语》16.4章孔子语。他说：

"2000多年前，中国古代思想家孔子就说，**益者三友，友直、友谅、友多闻**。中国共产党愿广交天下朋友。长期以来，中国共产党同世界上160多个国家和地区的400多个政党和政治组织保持着经常性联系，'朋友圈'不断扩大。"

来源：新华社

(16.5)孔子曰："益者三乐，损者三乐。乐节礼乐，乐道人之善，乐多贤友，益矣。乐骄乐，乐佚游，乐宴乐，损矣。"

解意试译

这四章与前此章节形式不同，皆为"孔子曰"。或疑为《论语》编修过程中由后人添加。就内容看，这四章强调作为君子的勇者，其眼界当注重审时、度势、仁义和德性四个方面。

其一，审时看天下。

孔子说："天下有道时，礼乐、征伐等重大事项，皆由天子来决定；天下无道时，礼乐、征伐等重大事项，皆由诸侯来决定；由诸侯来决定的，通常传不过十代；由大夫来决定的，通常传不过五代；如果由大夫的家臣掌握政权，通常传不过三代。天下有道，政权不掌握在大夫手里。天下有道，老百姓不议论朝政。"

其二，**度势看政权**。

孔子说："在鲁国，禄这一象征政权的权力早已不在国君手中了，已历五代；政权旁落到大夫手中，也历四代了。所以当年桓公的三房子孙即仲孙（后称为孟孙）、叔孙、季孙，已大大衰微了！"

其三，**仁义看三友**。

孔子说："有益（于仁义）的有三友，有损（于仁义）的亦有三友。朋友正直，朋友诚信，朋友见闻广博，则有益（于仁义）；朋友谄媚逢迎，朋友恭维奉承，朋友花言巧语，则有损（于仁义）。"

其四，**德性看三乐**。

孔子说："有益（于德性）的有三乐，有损（于德性）的亦有三乐。以得礼乐之节、不失中和为乐，以称道人善、成人之美为乐，以多交贤友为乐，则有益（于德性）；以恣骄放纵为乐，以游荡无度为乐，以饮食宴乐为乐，则有损（于德性）。"

三、勇者之行界　5（愆戒畏知思）

原文

(16.6)孔子曰："侍于君子有三愆：言未及之而言，谓之躁；言及之而不言，谓之隐；未见颜色而言，谓之瞽。"

(16.7)孔子曰："君子有三戒：少之时，血气未定，戒之在色；及其壮也，血气方刚，戒之在斗；及其老也，血气既衰，戒之在得。"

(16.8)孔子曰："君子有三畏：畏天命，畏大人，畏圣人之言；小人不知天命而不畏也，狎大人，侮圣人之言。"

(16.9)孔子曰："生而知之者上也；学而知之者次也；困而学之，又其次也；困而不学，民斯为下矣。"

(16.10)孔子曰："君子有九思：视思明，听思聪，色思温，貌思恭，言思忠，事思敬，疑思问，忿思难，见得思义。"

解意试译

这五章以孔子的言论，强调作为君子的勇者，当有五个方面的行为边界，是为"勇者之行界"。

其一，说话三愆。

孔子说："陪侍在君子身边，说话当留意三愆（过失）：没轮到你说你抢着说，那叫急躁；该你说你不说，那叫隐匿；不看对方脸色贸然开口，那叫不长眼色。"

其二，欲望三戒。

孔子说："君子要有三戒：年轻时，血气未定，当戒女色；壮年时，血气方刚，当戒好斗；年老了，血气已衰，当戒贪心。"

其二，心存三畏。

孔子说："君子要有三畏：敬畏天命，敬畏伟人，敬畏圣人之言。小人不懂天命而不加敬畏，轻慢伟人，轻侮圣人之言。"

其四，学分四等。

孔子强调：人之为学可分四等，"生来就知道的，是上等人；学了才知道的是次一等人；遇到困难后去学习的是又次一等人；遇到困难还不学习的人，那就是不学为下的草民了。"

其五，人生九思。

孔子说："君子（人生）当有九思：看的时候，要思考看清楚了什么；听的时候，要思考听清楚了什么；对自己的脸色，要思考是否温和；对自己的容貌，要思考是否恭敬；对自己的言论，要思考是否忠实；做事的时候，要思考是否敬业；有疑惑的时候，要思考怎么提问和请教；发怒的时候，要思考会带来什么后果；有利可得的时候，要思考该不该得。"

四、勇者之境界　4（见齐陈妻）

原文

(16.11)孔子曰："见善如不及，见不善如探汤。吾见其人矣，吾闻其语矣。隐居以求其志，行义以达其道。吾闻其语矣，未见其人也。"

(16.12)齐景公有马千驷，死之日，民无德而称焉；伯夷叔齐饿于首阳之下，民到于今称之。其斯之谓与？

(16.13)陈亢问于伯鱼曰："子亦有异闻乎？"对曰："未也。尝独立，鲤趋而过庭。曰：'学诗乎？'对曰：'未也。''不学诗，无以言。'鲤退而学诗。他日，又独立，鲤趋而过庭。曰：'学礼乎？'对曰：'未也。''不学礼，无以立。'鲤退而学礼。闻斯二者。"陈亢退而喜曰："问一得三：闻诗，闻礼，又闻君子之远其子也！"

(16.14)邦君之**妻**，君称之曰夫人，夫人自称曰小童；邦人称之曰君夫人，称诸异邦曰寡小君；异邦人称之亦曰君夫人。

解意试译

这四章记载略有出入。谨从内容导读学习，表达了作为君子对待名利、道义、圣人及称呼礼仪的四种境界。

其一，见善如不及。

孔子说："见到其善，生怕赶不上赶紧去学；见到其不善，像指探沸汤一般赶快避开。这样的人我见过，这样的话我也听说过。避世隐居以保全志向，推行仁义以实现大道，我听过这样的话，但没看见这样的人呀！"

其二，行义达其道。

齐景公拥有巨大财富，连马都有四千匹，但死的时候没留下什么德行让人来称颂。伯夷叔齐穷困潦倒，最后饿死在首阳山下。但百姓至今一直在称颂他们。这不就是"行义以达其道"的真实故事吗？

其三，闻言择其善。

陈亢见到孔子的儿子伯鱼，问："最近先生可有什么特别的教导吗？"伯鱼说："没有呀！有一次，我见父亲一人站在那里，我快步从庭前走过。父亲问：'学过《诗经》了吗？'我回答：'没有。'父亲说：'不学《诗经》，就不懂如何说话。'我下来就去学《诗经》。又有一天，他一个人站在那里，我快步从庭前走过。他问我：'学过《礼记》了吗？'我回答：'没有。'他说：'不学《礼记》，就不懂如何立身。'我下来就去学《礼记》。就听到过这么两件事。"陈亢回去很高兴地说："我问了一件事，知道了三件事：知道了要学《诗经》，要学《礼记》，知道了君子不偏爱自己的孩子。"

其四，称呼见其礼。

国君之妻，国君称她为"夫人"，她对国君自称"小童"。国人称她为"君夫人"，对他国人则称呼她为"寡小君"。他国人称呼她也要称"君夫人"。

小 结

季氏篇幅不长，内容不多且主题分散，体例及风格也历来有争议。但作为《论语》中论述君子的重要一篇，值得深入研读。本着主题一致的理念，我将这一篇置于君子三道之勇者的境界上来导读和学习，希望从中找到关于君子之勇者思想的脉络来。

本篇以一篇政论文开始，围绕季氏将伐颛臾，孔子站在君子的高度批评教育冉有和子路，痛斥季氏这一恶劣图谋并鞭辟入里，表达了勇者捍卫道德正义的浩然正气、高度智慧和毋庸辩驳的思辨逻辑。钱穆评价："伐颛臾事不书于《春秋》，殆因孔子言而中止。"这或可见正义的历史作用吧。

除第一章外，将本篇其余13章按内容分为三部分，分别冠以勇者之眼界、勇者之行界、勇者之境界导读分析如次：

第一，勇者之眼界在于：审时看天下，度势看政权，仁义看三友，德性看三乐；

第二，勇者之行界在于：说话三愆，欲望三戒，心存三畏，学分四等，人生九思；

第三，勇者之境界在于：见善如不及、行义达其道、闻言择其善、称呼见其礼。

总之，请大家务必记住：勇者一四五四！

第三节　导读《道德经·出生入死》

"出生入死"是《道德经》第50章，主题是勇者。

原文

出生入死。

生之徒，十有三；死之徒，十有三。

人之生，动之死地，亦十有三。

夫何故？以其生生之厚。

盖闻善摄生者，陆行不遇兕虎，入军不被甲兵；

兕无所投其角，虎无所用其爪，兵无所容其刃。

夫何故？以其无死地。

解意试译

这一章的标题是出生入死，主题是善摄生的勇者。

老子说：

人一出生，即已走上向死的归途。

有的人，能一路生死相依，由生向死，以向死揽于长生，这类人，约占十分之三，堪称"生之徒"的有寿者；

有的人，却半路不幸夭亡，生负于死，不揽生早早向死，

这类人，约占十分之三，堪称"死之徒"的无寿者；

有的人，得天厚本可久生，却自作孽，伤其生动之于死地，

这类人，约占十分之三，称之为"生生之厚"的折寿者；

有的人，陆行不遇犀牛老虎，冲入敌阵不带盔甲和兵器也安然无恙，

这类人，约占十分之一，是灾祸无孔、刀枪不入的"善摄生者"。

真的勇者——

当是这类无死地（没有为死留下任何机会）的善摄生者！

小 结

《道德经》第50章的主题是勇者。老子从向死而生的独特视角出发，将人生分为四类：有三成的人是平安向死的有寿者，有三成的人是半路早亡的无寿者，有三成的人是动之于死地的折寿者，只有一成的人是堪称"善摄生者"的长寿者。这类善摄生者，他们的人生精彩纷呈，以致"陆行不遇兕虎，入军不被甲兵"，经历了种种奇幻与惊险，却总也是如"兕无所投其角，虎无所用其爪，兵无所容其刃"一般安然无恙，是因为他们的人生中没有给死留下任何机会，所谓"以其无死地"是也！

真的勇者，当是这等只占极少数的善摄生者！

第四节　导读《周易·夬》《周易·革》

"夬"与"革"是《周易》的第43卦和第49卦。夬卦是乾下兑上，泽上于天，其象为决，主题是决除小人的勇者；革卦是离下兑上，泽中有火，其象为革，主题是革命者。

夬卦第四十三

一、夬卦

原文

（卦辞）夬。扬于王庭。孚号有厉。告自邑，不利即戎。利有攸往。

（象辞）泽上于天，夬。君子以施禄及下，居德则忌。

初九。壮于前趾，往不胜为咎。

九二。惕号，莫夜有戎，勿恤。

九三。壮于頄，有凶。君子夬夬，独行遇雨，若濡有愠，无咎。

九四。臀无肤，其行趑趄，牵羊悔亡，闻言不信。

九五。苋陆夬夬，中行无咎。

上六。无号，终有凶。

解意试译

（主题）乾下兑上，其象为决，主题是决除小人的勇者。

（卦义）一阴居五阳之上，君子决心除掉得势的小人，但时机未到，当团结一心，避免暴力冲突，以和化天下。

（卦象）泽上于天，君子当以利禄恩泽下属与民众，施德天下。

初九（以阳居阳）。武装革命，不胜而往，失策之行。

九二（以阳居阴）。暗中备战，日夜值守，得道多助。

九三（以阳居阳）。怒形于色有凶。君子内心决绝，但行若无事，且与小人推杯换盏，劝其从善如流。

九四（以阳居阴）。不中不正，居则不安，行则不进。团结共进退，诚信得天下。

九五（以阳居阳）。表面和睦，内心决绝，秉持中道，谨慎行事。

上六（以阴居阴）。阴柔小人，穷极一时，党类已尽，无所号呼，终将有凶，立见消亡。

二、革卦

革卦第四十九

原文

（卦辞）革。己日乃孚，元亨利贞，悔亡。

（象辞）泽中有火，革。君子以治历明时。

初九。巩用黄牛之革。

六二。己日乃革之。征吉，无咎。

九三。征凶，贞厉。革言三就，有孚。

九四。悔亡。有孚改命。吉。

九五。大人虎变，未占有孚。

上六。君子豹变，小人革面。征凶，居贞吉。

解意试译

（主题）离下兑上，其象为革，主题是革命者。
（卦义）二女同居，水火相息，时机成熟，必生变革。
（卦象）泽中有火，君子要把握时机，建立新制度，开创新时代。
初九（以阳居阳）。中顺之道，坚守正位，看似牛皮，革坚且固。
六二（以阴居阴）。时机成熟，当断即断，推进变革，吉祥无咎。
九三（以阳居阳）。勿躁有险，变革方案，深思善谋，取信于民。
九四（以阳居阴）。无怨无悔，信达天下，改天换地，顺天应人。
九五（以阳居阳）。革命领袖，如日中天，威信照耀，五湖四海。
上六（以阴居阴）。君子主政，拥趸纷纷，不宜征战，建设为主。

小 结

泽天夬（43）和泽火革（49）两卦，上卦都是兑，上互卦都为乾，主题皆为勇者，一是决除小人的勇者，一为革命者。

夬卦五阳居一阴之下，君子将合力除掉得势的小人，但时机未到，为避免不必要的损失和暴力冲突，在经历了若干失败后，一方面暗中备战，日夜值守，做好充分的准备；另一方面广施利禄恩德，团结一切可以团结的力量，并尽力接近小人劝其改恶从善，同时等待时机，下定决心，采取各种办法孤立小人，铲除其党羽，最终以智慧和坚忍不拔的努力去除小人，和平实现善治。

革卦泽中有火，水火相息，君子把握时机，待时机成熟果断发动革命，建立新制度，开创新时代。革命初期当深思善谋，取信于民，顺天应人；革命领袖如日中天，以其威信照耀五湖四海；仁人君子得以主政治国，新政权产生巨大的影响力，连小人也改头换面，重新做人；新政之初不宜继续征战，要以经济建设为中心。

第五节　讨论：勇者的智慧

本章尝试将《论语》第16篇"季氏"、《道德经》第50章"出生入死"、以及《周易》第43夬卦和第49革卦，置于统一的勇者主题之下，引导学生进行较为深入的学习和领悟。

从治理的角度看，这三部分的主题接近，都与勇者有关。《论语》季氏篇短小精悍，区区14章，以"勇者"为题，按内容将其分为孰为勇者、勇者之眼界、勇者之行界、勇者之境界四个方面，尽管行文风格和体例与此前有所不同，但还是能清晰地呈现孔子和弟子们的勇者思想。在《道德经》第50章中，老子从向死而生的独特视角出发，将人生分为有寿者、无寿者、折寿者和善摄生者。真的勇者，当是其中只占一成的善摄生者！《周易》的夬（43）和革（49）两卦，则凸显了两类勇者：一是决除小人的勇者，一是革命者。

君子当为勇者。

作业与思考题

1. 记住季氏第十六的数字律和记忆小诗。
2. 思考和体会"季氏将伐颛臾"中孔子所表达的勇者情怀。
3. 若有余力，背诵季氏篇内容。
4. 小组讨论：如何理解"善摄生者"？

第十七章 论心性

本章选读《论语》第 17 篇"阳货"、《道德经》第 49 章"圣人无常心"、《周易》第 5 卦"需"和第 58 卦"兑"。

《论语》阳货篇,以心性为主题,从四个方面阐述孔子的心性思想;《道德经》选取第 49 章"圣人无常心",表达老子的心性思想;《周易》则选择需卦和兑卦,主题皆为心性。

第一节 "三经"中的心性思想

心性乃修身、正心、诚意之本。

《论语》自始至终贯穿了君子修身的思想,心性为其本,故《论语》堪称君子的心性学。在《论语》中,阳货篇较为集中讨论心性,其 26 章内容按主题可区分为四:一曰心性在学,二曰陶冶在为,三曰良知在守,四曰教养在人。从这四部分及其内容来看,孔子所谓心性,更接近于良知。孔子强调人皆有心性,但人与人的心性不同,所谓"性近习远""上智下愚"指的都是人与人之间这种心性差异。除了天性差异,后天的习得可将心性区分出善与不善,孔子用"六言六弊",说明同样的心性,好学可以为仁,不好学则至愚;好学可以为知,不好学则至荡等。本篇列举了大量心性不善的案例,如执政的阳货、反叛的公山弗扰和佛肸,来访的孺悲,以及孔门反对"三年之丧"的宰我等,说明陶冶在为,良知在守,教养在人。

《道德经》中有很多论及心性的思想,本章选择第 49 章,在这篇极为简短的文字中，老子强调圣人无心，其心在天下。正因为心在天下，你给他善与不善，他都给你善；你给他信与不信，他都给你信，则天下的善与信便增加了许多。正因为有了这样无私无欲、无心无主的圣人，天下才充满了善良与诚信，从而归于善治。

《周易》中也有很多涉及心性的卦象及义理，值得深入探究。本章选择需卦和兑卦，这两卦从两个不同角度表达了周易的心性观：需卦以等待为象，强调养心性以应天，君子以饮食宴乐；兑卦以喜悦为象，强调悦心性以和人，君子以朋友讲习。

总之，在"三经"治理思想中，蕴含丰富的心性思想。这里只是择其要点，引导大家从以下篇幅中体会和领悟古圣先贤的心性观点。

第二节　导读《论语·阳货第十七》

阳货第十七是《论语》第17篇，主题是心性。

本篇共26章。①请大家通过8765的数字律和下面这首记忆小诗，诵读这一篇，并牢记之。

```
8  阳性上武公仁佛由……（心性在学）
7  小子礼色乡道鄙………（陶冶在为）
6  古巧恶无欲丧…………（良知在守）
5  饱勇恶女年……………（教养在人）
```

依此顺序，我们按主题划分为四节，依次导读如下。

一、心性在学　8（阳性上武公仁佛由）

原文

（17.1）阳货欲见孔子，孔子不见。归孔子豚。孔子时其亡也。而往拜之。遇诸途。谓孔子曰："来，予与尔言！"曰："怀其宝而迷其邦，可谓仁乎？"曰：

---

① 刘宝楠《论语正义》分为24章。本篇以杨伯峻《论语译注》为据，分为26章。

"不可。""好从事而亟失时，可谓知乎？"曰："不可。""日月逝矣，岁不我与！"孔子曰："诺。吾将仕矣。"

(17.2)子曰："性相近也，习相远也。"

(17.3)子曰："唯上知与下愚不移。"

(17.4)子之武城，闻弦歌之声。夫子莞尔而笑，曰："割鸡焉用牛刀？"子游对曰："昔者偃也闻诸夫子曰：'君子学道则爱人，小人学道则易使也。'"子曰："二三子，偃之言是也，前言戏之耳。"

(17.5)公山弗扰以费畔。召，子欲往。子路不说，曰："末之也已，何必公山氏之之也？"子曰："夫召我者而岂徒哉？如有用我者，吾其为东周乎？"

(17.6)子张问仁于孔子。孔子曰："能行五者于天下，为仁矣。"请问之。曰："恭，宽，信，敏，惠。恭则不侮，宽则得众，信则人任焉，敏则有功，惠则足以使人。"

(17.7)佛肸召，子欲往。子路曰："昔者由也闻诸夫子曰：'亲于其身为不善者，君子不入也。'佛肸以中牟畔，子之往也，如之何？"子曰："然。有是言也。不曰坚乎，磨而不磷；不曰白乎，涅而不缁。吾岂匏瓜也哉？焉能系而不食？"

(17.8)子曰："由也！汝闻六言六蔽矣乎？"对曰："未也。""居！吾语女：好仁不好学，其蔽也愚；好知不好学，其蔽也荡；好信不好学，其蔽也贼；好直不好学，其蔽也绞；好勇不好学，其蔽也乱；好刚不好学，其蔽也狂。"

解意试译

这八章看似主题分散的几个故事，实则从不同视角论及心性。首先通过阳货与孔子不期而遇的故事，说明孔子虽心性不从于阳货，却又有志于从政的矛盾心态；然后以孔子之言，强调性近习远、上智下愚的两则心性规律；随后通过孔子访武城并与子游的一段关于礼乐教育的对话，以皆可学道说明心性在学的道理；通过子路劝阻孔子不追随反叛的两则故事，说明君子从政当走正道；通过孔子对子张和子路的两段对话，一方面说明君子应行恭宽信敏惠的五仁之道，另一方面通过六言六蔽，特别强调好学不好学，区分了心性的善与不善。

其一，心性不从。

季氏的家臣阳货掌握了鲁国的政权，他想见孔子（请他出来从政），孔子不想见（这个心性不善的窃国者）。阳货就赠送了一头煮熟的乳猪给孔子。孔子等他不在家的时候，去回拜答谢了他。在回来的路上遇到了阳货。阳货对孔子说："你过来，我有话对你说。"他问："心怀治国之道却听任国家一片迷乱，这能叫仁吗？"孔子说："不能。"阳货又问："心里总想从政却屡失从政的机会，这能叫知吗？"孔子说："不能。"阳货叹息道："岁月易逝，不等你我呀！"孔子心性不从，却未置可否地说："我是要出来从政的。"

其二，**性近习远**。

孔子说："人的天性相差不多，但人的习性却因习惯与环境的影响而相差很大。"

其三，**上智下愚**。

孔子说：人皆可改变，"只有生而知之的上智者，与困而不学的下愚者，是不可改变的。"

其四，**皆可学道**。

孔子来到子游任官的武城，在街头听到弦歌之声。他微微一笑："杀鸡怎么用得上牛刀呢？（治理这么一个小城，何必用礼乐教化？）"子游回答说："从前在您身边，我听您教诲我们：君子学了礼乐之道就会爱人，普通人学了礼乐之道就更易听从教化，好治理啊。"孔子回头对学生们说："孩子们，言偃（子游）的话说得很对，我刚才是在开玩笑哦！"

其五，**不去末流**。

公山弗扰以费邑为据点反叛季氏，来召孔子。孔子想应召前往。子路很不高兴，说："再没地方去，也不能去公山氏那个末流之地呀！"孔子说："他叫我去，怎么会不重用我呢？如果他真的用我，我或能在东方兴起一个东周来呀！"

其六，**君行五仁**。

子张问仁道。孔子说："能行五者于天下，便是仁道。"子张问何为五仁。孔子说："恭宽信敏惠，即五仁。一曰恭敬，便不招致侮辱；二曰宽容，便能够容众；三曰诚信，便能得人信任；四曰勤敏，便会有功劳；五曰慈惠，就能使唤人。"

其七，**不善不入**。

佛肸叛变了晋国，来召孔子。孔子考虑前往。子路说："先生曾教导我们：对于那些直接参与干坏事的人，君子不该去凑近乎。佛肸占据中牟邑而叛变了晋国，您去他那里，（于心性上）怎么说得过去呢？"孔子说："没错，我是说过这样的话。不是还有坚硬的内核吗？磨是磨不掉的；不是还有洁白的品质吗？染是染不黑的。我难道是个葫芦吗？怎么能够一直这么挂在高处而无人问津？！"

其八，**心性在学**。

孔子对子路说："仲由呀！你听说过六言六蔽吗？"子路说："没有呀！"孔子说："坐下，我来告诉你。好仁不好学，其蔽在愚昧无知；好知不好学，其蔽在好说空话；好信不好学，其蔽在易成贼寇；好直不好学，其蔽在钻牛角尖；好勇不好学，其蔽在走上祸乱；好刚不好学，其蔽在狂妄自大。这说明心性的善与不善，取决于好学还是不好学啊！"

二、陶冶在为　7（小子礼色乡道鄙）

原文

(17.9)子曰："小子！何莫学夫诗？诗，可以兴，可以观，可以群，可以怨。迩之事父，远之事君，多识于鸟兽草木之名。"

(17.10)子谓伯鱼曰："女为《周南》《召南》矣乎？人而不为《周南》《召南》，其犹正墙面而立也与？"

(17.11)子曰："礼云礼云，玉帛云乎哉？乐云乐云，钟鼓云乎哉？"

(17.12)子曰："色厉而内荏，譬诸小人，其犹穿窬之盗也与？"

(17.13)子曰："乡愿，德之贼也。"

(17.14)子曰："道听而途说，德之弃也。"

(17.15)子曰："鄙夫，可与事君也与哉？其未得之也，患得之；既得之，患失之。苟患失之，无所不至矣。"

解意试译

这七章的主题是心性的陶冶。首先从诗之兴观群怨、二南之心性教育、礼乐皆有心性这样三个正面视角，强调心性的陶冶在人、在心、在性，也在于天的深刻道理；其次，从四个缺德的反面视角，强调色厉内荏之心性狭窄、乡愿德贼之心性欠缺、道听途说之心性丢失、患得患失之心性无底线，深入探讨了心性之陶冶归根到底在于行为，故名"陶冶在为"。

其一，兴观群怨。

孔子说："孩子们，为什么不学《诗经》呢？学诗，能培养兴观群怨的四种能力，一曰兴，即联想抒情的能力；二曰观，即观察描写的能力；三曰群，即合群共创的能力；四曰怨，即讽谏怨刺的能力。有了这四种能力，近可以侍奉父母（之心性），远可以追随君王（之心性），还可（从心性上）更贴近鸟兽草木啊！"

其二，二南礼乐。

孔子对儿子伯鱼说："你学了《周南》《召南》的礼乐了吗？一个人若不学二南礼乐，那不就像面墙而立一般缺乏心性吗？！"

其三，礼乐有心性。

孔子说："尽说礼呀礼呀，难道说的是玉帛这些礼乐用品吗？尽说乐呀乐呀，难道是说钟鼓这些乐器吗？礼乐皆有其心性啊！"

其四，色厉内荏。

孔子说："外貌威严内心怯弱的人，大概就像小人中那类穿墙挖洞的小偷一样（心性狭窄）吧？"

其五，乡愿德贼。

孔子说："谁都不得罪的老好人，其实是（心性缺德的）道德偷窃者。"

其六，道听途说。

孔子说："道听途说那种随便的人，其实是把道德丢弃在路上的（心性失德之）人。"

其七，患得患失。

孔子说："一个没有道德底线的小人，是不能与他共事的。当他啥也没有得到的时候，只怕得不到；一旦得到了，就只怕失去。一旦他担心失去，那就什么事都做得出来，毫无（心性之）底线可言。"

三、良知在守　6（古巧恶无欲丧）

【原文】

(17.16)子曰："古者民有三疾，今也或是之亡也。古之狂也肆，今之狂也荡；古之矜也廉，今之矜也忿戾；古之愚也直，今之愚也诈而已矣。"

(17.17)子曰："巧言令色，鲜矣仁。"

(17.18)子曰："恶紫之夺朱也，恶郑声之乱雅乐也，恶利口之覆邦家者。"

(17.19)子曰："予欲无言。"子贡曰："子如不言，则小子何述焉？"子曰："天何言哉？四时行焉，百物生焉，天何言哉？"

(17.20)孺悲欲见孔子，孔子辞以疾。将命者出户。取瑟而歌，使之闻之。

(17.21)宰我问："三年之丧，期已久矣。君子三年不为礼，礼必坏；三年不为乐，乐必崩。旧谷既没，新谷既升，钻燧改火，期可已矣。"子曰："食夫稻，衣夫锦，于女安乎？"曰："安。""女安则为之！夫君子之居丧，食旨不甘，闻乐不乐，居处不安，故不为也。今女安，则为之！"宰我出。子曰："予之不仁也！子生三年，然后免于父母之怀。夫三年之丧，天下之通丧也。予也有三年之爱于其父母乎？"

{解意试译}

这六章的主题放在心性的守正上。首先,举出古人也有的狂矜愚三个毛病,比较心性差别,说明今不如昔的心性现状。其次,以孔子之言"鲜矣仁"和所谓"三恶",说明时人心性上的缺点。再次,以孔子强调"予欲无言",说明心性在己;以孔子不见孺悲的故事,说明不见亦为教的警示作用;以宰我与孔子围绕"三年之丧"的论争,说明守孝在礼、守良知在心的道理。

其一,**心性三疾**。

孔子说:"古时候人有三种毛病,现在的人呀,连这三种毛病都变得不成样子了!一种毛病叫狂,古人狂起来便肆意直行,现在的人也狂,但狂起来就荡无所据,甚至啥都敢吹敢干;一种毛病叫傲,古人傲起来便清廉自高,现在的人也傲,但傲起来就忿戾好斗,甚至蛮横无理;一种毛病叫愚,古人愚起来便简单直率,现在的人也愚,但愚起来往往装傻充愣,甚至虚伪奸诈。"

其二,**心性鲜仁**。

此章与学而第一(1.3)重复。放在此处,强调"用花言巧语和脸色讨好别人,因其(在心性上)缺德少仁"。

其三,**厌恶有三**。

孔子说:"我有三件(于心性上深感)厌恶之事,厌恶紫色抢占了朱色之正位,厌恶郑声扰乱了雅乐之正乐,厌恶靠伶牙俐齿倾覆了国家之正道。"

其四,**天何言哉**。

孔子说:"我不想再说话了!"子贡说:"先生您如果不再说话,那我们这些弟子们还传述什么呢?"孔子说:"天在说话吗?不是照样四季运行,万物生长吗?天在说话吗?!"

其五,**不见之教**。

一个叫孺悲的心术不正之徒想见孔子。孔子讨厌他的心术不正,借口身体不适不肯见他。但传话的弟子尚未出门,孔子却取出瑟来,边弹边吟唱,故意让屋外的孺悲听见。孔子以此不见之教,告诫孺悲要端正心术。

其六,**良知在守**。

弟子宰我问孔子:"(父母过世要有)三年的守丧期,这太长了。君子三年不修礼,礼就废了;三年不动乐,乐也就坏了!旧粮吃完了,新谷也就成熟了,取火的燧木也用过了一轮。所以一年守丧就够了吧!"孔子说:"父母过世刚一年,你就吃新米、穿锦绣,你能安心吗?"宰我说:"那有什么,我安心呀!"孔子说:"你要是安心,你就去那么做。(良知在于守。)君子在守丧期间,吃美食不香，听音乐不乐，正常的起居都于心不安，所以不那么做。现在你说你安心，那你就去做呗！"宰我出去以后，孔子说："宰我这小子，不仁义啊！父母生子三年，其间离不开父母的怀抱。守丧三年，可是天下通行的丧之大礼啊！宰我这孩子，难道没有得到过父母三年的怀抱之爱吗？"

四、教养在人　5（饱勇恶女年）

原文

(17.22)子曰："饱食终日，无所用心，难矣哉！不有博弈者乎？为之，犹贤乎已。"

(17.23)子路曰："君子尚勇乎？"子曰："君子义以为上，君子有勇而无义为乱，小人有勇而无义为盗。"

(17.24)子贡曰："君子亦有恶乎？"子曰："有恶：恶称人之恶者，恶居下流而讪上者，恶勇而无礼者，恶果敢而窒者。"曰："赐也亦有恶乎？""恶徼以为知者，恶不孙以为勇者，恶讦以为直者。"

(17.25)子曰："唯女子与小人为难养也，近之则不孙，远之则怨。"

(17.26)子曰："年四十而见恶焉，其终也已。"

解意试译

这五章的主题放在心性的教养上。首先是孔子对弟子们闲时下棋以益智的一段言论。其次是子路、子贡分别与孔子的两段对话，一则言及勇与义的关系，强调君子义以为上；一则言及君子之憎恶，孔子谈到对四种人的憎恶，子贡谈到对三种人的憎恶。最后是两段一直以来颇有争议的言论，一则言及"唯女子与小人为难养"，一则言及"年四十而见恶"，我从心性视角给出了不同的解读，认为这里突出强调的是教养在人。

其一，博弈犹贤。

孔子说："吃饱了饭，一天到晚无所事事，这怎么成才呢？不是可以下下棋什么的吗？下棋也是益智的吧，总比没事干好一些。"

其二，义以为上。

子路问："君子崇尚勇敢吗？"孔子说："君子更崇尚正义。君子只有勇敢而没有正义，就会乱来；小人只有勇敢而没有正义，就会成为强盗。"

其三，君子之憎恶。

子贡问："君子也有憎恶吗？"孔子说："有憎恶：憎恶那种说人坏话的人，憎恶那种在下位而诽谤上位的人，憎恶那种勇敢而不懂礼貌的人，憎恶那种果敢而不通事理的人。"

孔子接着问："端木赐也有憎恶吗？"

子贡回答说："我憎恶抄袭别人的观点而自以为知的人，憎恶不谦虚还自以为勇敢的人，憎恶揭人之短还自以为正直的人。"

其四，教养不足。

孔子说："只有家里的妾侍和仆人最难伺候，（因为教养不足）你若和他们近了，他们就不知逊让；你若和他们远了，他们就会怨恨你。"

其五，教养失时。

孔子说："年到四十，身上还有一些坏毛病，（因为教养失时）他这一辈子也就没啥希望了！"

小 结

阳货是《论语》中比较集中讨论心性的一篇，值得深入研读。这一篇共26章，按照主题分为四部分，分别名之"心性在学""陶冶在为""良知在守""教养在人"，根据我对孔子心性思想的理解，尝试做了如上导读。在此小结如下：

第一，心性在学。看似主题分散的几个故事，实则从不同视角论及心性。强调心性乃良知之本，一方面心性不同，难以与共；另一方面人皆可以学道，良好的心性可靠后天的为仁与好学以养成。

第二，陶冶在为。一方面，心性陶冶可从学诗、学二南礼乐中获得，说明心性在人在心在性亦在天；另一方面，诸如色厉内荏、乡愿德贼、道听途说、患得患失等缺德行为皆为心性缺失所致。

第三，良知在守。比较古今心性差别并说明今不如昔，以孔子之言强调时人心性上的缺点；进一步强调心性在己，说明不见亦为教，并围绕"三年之丧"之争，说明良知在守。

第四，教养在人。孔子劝弟子闲时当益智；言及勇与义之关系，强调君子义以为上；言及君子之憎恶的七种情形；言及"唯女子与小人为难养"及"年四十而见恶"，强调教养在人。

总之，请大家务必记住：心性八七六五！

第三节　导读《道德经·圣人无常心》

"圣人无常心"是《道德经》的第49章，主题是心性。

原文

圣人无常心，以百姓心为心。①

善者，吾善之；不善者，吾亦善之；德善。

信者，吾信之；不信者，吾亦信之；德信。

圣人在天下，歙歙焉，为天下浑其心。百姓皆注其耳目，圣人皆孩之。

专栏 17-1　　　　以百姓心为心

习近平总书记多次引用《道德经》第49章老子语：

2007年2月5日，时任浙江省委书记的习近平在《浙江日报》"之江新语"栏目发表《主仆关系不容颠倒》的短文，引用《道德经》本章老子语。他说：

"俗话说，'当官不为民做主，不如回家卖红薯'。古人也常讲，'**圣人无常心，以百姓之心为心**'。……各级领导干部要一切从人民的利益出发，站在人民群众的立场上立身、处世、从政，真正做到权为民所用、情为民所系、利为民所谋。"

来源：《思想政治工作研究》2014年5月

2015年6月12日，习近平总书记在纪念陈云同志诞辰110周年座谈会上发表讲话，引用《道德经》第49章老子语。他说：

"我们的事业崇高而神圣，我们的使命艰巨而光荣。今天，面对艰巨繁重的全面深化改革新形势，全党同志一定要坚持同人民在一起，坚持'**以百姓心为心**'，努力解民忧、办实事，为推动党和国家事业发展汇聚强大力量。"

来源：新华社

解意试译

这一章的标题是圣人无常心，主题是心性。

---

① 此句历来有分歧。饶尚宽译注为"圣人常无心，以百姓心为心。"本书依据王弼注。

老子说：

圣人之心在天下，故其无常心，而以天下百姓之心为心。

善者，我善待之，不善者，我亦善待之，品德就会归于善。

信者，我信之，不信者，我亦信之，品德就会归于信。

圣人在天下，无私无欲，无心无主，使天下归心于浑朴。百姓都全力以赴为生命和利益而奔波忙碌，圣人却始终以笑观孩童游戏般看着这忙碌的人间。

小 结

《道德经》第49章的主题是心性。

老子强调圣人无常心，因其心在天下。正因为心在天下，你给他善与不善，他都给你善；你给他信与不信，他都给你信，则天下的善与信便增加了许多。正因为有了这样无私无欲、无心无主的圣人，天下才充满了善良与诚信，从而归于善治。天下归于善治，天下人就都奔波忙碌着自己的事情，圣人却无为而治，以笑观孩童游戏般看着忙碌的人间！

这就是老子基于无为而治的心性思想！

第四节　导读《周易·需》《周易·兑》

"需"与"兑"是《周易》的第5卦和第58卦，需卦是乾下坎上，天上有云，其象为等待，主题是君子以饮食宴乐，陶冶心性；兑卦是兑下兑上，丽泽兑，其象为喜悦，主题是君子以朋友讲习，和悦心性。

一、需卦

需卦第五

原文

（卦辞）需。有孚。光亨，贞吉。利涉大川。

（彖辞）需，须也，险在前也。刚健而不陷，其义不困穷矣。

（象辞）云上于天，需。君子以饮食宴乐。

初九。需于郊，利用恒，无咎。

九二。需于沙，小有言，终吉。

九三。需于泥，致寇至。

六四。需于血，出自穴。

九五。需于酒食，贞吉。

上六。入于穴。有不速之客三人来，敬之终吉。

解意试译

（主题）乾下坎上，其象为等待，主题是君子以饮食宴乐，陶冶心性。

（卦义）时机未到，耐心等待；诚信光明，守正吉祥，方可出征。

（卦象）云上于天，等待时机；君子以饮食宴乐，陶冶心性。

初九（以阳居阳）。等待于郊外，安守正道，无灾无祸。

九二（以阳居阴）。等待在沙滩，略有微词，终于吉祥。

九三（以阳居阳）。等待陷泥沼，招致敌袭，敬慎不败。

六四（以阴居阴）。等待遭血灾，幸得脱险。

九五（以阳居阳）。等待共酒食，调养心性，守正吉祥。

上六（以阴居阴）。不速之客，三人来助，敬待来客，终至吉祥。

二、兑卦

兑卦第五十八

原文

（卦辞）兑。亨，利贞。

（彖辞）兑，说也。刚中而柔外，说以利贞，是以顺乎天而应乎人。

（象辞）丽泽，兑。君子以朋友讲习。

初九。和兑，吉。

九二。孚兑，吉，悔亡。

六三。来兑，凶。

九四。商兑未宁，介疾有喜。

九五。孚于剥，有厉。

上六。引兑。

解意试译

（主题）兑下兑上，其象为喜悦，主题是君子以朋友讲习，和悦心性。

（卦义）内外和悦，亨通顺利，安守正道。

（卦象）上下皆兑，互为丽泽，君子以朋友讲习，和悦心性。

初九（以阳居阳）。和悦心性，吉祥。

九二（以阳居阴）。以诚待人，以和悦人，吉祥无悔。

六三（以阴居阳）。巧言令色，鲜矣仁。

九四（以阳居阴）。抑恶扬善，沟通协调，自性难安，家国平安。

九五（以阳居阳）。沉迷酒色，小人当道，有危险。

上六（以阴居阴）。引众和悦。

小 结

水天需（5）和丽泽兑（58）两卦，从不同角度表达了《周易》的心性观。

需卦以等待为象，养心性以应天。序卦曰："需者饮食之道也。"上卦为坎为险，下卦为乾为天，虽前途光明，但当下条件欠缺，时机未到，缘分未到，要耐心等待。君子在等待期间当修养心性，饮食以养身，宴乐以养心，饮食宴乐必有酒，有酒才能陶冶心性，才能祭天地、敬祖先、养良知，才能顺应天性。

兑卦以喜悦为象，悦心性以和人。序卦曰："兑者悦也。"兑卦上下皆兑，互为丽泽，内外和悦，亨通顺利，安守正道。君子一方面要和悦于己，自性喜悦；另一方面要以诚待人，以和悦人。同时要发挥抑恶扬善的作用，以喜悦之心性化解各种冲突和纷争，和悦于人，和悦于社会，和悦于天下。

第五节 讨论：心性的智慧

本章尝试将《论语》第17篇"阳货"、《道德经》第49章"圣人无常心"、以及《周易》第5需卦和第58兑卦，置于统一的心性主题之下，引导学生进行较为深入的学习和领悟。

心性，连着心，连着性，连着天地人，连着君子和圣人。

朱熹曰：[1]

> 万物之心，便如天地之心。天下人之心，便如圣人之心。天地生万物，一个物里面便有一个天地之心。圣人于天下，一个人里面，便有一个圣人之心。

在《论语》中，孔子强调心性乃良知之本，一方面心性不同，难以与共；另

---

[1] 转引自钱穆：《朱子新学案》（全五卷），钱穆先生著作新校本，61页，北京，九州出版社，2011。

一方面人皆可以学道，良好的心性可靠后天的为仁与好学以养成。因此陶冶在为，良知在守，教养在人。

在《道德经》中，老子强调圣人无常心，其心在天下，天下因圣人之无私无欲、无心无主，而充满善良与诚信，并归于善治。

如专栏17-1所示，"以百姓心为心"一句，曾多次出现在习近平总书记的讲话中，以表达共产党人"以人民为中心"的高尚情怀。在专栏17-2中，这一思想进一步升华为：中国共产党领导人民打江山、守江山，守的是人民的心。

> **专栏17-2　　　　　守的是人民的心**
>
> 　　2022年10月16日，在中国共产党第二十次全国代表大会开幕式上，习近平总书记代表第十九届中央委员会作报告。在报告中，习近平引用西汉刘安所著《淮南子》中"治国有常，利民为本"的名言，强调"江山就是人民，人民就是江山。中国共产党领导人民打江山、守江山，守的是人民的心。"
>
> 　　　　　　　　　　　　　　　　　　　　　　　——来源：人民日报

在《周易》中，需卦和兑卦从两个不同角度表达了心性观：需卦以等待为象，强调养心性以应天，君子以饮食宴乐；兑卦以喜悦为象，强调悦心性以和人，君子以朋友讲习。

君子之治理，首当治心性。

作业与思考题

1. 记住阳货第十七的数字律和记忆小诗。
2. 思考和体会"六言六蔽"的境界。
3. 若有余力，背诵阳货篇内容。
4. 小组讨论：如何理解"圣人无常心"？

第十八章 论贤士

本章选读《论语》第18篇"微子"、《道德经》第20章"绝学无忧"、《周易》第25卦"无妄"和第33卦"遁"。

《论语》微子篇,以贤士为主题,从四个方面阐述孔子的贤士思想;《道德经》选取第20章"绝学无忧",表达老子的贤士思想;《周易》则选择无妄卦和遁卦,主题皆为贤士。

第一节 "三经"中的贤士思想

贤士,古来志行高远、悟道明德、敬天爱人的君子,多指孔子所谓"隐居以求其志、行义以达其道"的隐士。在"三经"中多有论述。

本章选读《论语》微子篇,以贤士为主题,记载了若干重要的贤士及其重要事件,表达了孔子贤士思想的四个重要观点:贤士至仁,贤士归隐,贤士避世,贤士当惜。微子是《论语》中集中论述贤士的篇章。贤士思想是孔子治理思想的重要内容之一,其记载和讨论并不限于本篇,孔子在和弟子们探讨为仁、求志、致道等相关主题时常常述及这一思想。

《道德经》乃老子归隐前的传世之作,老子出世而治的思想本身就是典型的贤士思想,他本人也堪称历史上最伟大和成功的贤士。本章选读的"绝学无忧"一章,可以说是老子的"自画像",表达了他绝学无为的贤士观,绝其世俗之显学,无其世俗之作为,以至于悟道明德。

《周易》中也包含了丰富的贤士思想。本章选读无妄和遁两卦,从正念无妄和隐遁避世两个角度展现其中的贤士观。这两卦的上卦皆为乾,乾为天,强调贤士尊天意，行天道。

第二节　导读《论语·微子第十八》

微子第十八是《论语》第18篇，主题是贤士。

本篇共11章，是《论语》中篇幅仅次于尧曰的短篇。请大家通过4322的数字律和下面这首记忆小诗，诵读这一篇，并牢记之。

> 4　微柳齐齐……（贤士至仁）
> 3　楚长路………（贤士归隐）
> 2　逸太…………（贤士避世）
> 2　周周…………（贤士当惜）

依此顺序，我们按主题划分为四节，依次导读如下。

一、贤士至仁　4（微柳齐齐）

原文

(18.1) 微子去之，箕子为之奴，比干谏而死。孔子曰："殷有三仁焉。"

(18.2) 柳下惠为士师，三黜。人曰："子未可以去乎？"曰："直道而事人，焉往而不三黜？枉道而事人，何必去父母之邦？"

(18.3) 齐景公待孔子，曰："若季氏则吾不能。以季孟之间待之。"曰："吾老矣，不能用也。"孔子行。

(18.4) 齐人归女乐，季桓子受之，三日不朝。孔子行。

解意试译

这四章以四则故事，通过贤士所看重的仁与不仁，强调贤士至仁的观点。殷商的三位仁者皆为仁而献身，说明仁在其心；柳下惠三黜不去，说明仁在其为；孔子之去齐去鲁，则皆因无法为仁。

其一，三贤之仁。

商纣王的哥哥（庶兄）微子，叔父箕子和另一位叔父比干，为了国安民宁而向残暴的纣王屡进谏言，微子被迫出走，箕子被囚为奴，比干则被杀。孔子说："殷商有三位仁者。"指的就是这三位献身于仁的贤士。

其二，不去以为仁。

柳下惠当了鲁国的狱官，三次被罢免。有人劝他："你怎么还不离开鲁国呢？"柳下惠说："我若正直地做官（为仁），去哪里难道不都会被罢免吗？我若不正直地做官，又何必要离开父母之邦呢？！"

其三，不为仁即去。

齐景公讲到对待孔子的待遇时说："如果按照（鲁公对待）季氏的待遇，说真的我还做不到。但我会按照（鲁公对待）季氏与孟氏之间的待遇来盛待您的。"但他转过头又对孔子说："我老了，不中用了！"孔子知道在齐无法为仁，不久即离开了齐国。

其四，不为仁则辞。

（孔子在鲁国任官），齐国（为贿赂）送给鲁国（80人的）美女舞乐队，鲁国的执政者季桓子（贪恋女色）接受了齐国的馈赠，从此三天不上朝理政。孔子见在此不再能为仁，便辞官离开了鲁国。

二、贤士归隐　3（楚长路）

原文

(18.5) 楚狂接舆歌而过孔子，曰："凤兮凤兮！何德之衰？往者不可谏，来者犹可追。已而已而！今之从政者殆而！"孔子下，欲与之言。趋而辟之，不得与之言。

专栏18-1　　　　往者不可谏

2017年11月10日，习近平主席应邀出席在越南岘港举行的亚太经合组织工商领导人峰会并发表题为《抓住世界经济转型机遇 谋求亚太更大发展》的主旨演讲，其中引用《论语》18.5章中的一句话。他说：

"发展之路没有终点，只有新的起点。'**往者不可谏，来者犹可追。**'世界正处在快速变化的历史进程之中，世界经济正在发生更深层次的变化。我们要洞察世界经济发展趋势，找准方位，把握规律，果敢应对。"

来源：新华社

(18.6)长沮、桀溺耦而耕,孔子过之,使子路问津焉。长沮曰:"夫执舆者为谁?"子路曰:"为孔丘。"曰:"是鲁孔丘与?"曰:"是也。"曰:"是知津矣。"

问于桀溺。桀溺曰:"子为谁?"曰:"为仲由。"曰:"是鲁孔丘之徒与?"对曰:"然。"曰:"滔滔者天下皆是也,而谁以易之?且而与其从辟人之士也,岂若从辟世之士哉?"耰而不辍。

子路行以告。夫子怃然,曰:"鸟兽不可与同群。吾非斯人之徒与而谁与?天下有道,丘不与易也。"

(18.7)子路从而后,遇丈人,以杖荷蓧。子路问曰:"子见夫子乎?"丈人曰:"四体不勤,五谷不分,孰为夫子?"植其杖而芸。子路拱而立。止子路宿,杀鸡为黍而食之,见其二子焉。

明日,子路行以告。子曰:"隐者也。"使子路反见之。至,则行矣。

子路曰:"不仕无义。长幼之节,不可废也。君臣之义,如之何其废之?欲洁其身,而乱大伦。君子之仕也,行其义也。道之不行,已知之矣!"

解意试译

这三章叙述了四位隐士,才高八斗却隐其身,名扬千古却无实名。孔子表达了对这四位隐士深深的敬意与仰慕之情,说明时下贤士多归隐的特点。

其一,楚狂接舆。

楚国一位狂人,跟着孔子的车接舆而行,他一边超车一边唱道:"凤凰啊凤凰啊,你的德行何以如此衰微?!过去既已无法挽回,但来者犹可追赶啊!罢了罢了!方今世上,哪一个从政者不是提着脑袋在玩命?!"孔子听他这么唱,赶紧下车来,想上前和他说话。那狂人却快步走开了,孔子没能赶上去和他说话。

其二,长沮和桀溺。

孔子和弟子们在乡下迷了路,见两隐者在田里并头而耕,一位身材颀长,名之长沮;一位身体健硕,名之桀溺。孔子叫子路去问路。身材颀长的长沮问:"驾车的那人是谁?"子路说:"是我们的老师孔丘。"长沮又问:"是鲁国的那位孔丘吗?"子路说:"是的。"长沮说:"那他知道路的。"

子路又去问桀溺。桀溺问:"你是谁?"子路说:"我是仲由。"桀溺又问:"是那鲁国孔丘的学生仲由吗?"子路说:"是的。"桀溺说:"你看天下到处都像洪水一样滔滔大乱,谁能改变得了?再说呀,你与其追随那避人之人,倒不如追随那避世之人哪!"说完,他头也不抬,继续手中的耙土耕田。

子路离开两人，回去告诉孔子。孔子怅然叹息，停顿了一会儿说："与鸟兽不可同群（隐居）啊！世间如此（之乱），我不入世（并在世间为仁）那谁入世呢？天下若有道，我又何必非要（入世以为仁并带来）改变呢？（我也愿与鸟兽同群以隐居啊！）"

其三，子路遇丈人。

子路走在孔门队伍的最后，掉队了。遇见一老者，手杖上挂了一只竹筐，扛在肩上。子路问："请问老人家，您见到我先生了吗？"老者说："四体不勤，五谷不分，谁是你先生？"说完把手杖倚在田头锄起草来。子路拱着手站在一旁。老者留子路住了一宿，杀鸡做饭款待子路，还让自己的两个儿子出来拜见子路。

第二天，子路赶上孔门一行，把昨天的经历告诉孔子。孔子说："是一位隐者呀！"命子路再回去拜见。子路原路赶回老者家，老者已外出。

子路对老者的两个儿子说："不出来做官是不对的。既然长幼之礼节不可废，那么君臣之大义如何能废？一个人想洁身自好，结果却搞乱了社会之大伦大理。君子出来做官，是为了尽君臣之大义。至于说个人的主张行得通行不通，那是早都有心理准备的事情啊！"

三、贤士避世　2（逸太）

原文

(18.8)逸民：伯夷，叔齐，虞仲，夷逸，朱张，柳下惠，少连。子曰："不降其志，不辱其身，伯夷、叔齐与！"

谓："柳下惠、少连，降志辱身矣，言中伦和，行中虑，其斯而已矣。"

谓："虞仲、夷逸，隐居放言，身中清、废中权。我则异于是，无可无不可。"

(18.9)太师挚适齐，亚饭干适楚，三饭缭适蔡，四饭缺适秦，鼓方叔入于河，播鼗武入于汉，少师阳、击磬襄入于海。

解意试译

这两章记载并描述了古今的15位贤士，一般认为，逸民七贤乃孔子在《宪问第十四》中提及的"作者七人"，八位乐师中的太师乃《八佾第三》中提及的"鲁太师"，这里借以说明贤士主要形成于国家衰亡期，世不用贤则贤士避之。

其一，逸民七贤。

隐逸避世的贤士，古有七人：伯夷，叔齐，虞仲，夷逸，朱张，柳下惠，少连。孔子评价他们说:"守其志不屈,保其身不辱,这是伯夷叔齐吧!"

他评价:"柳下惠和少连,降其志,辱其身,但所言能合乎伦理,所行能有虑守德,能做到这些已经不错了。"他评价:"虞仲、夷逸,默默隐居,放言自废,独善其身,放弃官职。"又说:"我就与他们不同啦,我只是无可无不可。"

其二,太师八去。

鲁国衰落,礼乐不兴,乐官四散。大乐师挚去了齐国,次乐师干去了楚国,三乐师缭去了蔡国,四乐师缺去了秦国,击鼓手方叔流落到了黄河地区,小鼓手武流落到了汉水地区,少师阳和击磬师襄流落到了海边一带。

四、贤士当惜 2(周周)

原文

(18.10)周公谓鲁公曰:"君子不施其亲,不使大臣怨乎不以。故旧无大故,则不弃也。无求备于一人。"

(18.11)周有八士:伯达,伯适,仲突,仲忽,叔夜,叔夏,季随,季骐。

解意试译

这两章通过怀念周公善待贤士的主张及天下多贤士的当年盛况,说明贤士当珍惜的观点。

其一,周公之嘱:善待贤士。

周公长子伯禽被封为鲁公,周公嘱咐鲁公道:"君子不疏远自己的亲属。不要使大臣们抱怨不被任用。亲戚故旧没有大的过失,不要罢免他们。不要对一个人求全责备。"

其二,周有八士:天下多贤。

周朝天下多贤士。比如,周有一门孪生八士:伯达,伯适,仲突,仲忽,叔夜,叔夏,季随,季骐。

小 结

微子第十八是《论语》篇幅仅次于尧曰的极短篇,全篇11章700多字。却记载了若干重要的人物和事件,表达了孔子关于贤士思想的四个重要观点:一是贤士至仁,二是贤士归隐,三是贤士避世,四是贤士当惜。

第一,贤士至仁。以殷有三仁、柳下惠三黜等四则故事,通过贤士所看重的仁与不仁,强调贤士至仁的观点。

第二，贤士归隐。通过描述楚狂接舆、长沮、桀溺和丈人四位隐士，表达孔子对隐士的敬意与仰慕，说明贤士归隐的特点。

第三，贤士避世。通过描述逸民七贤和太师八去，说明世不用贤则贤士避之的避世倾向。

第四，贤士当惜。通过怀念周公善待贤士的主张及天下多贤士的当年盛世景象，说明贤士当珍惜的观点。

总之，请大家务必记住：贤士四三二二！

第三节　导读《道德经·绝学无忧》

"绝学无忧"是《道德经》的第20章，主题是贤士。

原文

绝学无忧。唯之与阿，相去几何？善之与恶，相去若何？人之所畏，不可不畏。

荒兮，其未央哉！

众人熙熙，如享太牢，如春登台。

我独泊兮，其未兆。沌沌兮，如婴儿之未孩。傫傫兮，若无所归。

众人皆有余，而我独若遗。我愚人之心也哉！

俗人昭昭，我独昏昏；俗人察察，我独闷闷。

澹兮其若海，飂兮若无止。

众人皆有以，而我独顽且鄙。

我独异于人，而贵食母。

解意试译

这一章其实是老子的自画像。以绝学无忧的贤士为题，惟妙惟肖地刻画了老子的贤士观。

老子说：

　　弃绝学问，方免于忧患。

　　唯诺与呵斥，相去何其细微？

　　美善与丑恶，则反差何其巨大？

　　众人所畏惧的，我不能不畏惧。

洪荒如古啊，也似永无尽头！
众人皆熙熙攘攘，兴高采烈，
如同出席盛大的筵席，
又像春天登台赏美景。
我却独自淡泊宁静，无动于衷。
混混沌沌啊，如同婴儿还不会开口说话，
落落不群啊，好像浪子无家可归！
众人都很满足，我却总像缺了什么似的。
我真是只有一颗愚人之心啊！
世人都光耀自炫，唯独我迷迷糊糊；
世人都精明灵巧，唯独我无所察觉。
何等平静啊，像无边无底的大海；
潇洒飘逸啊，仿佛谁也无法拴住我！
众人都有所施展，唯独我愚顽而笨拙。
我唯独与人不同的，在于看重"道"。

小 结

《道德经》第20章题目是"绝学无忧"，阐述了老子的贤士观。

老子强调：绝学无忧乃贤士的思想基础。要弃绝世间流行的各种显学，才能免于扰攘天下。"唯之与阿"看似微小的差别，体现的却是道德上"善之与恶"的巨大反差。老子以"众人"或"俗人"与"我"的对比，表达贤士与众不同的追求与境界。一方面是为学日益的看似"熙熙""皆有余""昭昭""察察""皆有以"的风光鲜亮、志得满满的众人；另一方面则是看似不学无术的"独泊兮""独若遗""独昏昏""独闷闷""独顽且鄙"的愚人，说明贤士之与世俗的不同，不在于为学日益，而在于为道日损，损之又损，以至于无为。所谓绝学，绝的是世俗之显学，无的是世俗之为。而老子所倡导的贤士之道，乃是"贵食母"的求道以得道。

这当是老子基于绝学无忧、为道日损的贤士思想！

第四节　导读《周易·无妄》《周易·遁》

"无妄"与"遁"是《周易》的第25卦和第33卦。无妄卦是震下乾上，天下雷行，其象为正念，主题是贤士当正念无妄；遁卦是艮下乾上，天下有山，其象为隐遁，主题是贤士当隐遁避世。

一、无妄卦

无妄卦第二十五

原文

（卦辞）无妄。元亨，利贞。其匪正有眚，不利有攸往。

（象辞）天下雷行，物与无妄。先王以茂对时，育万物。

初九。无妄往，吉。

六二。不耕获，不菑畲，则利有攸往。

六三。无妄之灾，或系之牛。行人之得，邑人之灾。

九四。可贞，无咎。

九五。无妄之疾，勿药有喜。

上九。无妄行有眚，无攸利。

解意试译

（主题）震下乾上，其象为正念，贤士当正念无妄。

（卦义）虚无正念，无妄无邪，真诚守正，居不前行。

（卦象）天下雷行，万物生长，顺天应时，春耕夏耘。

初九（以阳居阳）。正念无妄，其行吉祥。

六二（以阴居阴）。开荒兴田，耕种收获，除此无妄，勤劳吉祥。

六三（以阴居阳）。正念无妄，平白遭殃，栓牛被牵，村民被冤。

九四（以阳居阴）。恪守正念，无灾无恙。

九五（以阳居阳）。莫名疾病，勿药自愈，且有喜庆。

上九（以阳居阴）。正念无妄，不可有行，行则有灾。

二、遁卦

遁卦第三十三

原文

（卦辞）遁。亨。小利贞。

（象辞）天下有山，遁。君子以远小人，不恶而严。

初六。遁尾，厉，勿用有攸往。

六二。执之用黄牛之革，莫之胜说。

九三。系遁，有疾厉，畜臣妾吉。

九四。好遁，君子吉，小人否。

九五。嘉遁，贞吉。

上九。肥遁，无不利。

解意试译

（主题）艮下乾上，其象为隐遁，主题是贤士当隐遁避世。

（卦义）小人当道，及时隐遁，卷而怀之，律身养德。

（卦象）天下有山，隐于其后，君子以远避小人，律身养德。

初六（以阴居阳）。退避在后，虽有危厉，但不前行，则无灾祸。

六二（以阴居阴）。隐遁之难，在行仁志，譬如牛皮，紧系其身。

九三（以阳居阳）。隐遁之恋，功名富贵，当退则退，逍遥世外。

九四（以阳居阴）。善于隐遁，君子之吉，不知隐退，小人之凶。

九五（以阳居阳）。完美隐遁，端正其志，守正吉祥。

上九（以阳居阴）。从容远遁，越远越好。

小 结

天雷无妄（25）和天山遁（33）两卦，从两个不同角度表达了《周易》的贤士观，一是正念无妄，一是隐遁避世。

无妄卦天下雷行，以正念为象。序卦曰："复则不妄矣，故受之以无妄。"强调贤士要顺天应时，不断加强内修，努力放空身心，真正做到虚无正念、无妄无邪，以达至真诚守正，切不可轻举妄行。故贤士当正念无妄。

遁卦天下有山，以隐遁为象。序卦曰："物不可以久居其所，故受之以遁。"强调在小人当道时，要放下功名利禄，及时隐遁，卷而怀之，以远避小人，律身养德。且应完美隐遁，并越远越好。故贤士当隐遁避世。

无妄卦和遁卦的上卦皆为乾，乾为天，强调贤士无论正念无妄还是隐遁避世，皆为天意，乃行天道。

第五节　讨论：贤士的智慧

本章尝试将《论语》第18篇"微子"、《道德经》第20章"绝学无忧"、《周易》第 25 无妄卦和第 33 遁卦，置于统一的贤士主题之下，引导学生进行较为深入的学习和领悟。

微子第十八是《论语》篇幅仅次于尧曰的极短篇，全篇仅数百字，却记载了若干重要的人和事，表达了孔子关于贤士思想的四个重要观点：一是贤士至仁，二是贤士归隐，三是贤士避世，四是贤士当惜。

《道德经》第 20 章"绝学无忧"，论述老子以绝学无忧为基础的贤士观，老子强调要弃绝世间流行的各种显学，才能免于扰攘天下，他倡导贤士当求道以得道。

《周易》无妄（25）和遁（33）两卦，从两个角度表达了周易的贤士观：一是正念无妄，以正念为象，强调贤士当正念无妄；二是隐遁避世，以隐遁为象，强调贤士当隐遁避世。

贤士归隐避世，卷而怀之，以远小人，亦为天道。

作业与思考题

1. 记住微子第十八的数字律和记忆小诗。
2. 思考和体会孔子每每谈及贤士时的语气与情怀。
3. 若有余力，背诵微子篇内容。
4. 小组讨论：如何理解"绝学无忧"？

第十九章 论既济

本章选读《论语》第 19 篇"子张"、《道德经》第 80 章"小国寡民"和《周易》第 63 卦"既济"。

子张篇是《论语》中唯一没有"子曰"的篇章,当斯时也,先师已去,诸弟子感念至圣先师孔子既济之"学不厌、教不倦"的终生志业,追思缅怀,高山仰止;《道德经》"小国寡民"一章以理想国的形式表达老子至治以既济的思想;《周易》"既济"卦则以水火相交的既济之象指向功德完满之义。

第一节 "三经"中的既济思想

既济,表明功德完满,也是《论语》《道德经》《周易》在各自进入终篇之前所表达的功德圆满的主题思想。

《论语》子张篇,以怀念先师为主题,记载了孔门弟子子张、子夏、子游、曾子、子贡等人在孔子去世后留下的共 25 章主要言论。兹据内容理解,将其分为五部分,借用司马迁在《史记》中所用的五个四字句,从高山仰止、景行行止、虽不能至、心向往之、可谓至圣五个方面,导读分析此篇。这五个四字句,原是司马迁赞美评价孔子时所用,①今引以为题,在内容上较为贴切地反映了此篇弟子们怀念孔子的情境及其思想。另外从整个《论语》及孔子所毕生致力之"学

---

① 司马迁在《史记》中所记原文为:"太史公曰:诗有之:'**高山仰止,景行行止。**'**虽不能至,然心向往之。**吾读孔氏书,想见其为人。……孔子布衣,传十余世,学者宗之,自天子王侯,中国言六艺者折中于夫子,**可谓至圣矣!**"(司马迁:《史记》,第六册,1947 页,北京,中华书局,1959。)

不厌、教不倦"的志业来看，此篇堪称"既济"，即功德圆满。至此，《论语》所记载的孔子思想可称大功告成，并圆满收官。①从此进入孔门弟子各自彰学，孔子则成为盖棺而定的万世师表。

《道德经》第80章"小国寡民"，以一则短文描述了老子理想国的思想。老子强调：至治之极，当在小国寡民。国小无君臣，民寡无需求，民爱其生其土及衣食住习，爱劳动爱自然，社会不需管控也不需教育，无外交无战事，此所谓"圣人之治"的至境。

《周易》第63卦"既济"，以既济为象，强调以坚韧、德行及艰难困苦，终至功德完满。但要戒骄戒躁，坚守中庸守正，才能维持既济之大道。

本章是"三经"谢幕前的一章，请大家细细体味其中的庄严肃穆与圆满。

第二节　导读《论语·子张第十九》

"子张"是《论语》第19篇，主题是怀念至圣先师孔子。

本篇共25章，是《论语》中唯一没有出现"子曰"的一篇，当是孔子去世后孔门为怀念先师所举行的各种活动留下的言论集。请大家通过38833的数字律和下面这首记忆小诗，诵读这一篇，并牢记之。

```
3  张张夏……………（高山仰止）
8  虽日博百小有信大……（景行行止）
8  游夏游游曾曾曾孟……（虽不能至）
3  纣过卫……………（心向往之）
3  叔叔陈……………（可谓至圣）
```

依此顺序，我们按主题划分为五节，依次导读如下。

---

① 钱穆评曰："《子张篇》记孔门弟子之言，而以子贡之称道孔子四章殿其后。《论语》之书，可谓至此已竟。"参见钱穆：《论语新解》，钱穆先生著作新校本，371页，北京，九州出版社，2018。

一、高山仰止 3（张张夏）

原文

(19.1)子张曰："士见危致命，见得思义，祭思敬，丧思哀，其可已矣。"①

(19.2)子张曰："执德不弘，信道不笃，焉能为有？焉能为亡？"②

(19.3)子夏之门人问交于子张。子张曰："子夏云何？"对曰："子夏曰：'可者与之，其不可者距③之。'"子张曰："异乎吾所闻：君子尊贤而容众，嘉善而矜不能。我之大贤与，于人何所不容？我之不贤与，人将距我，如之何其距人也？"

解意试译

此三章主要通过子张所忆为士四德、德弘道笃两个观点，及子张与子夏围绕交友之道的不同看法，表达怀念先师、高山仰止的情怀。

其一，为士四德。

子张说：我记得先师说过，"一个士，起码要做到四点：见到危难当能致其命，不怕死；见到利益则要思其义，不妄取；临到祭祀能够思其敬，知恭敬；临到丧事能够思其哀，致哀悼"。

其二，德弘道笃。

子张说：从先师的教诲中可知："执德不能弘扬，信道不够笃实，这样的人（作为士）有他又能怎样，没他又能怎样呢？"

其三，交友之道，取法不同。

子夏的弟子向子张请教交友之道。子张问："子夏老师是怎么说的？"弟子回答："子夏老师说：'与那些可交往的人为友，不与那些不可交往的人为友。'"子张说："这个观点与我在孔门接受先师的教诲有所不同。我记得先师这样说过：君子当尊敬贤者并包容众人，鼓励善人并同情弱者。我若是大贤人，对人有什么不能包容的？若我是不贤的人，别人早就不理我了，那我怎么去拒绝别人？"

这章看似申明子张与子夏观点的不同，实则体现了两人理解及性情上的差异。子夏所据原典或自《学而》"无友不如己者"、《季氏》"益者三友""损者三友"等，钱穆释为"盖初学者所宜守"。子张所据原典虽无从所查，所强调的则是站在君子之"大贤人"角度的交友之道，《论语》中相关的论述很多。同时，子夏孤傲，子张善交，两人交友各异，取法也就不同。

---

① 子张所记之原典：《宪问》"见利思义，见危授命"；《八佾》"为礼不敬，临丧不哀"。——作者注
② 子张所引之原典：《泰伯》"笃信好学，守死善道"。——作者注
③ 距，又做拒，义同。文从刘宝楠：《论语正义》。——作者注

二、景行行止　8（虽日博百小有信大）

【原文】

(19.4)子夏曰："虽小道，必有可观者焉。致远恐泥，是以君子不为也。"
(19.5)子夏曰："日知其所亡，月无忘其所能，可谓好学也已矣。"
(19.6)子夏曰："博学而笃志，切问而近思，仁在其中矣。"

专栏 19-1　　　　博学而笃志

2006年12月11日，时任浙江省委书记的习近平在《浙江日报》"之江新语"栏目发表《为政者需要学与思》的短文，引用《论语》19.6章子夏语。他说：

"今日世界，一日千里，不学无所适应，不思无以应对。领导干部要善于安排时间，提高工作效率，少一点酒酣耳热，多一点伏案而思，做到'**博学而笃志，切问而近思**'。"

来源：《思想政治工作研究》2014年3月

(19.7)子夏曰："百工居肆以成其事，君子学以致其道。"
(19.8)子夏曰："小人之过也必文。"
(19.9)子夏曰："君子有三变：望之俨然，即之也温，听其言也厉。"
(19.10)子夏曰："君子信而后劳其民；未信，则以为厉己也。信而后谏；未信，则以为谤己也。"
(19.11)子夏曰："大德不逾闲，小德出入可也。"

【解意试译】

此八章皆为子夏所言。通过子夏所忆并引申讨论的致远恐泥、所谓好学、博学笃志、学以致道等八个观点，缅怀先师教诲，景行行止。

其一，**致远恐泥**。

子夏说：先师主张君子谋道，并非小道一无是处，"走小道，亦有可观之处。而一旦走到深远处，恐陷入泥沼，因此君子不走小道。"

其二，**所谓好学**。

子夏说：先师强调好学，"每一天都能学懂一些自己没有的新知识，反过来每个月都能不忘掉自己所学到的知识,这就可以称为好学。"

其三,博学笃志。

子夏说:先师强调博学,又强调笃志,"博学而笃志,在博学中不断面对问题提出问题回应问题,以博学探求问题的解决方案;在笃志中不断思考改进自己增强自己提升自己,以笃志实现修齐治平的远大目标。能做到这两个方面,仁也就在其中了。"

其四,学以致道。

子夏说:先师强调君子学以致道,"就如工匠必汇聚百家于一个行肆,使工艺不断切磋精进,才能打造出卓越的工艺品并代代传承一样,君子当博学并汇聚于一堂,深入切问并不断共创,使学问不断切磋精进,同时笃志并找到共学适道可立的同志,在博学中笃志,以实现修齐治平的远大目标,则可谓学以致道也。"

其五,小人之过。

子夏说:先师强调人之有过,改之为贵,然小人则不善改过,"小人有了过失,一定会去掩饰。"

其六,君子三变。

子夏说:从先师身上能够看到:"君子给人的感觉有三种变化:远望他,见他庄严可敬,俨然有威;接近了,感觉他温文尔雅,温和可亲;听他说话,又感觉斩钉截铁、严厉不苟。"

其七,信而后劳,信而后谏。

子夏说:先师强调无信不立,"一个(为政的)君子,要先取信于民,然后再役使他们,否则民众会感受到伤害;一个(为臣的)君子,要先得到君主的信任,然后再去进谏,否则君主会认为你在诽谤他。"

其八,大德不逾闲。

子夏说:先师强调君子重视德行,但德行之节可分大小,"大德绝不超越边界,小节则可以有所出入。"这里并非不拘小节,因小节累积终成大节,而是强调小节的出入,能成就不逾闲之大德。

三、虽不能至 8(游夏游游曾曾曾孟)

原文

(19.12)子游曰:"子夏之门人小子,当洒扫、应对、进退,则可矣。抑末也,本之则无。如之何?"子夏闻之曰:"噫!言游过矣!君子之道,孰先传焉？孰后倦焉？譬诸草木，区以别矣。君子之道，焉可诬也？有始有卒者，其惟圣人乎！"

(19.13)子夏曰："仕而优则学，学而优则仕。"

> **专栏 19-2**　　　　仕而优则学，学而优则仕
>
> 2006年12月11日，时任浙江省委书记的习近平同志在《浙江日报》"之江新语"栏目发表《为政者需要学与思》的短文，引用《论语》19.13章子夏语。他说：
>
> "《论语》写道，子夏曰：'仕而优则学，学而优则仕。'常人只重'学而优则仕'这后半句，并以此激励自己刻苦读书，希望来日出人头地。为政者则要看重前半句，善学善思，善作善成，不断提高自己、充实自己，增强为人民服务的本领。"
>
> 来源：《思想政治工作研究》2014年3月

(19.14)子游曰："丧致乎哀而止。"

(19.15)子游曰："吾友张也，为难能也，然而未仁。"

(19.16)曾子曰："堂堂乎张也，难与并为仁矣。"

(19.17)曾子曰："吾闻诸夫子：人未有自致者也，必也亲丧乎！"

(19.18)曾子曰："吾闻诸夫子：孟庄子之孝也，其他可能也。其不改父之臣，与父之政，是难能也。"

(19.19)孟氏使阳肤为士师，问于曾子。曾子曰："上失其道，民散久矣。如得其情，则哀矜而勿喜。"

解意试译

此八章通过子游、子夏和曾子的言论，围绕传承产生的做法分歧、观点差异及结果不同，表达虽不能至、但幸得真传之心。回忆先师，怀念当初，思想之光，照耀千古。

其一，各执传倦。

子游和子夏都做了老师，但各执传倦。子游说："子夏老师的学生，做做打扫卫生、接待客人这类事情是不错的，但那都是细枝末节的小事，无关仁义礼仪之本，一天到晚都做那些小事怎么能行呢？"子夏听说以后道："唉，这言游老师的

话可就有点问题了！君子之道，哪一样先传授，哪一样放在后面暂时不传授？这就像地上栽种草木，要区分开来有先后的顺序才能让它们应季而生长啊！传授君子之道，怎么可以乱了顺序随便传授呢？至于那种不分先后大小深浅，一学就会的，哪怕只有圣人才能做得到啊！"

其二，仕而优则学，学而优则仕。

子夏说："从政有余力宜治学，治学有余力宜从政。"

其三，丧止于哀。

子游说起先师主张的丧思哀，强调："居丧，应有所节制，达到致哀之悲情就可以了。"

其四，难能未仁。

子游说起同门的子张，颇为感慨："我的这位好朋友子张啊，他可算是人所难能的高人了，但还是未能达到仁（的境界）。"

其五，难与并仁。

曾子谈起同门的子张，亦有同样的感慨，他说："我这朋友子张，仪表堂堂的，却难以与人同行于仁道啊！"

其六，亲丧之哀。

曾子说："我记得先师曾说过：人是不会彻底宣泄其感情的，除非在遇到父母亲丧之痛时（才能表现出来至极的悲哀）。"

其七，不改父道。

曾子说："我记得先师曾说过：孟庄子的孝，其他方面人们容易做到，他不改父道，不撤换父君旧臣，不改变父君旧政，这是难能的（仁道）。"

其八，哀矜勿喜。

鲁国执政者孟氏任用曾子弟子阳肤做法官。阳肤请教曾子。曾子说："在上的统治者失去仁道，百姓道德衰败、民心散乱已多年了。即使你审出犯罪的实情，记住要心存怜悯，得过且过吧！千万不要自炫明察、沾沾自喜啊！"

四、心向往之 3（纣过卫）

原文

(19.20)子贡曰："纣之不善也，不如是之甚也。是以君子恶居下流，天下之恶皆归焉。"

(19.21)子贡曰："君子之过也，如日月之食焉。过也，人皆见之；更也，人皆仰之。"

(19.22)卫公孙朝问于子贡曰:"仲尼焉学?"子贡曰:"文武之道,未坠于地,在人。贤者识其大者,不贤者识其小者,莫不有文武之道焉。夫子焉不学?而亦何常师之有?"

解意试译

此三章通过子贡的三段言论,一方面体现其思想之传承,另一方面表达他缅怀先师、如影随形、心向往之的情怀。

其一,恶居下流。

子贡说:"商纣王的恶劣,并非人们所传说的那么过分呀!因此君子不肯居下流之地,那样天下的坏事全都堆到自己身上。"

其二,君子之过。

子贡说:"君子之过失,好像日蚀月蚀一样,有过的时候,人人都看得见;改过的时候,人人都仰望之。"

其三,圣人无常师。

卫国的大夫公孙朝有感于孔子的博学,问子贡道:"仲尼先师那样的学问,是从哪里学来的呀?"子贡说:"夫子当年,文王武王的圣人之道并没有失传,仍存在于当时人们的生活中间。贤明的人从中拾到的是道之大者,不贤明的人也能从中捡到道之小者,不论大小都是来自文王武王的圣人之道呀!夫子在其中,时时处处不都在学吗?哪里还需要有固定的老师呢?"是故圣人无常师。

五、可谓至圣　3(叔叔陈)

原文

(19.23)叔孙武叔语大夫于朝曰:"子贡贤于仲尼。"子服景伯以告子贡。子贡曰:"譬之宫墙。赐之墙也及肩,窥见室家之好。夫子之墙数仞,不得其门而入,不见宗庙之美,百官之富。得其门者或寡矣。夫子之云,不亦宜乎!"

(19.24)叔孙武叔毁仲尼。子贡曰:"无以为也,仲尼不可毁也。他人之贤者,丘陵也,犹可逾也;仲尼,日月也,无得而逾焉。人虽欲自绝,其何伤于日月乎?多见其不知量也!"

(19.25)陈子禽谓子贡曰:"子为恭也,仲尼岂贤于子乎?"子贡曰:"君子一言以为知,一言以为不知,言不可不慎也。夫子之不可及也,犹天之不可阶而升也。夫子之得邦家者，所谓立之斯立，道之斯行，绥之斯来，动之斯和。其生也荣，其死也哀，如之何其可及也！"

解意试译

此三章在本篇最后，通过子贡的三段言论，一方面抨击小人（叔孙武叔与陈子禽）恶德并赞美孔子大贤大德，另一方面表达对至圣先师孔子至高无上地位的尊崇。

其一，赐墙及肩。

鲁国的大夫叔孙武叔在朝廷上对同朝的大夫们说："子贡其实比孔子更聪明呀！"子服景伯把这话告诉了子贡。子贡说："我给你打个比方吧，比如人家里的院墙，我端木赐的院墙只有肩膀这么高，人在墙外，就能望见院内的家屋之美好。但夫子的院墙有数仞之高，如果不从大门进去，便看不到里面的宗庙之美好，百官之富丽。能够找到我们夫子大门的，该是太少了啊！那位先生那样说，也无怪乎他啦！"

其二，圣如日月。

叔孙武叔毁谤孔子。子贡说："不要这样做。仲尼先师是毁谤不了的。他人之贤，好比丘陵，是可以逾越过去的。仲尼先师有如日月，不可能逾越。一个人纵使要自绝于日月的光明，可是对日月会有什么伤害吗？不过徒劳地显露出他自己的不知高低、自不量力罢了！"

其三，圣如天高。

陈子禽对子贡说："您不过是出于恭敬罢了，孔子岂能比您更贤明呢？"子贡说："君子说出一句话，就会被认为你聪明；说出另一句话，就会被认为你愚蠢。说话不可不谨慎啊！我们先师之不可及，就如同登梯子上不了天一样啊！我们先师若得有一国一家之位，那真的可以说是教民立，民就立，导民行，民就行。他去安抚百姓，百姓就会归服；他发动人们去干，人们就会响应。他生则天下荣光，他死则天下哀恸。这样的人，怎么会有人能与他相提并论呢？"

小 结

"子张"是《论语》中记载孔门弟子怀念至圣先师孔子的一篇。全篇按内容分为五部分，取司马迁赞美孔子的二十字为题，表达怀念孔子的五个重要方面：一是高山仰止，二是景行行止，三是虽不能至，四是心向往之，五是可谓至圣：

第一，高山仰止。通过子张所忆为士四德、德弘道笃两个观点及子张与子夏围绕交友之道的不同看法，表达怀念先师，高山仰止的情怀。

第二，景行行止。通过子夏所忆并引申讨论的致远恐泥、所谓好学、博学笃志、学以致道等八个观点，缅怀先师教诲，景行行止。

第三，虽不能至。通过子游、子夏和曾子的言论，围绕传承产生的做法分歧、观点差异及结果不同，表达虽不能至、但幸得真传之心。

第四，心向往之。通过子贡的三段言论，一方面体现其思想之传承，另一方面表达他缅怀先师、如影随形、心向往之的情怀。

第五，可谓至圣。在本篇最后，通过子贡的三段言论，一方面抨击小人并赞美孔子大贤大德，另一方面表达对至圣先师孔子至高无上地位的尊崇。

总之，请大家务必记住：怀念先师三八八三三！

第三节　导读《道德经·小国寡民》

"小国寡民"是《道德经》第80章，主题是至治以既济。

原文

小国寡民，使有什伯之器而不用，使民重死而不远徙。虽有舟舆，无所乘之；虽有甲兵，无所陈之。使民复结绳而用之。

甘其食，美其服，安其居，乐其俗。邻国相望，鸡犬之声相闻，民至老死，不相往来。

解意试译

这一章的主题是以理想国表达老子至治以既济的思想。

老子说：

国家要小，人民要少。虽有效率高达百倍的器具也不用；使人民珍爱生命，珍爱乡土，不远走他乡。虽有车船等交通工具，却无所乘用；虽有先进的武器装备，却不必使用。虽有文字教育等手段，却恢复结绳记事。

人们以他们所吃的食物为最甘美，以他们所穿的衣服为最美好，以他们所住的房子为最安适，以他们的文化习俗为最快乐。邻国之间相互可以望见，鸡犬之声可以相互听见，但人民从生到死也不相互往来。

小　结

《道德经》第80章小国寡民，表达了老子治理思想的至极境界。

老子强调：至治之极，当在小国寡民。国小而不必有君臣，民寡而无所谓需求。人民珍爱生命，珍爱乡土，珍爱自己的食物、衣服、房子、习俗，热爱劳动，热爱自然，虽有效率很高的器具，虽有便捷省事的交通工具，但生活并不依靠这些，靠的是人们强健的体魄和勤劳智慧。国家虽有完备的武装，但并不用于战争；有很强的治理能力，但并不用于管控和治理，有很好的文化和教育，但也很少使用，甚至恢复到结绳记事的原始状态。邻国之间，虽有联系，但不交往，无交易，也无任何战事。这就是老子治理思想中理想国的至治境界，即所谓"圣人之治"：

> 虚其心，实其腹；弱其志，强其骨，
> 常使民无知无欲，使夫智者不敢为也。

能达此境，是为无不治的既济之境界！

第四节　导读《周易·既济》

"既济"是《周易》第63卦。既济卦离下坎上，水在火上，其象为既济，主题是功德完满，安不忘危。

既济卦第六十三

原文

（卦辞）既济。亨小，利贞。初吉终乱。
（象辞）水在火上，既济。君子以思患而预防之。
初九。曳其轮，濡其尾，无咎。
六二。妇丧其茀，勿逐，七日得。
九三。高宗伐鬼方，三年克之，小人勿用。
六四。繻有衣袽，终日戒。
九五。东邻杀牛，不如西邻之禴祭，实受其福。
上六。濡其首，厉。

解意试译

（主题）离下坎上，其象为既济，主题是功德完满，安不忘危。
（卦义）功德完满，宜守正道，保持戒备，安不忘危。
（卦象）水火相交，交相为用，六爻得正，上下相应。
　　　　君子以思患而预防之。

初九（以阳居阳）。艰难困苦，终至彼岸，大功告成，无忧无虑。
六二（以阴居阴）。功成身歇，妇失车帷，允执中道，七日自复。
九三（以阳居阳）。高宗出征，讨伐鬼方，三年终胜，谨防小人。
六四（以阴居阴）。备衣备褥，终日警戒，以防不测。
九五（以阳居阳）。东邻大祭，不如西邻，简朴素祭，实得其福。
上六（以阴居阴）。酒醉上头，乐极生悲。

小 结

既济卦水在火上，以既济为象。序卦曰："有过物者必济，故受之以既济。"强调有过人的能力，过人的耐力，过人的德行，过人的运气，以及过人的艰难困苦，最终功德完满，大功告成。同时要戒骄戒躁，谨慎守中，坚守正道，不可劳民伤财，大动干戈，亦要备战备荒，勤俭持家，避免乐极生悲，才能保持既济之大业，守正既济之大道。

既济卦六爻阴阳皆正位，上下左右皆呼应，可谓天时地利人亦和，一切主客观条件皆具备，堪称大好盛极之势。但盛极必衰。故卦辞有"初吉终乱"，象辞曰"其道穷也"，象辞曰"君子以思患而预防之"。为预防可能陷入的困境，除做好必要的各种储备外，还应做好转型升级的准备，即要从现阶段所处的维度，做好提升整体维度的准备。只有升维，才能解开"道穷"之困，进入全新的大道。

第五节　讨论：既济的智慧

本章尝试将《论语》第19篇"子张"、《道德经》第80章"小国寡民"及《周易》第63既济卦，置于统一的既济主题之下，引导学生进行较为深入的学习和领悟。

"子张"是《论语》中唯一没有"子曰"的一篇，满篇都是孔门弟子的语录，话题却都围绕孔子。全篇按内容分为五部分，取司马迁赞美评价孔子的20字为题，表达怀念孔子的五个重要方面：一是高山仰止，二是景行行止，三是虽不能至，四是心向往之，五是可谓至圣。从整个《论语》及孔子所毕生致力之"学不厌、教不倦"的终生志业来看，此篇堪称"既济"，即功德完满。至此，《论语》所记载的孔子思想可称大功告成，并圆满收官。从此进入孔门弟子各自彰学，孔子则成为盖棺而定的万世师表。

"小国寡民"是《道德经》倒数第二章，以一则精炼的短文表述了老子理想国的至极境界。老子强调：至治之极，当在小国寡民。国小而不必有君臣，民寡而无所谓需求。人民珍爱生命，珍爱乡土，珍爱自己的食物、衣服、房子、习俗，热爱劳动，热爱自然，虽有高效的器具和交通工具，但生活不靠这些；虽有完备的武器装备，但不用于战争。社会不需要管控，也不需要文化教育，与邻国之间既无外交，也无战事。此所谓"圣人之治"的境界。

　　"既济"是《周易》倒数第二卦，以水在火上、既济为象。强调有过人之耐力、德行、运气及过人的艰难困苦，最终功德完满。同时要戒骄戒躁，谨慎守中，坚守正道，不可劳民伤财，大动干戈，才能保守既济之大道。既济卦提出了转型升级的要求，只有升维，才能解开"道穷"之困，进入全新的大道。

　　因此，人生虽有圆满，既济还当思患。

作业与思考题

1. 记住子张第十九的数字律和记忆小诗。
2. 思考和体会"三经"不同的"既济"境界。
3. 若有余力，背诵子张篇内容。
4. 小组讨论：如何理解"君子恶居下流"？

第二十章 论未济

本章选读《论语》第20篇"尧曰"、《道德经》第81章"圣人之道"和《周易》第64卦"未济"。

"尧曰"为《论语》终篇,以圣人遗训为题,从三方面概言孔子思想,以训后世;"圣人之道"为《道德经》终章,点化老子思想;"未济"为《周易》终卦,归总升维之道。

第一节 "三经"中的未济思想

未济,尚未完成之义。强调尚未成功,仍需努力。

本章选读《论语》《道德经》《周易》各自的终篇。

《论语》"尧曰"篇位于全书末尾,钱穆称之为"后序"[①]。本篇文字简短,仅有三章,第一章"圣人遗训"回望历史,记载尧舜、商汤、武王和孔子关于治国之遗训;第二章"仁政方略"点化现实,阐明孔子"尊五美、摒四恶"的主张;第三章"君子三知"指向未来,强调知命以顺天行大道,知礼以善治天下,知言以行仁之道,给出未济升维的方向。

《道德经》第81章"圣人之道"位于全书末尾,表达老子的圣人之道及其升维思想。文字精练,形如短诗,堪称千古圣训,首先说明圣人尚德崇德和内敛低调的行为特征;其次以"圣人不积"说明公益的本质;最后说明只有提升到更高

---

① 钱穆:《论语新解》,钱穆先生著作新校本,371页,北京,九州出版社,2018。

维度，才能理解"为而不争"这一圣人之道。

《周易》第 64 卦"未济"为终卦，其象火在水上，强调万物不通，阴阳不正，且身心疲惫并遇诸多麻烦。君子当以慎辨物居方，才能突破这一维度的局限，上升到更高的维度，从未济走向新的既济。

本章以未济为终点，启迪升维，富有哲学的辩证思维。请大家站在更高的概览全书的维度上，思考和领悟古圣先贤未济的思想。

第二节　导读《论语·尧曰第二十》

"尧曰"是《论语》终篇，概言圣人遗训。

本篇仅 3 章，是《论语》中最短的一篇。请大家通过 453 的数字律和下面这首记忆小诗，诵读这一篇，并牢记之。

> 4　尧予周谨……（圣人遗训）
> 5　惠劳欲泰威…（五美四恶）
> 3　命礼言（君子三知）

依此顺序，我们按主题划分为三节，依次导读如下。

一、圣人遗训　4（尧予周谨）

原文

(20.1) 尧曰："咨！尔舜！天之历数在尔躬，允执其中。四海困穷，天禄永终。"舜亦以命禹。

曰："予小子履，敢用玄牡，敢昭告于皇皇后帝：有罪不敢赦。帝臣不蔽，简在帝心。朕躬有罪，无以万方；万方有罪，罪在朕躬。"

周有大赉①，善人是富。"虽有周亲，不如仁人。百姓有过，在予一人。"

谨权量，审法度，修废官，四方之政行焉。兴灭国，继绝世，举逸民，天

---

① 赉，同赉，赐也。大赉，盛大的赏赐典礼。——作者注

下之民归心焉。所重：民，食，丧，祭。宽则得众，信则民任焉，敏则有功，公则说。

解意试译

本章分为四节，分别记录了尧舜、商汤、武王和孔子关于治国之遗训。

其一，尧舜遗训。

尧帝禅位于舜，他对舜留下遗训说："咳！虞舜你过来！我告诉你啊，上天的历数运转到你身上了。你要满怀诚信地掌握住中正公平的治理天下的大道啊！如果你把天下治理得让四海人民皆陷于贫穷困苦之中，上天赐给你的禄位就永远终止了！"舜禅位于禹时，也将这番遗训告诫他。

其二，商汤祷辞。

商汤王（在祷天时）说："我小子履，敢大胆地用黑色的公牛作为祭献并明明白白地向皇皇在上的天帝祷告，只要有罪的人，我一定惩罚，从不敢轻易擅赦。那些贤人都是天帝之臣，我也从不敢忽略不用。这一切天帝都看在眼里记在心上啊！我自己尚若有罪，千万不要降罚牵累到天下人身上。若使天下人有罪，则该由我一人承担，请只降罚到我一人身上。"

其三，武王祷词。

周武王得上天大赐，在太庙举行分封大典，赐富善人。他（在祝祷时）说："虽有至亲近戚，哪里比得上仁人呀！天下百姓倘若有过，责任都在我一个人身上。"

其四，至圣先师遗训。

秉承尧舜禹文武之精神，至圣先师孔子说："要谨慎权量，审定法度，务求统一而公平。修立配齐废缺的官职，四方的政令就得以推行了。要复兴灭亡了的国家，传承断绝了的世族，举用隐逸了的贤人，天下的百姓就会真心归服于你。务必重视三件大事，一是民生，二是丧礼，三是祭祀。居于上位，你要宽容，人民就拥戴并跟随你；你要诚信，人们就信任并为你卖命；你要勤敏，就能够建功立业；你要公正，人民就会幸福安康。"

二、五美四恶 5（惠劳欲泰威）

原文

(20.2)子张问于孔子曰："何如斯可以从政矣？"子曰："尊五美，屏四恶，斯可以从政矣。"子张曰："何谓五美？"子曰："君子惠而不费，劳而不怨，欲而不贪，泰而不骄，威而不猛。"子张曰："何谓惠而不费？"子曰："因民之所利而利之，斯不亦惠而不费乎？择可劳而劳之，又谁怨？欲仁而得仁，又焉贪？君子无众寡，无大小，无敢慢，斯不亦泰而不骄乎？君子正其衣冠、尊其瞻视，俨然人望而畏之，斯不亦威而不猛乎？"子张曰："何谓四恶？"子曰："不教而杀谓之虐，不戒视成谓之暴，慢令致期谓之贼，犹之与人也，出纳之吝谓之有司。"

解意试译

子张问孔子道："怎么做才能从事仁政？"孔子说："尊崇五种美德，摒弃四种恶行，才可以从事仁政啊！"

子张问："什么是五种美德？"

孔子说："作为君子，第一要惠而不费，第二要劳而不怨，第三要欲而不贪，第四要泰而不骄，第五要威而不猛。"

子张问："什么叫惠而不费呢？"

孔子说："就着人们能得利的事情，让他们去做并得到实惠，这不就是施了恩惠而不破费吗？选择那些愿意并有能力干活的人去干活，又有谁会抱怨你呢？你所欲是推行仁道，所得是仁道推行，这不就是欲而不贪吗？君子不管对方势众势寡、官大官小、或强或弱，都一视同仁不敢怠慢，这不就是舒泰而不骄矜吗？君子衣冠端正，瞻视尊严，令人望而生畏，这不就是威而不猛吗？"

子张又问："那什么叫四种恶行呢？"

孔子说："事先不教育，直接用杀戮来阻止，那叫虐待；事先不告诫，任其发展等有了结果才说不行，那叫残暴；起先懈怠不管，到了期限又逼着人完成，那叫陷害；不懂得与人恩惠，出手小气，抠抠索索，那叫吝啬鬼！"

三、君子三知　3（命礼言）

原文

(20.3)孔子曰：不知命，无以为君子也。不知礼，无以立也。不知言，无以知人也。

> **专栏 20-1　　　　知命，知礼，知言**
>
> 曾国藩把知命、知礼、知言，后面加了一条，知仁。曾国藩自己解释如下："为人之道四知，……四知之目，即**《论语》末章之'知命、知礼、知言'，而吾更加以'知仁'**。仁者，恕也。己欲立而立人，己欲达而达人，恕道也。立者足以自立也，达者四达不悖，远近信之，人心归之。《诗》云：'自西自东，自南自北，无思不服。'《礼》云：'推而放诸四海而准，达之谓也。'我欲足以自立，则不可使人无以自立；我欲四达不悖，则不可使人一步不行，此立人达人之义也。孔子所云'己所不欲，勿施于人'，孟子所云'取人为善，与人为善'，皆恕也，仁也。知此，则识大量大，不知此则识小量小。故吾于三知之外，更加'知仁'，愿与沅弟共勉之。"
>
> ——曾国藩《曾文正公全集》

解意试译

本章以著名的"君子三知"，为《论语》结语。

其一，知命为君子。

孔子说："不知命，就不能成为君子。"

在《论语》中，谈到命，至少有三种含义：一为天意，如"富贵在天，死生有命"，指的是无法预知和操控的天意；二为天运，如"道之不行，吾知之矣"，"道之将废也与，命也"等，强调天运之势不可逆，只能顺应；三为天命，如"天生德于予"，"文王既殁，文不在兹乎"，强调天命在身、天命相助。无论天意、天运还是天命，皆为人所难以掌控的命，其中有着无法改变的必然性、偶然性和不确定性。所谓君子知命，强调的是君子要顺天道，懂得服从天意，顺应天运，恪尽天命，从而可知命，以顺天行大道。

其二，知礼以立。

孔子说："不知礼，就不能立身为人。"

礼是《论语》的核心词之一，泛指一切的礼仪、规矩、习俗、文化和制度。如前述第三章和第十章所导读，《论语》中有两篇的主题即为论礼。在人类社会，若不知礼，将无法与人交往，无法在社会上立身为人。故所谓君子知礼，强调的是君子要掌握为人立身之道，即懂得礼、遵守礼、善用礼、崇尚礼，从而可知礼，以善治天下。

其三，知言以知人。

孔子说："不知言，就不能认识人。"

言，指言论。言自心出，言由心生，知言就能知其人。《论语》中有"六言六蔽"之说，其仁、知、信、直、勇、刚之六言，皆寓言中并由言可知，且好学执其纲，不好学则必生六蔽。孔子多次与弟子"言其志"，由言知其志。此外如：一言可兴邦亦可丧邦，片言可折狱，言可失人人亦可失言，察言观色，听言观行，等等。故所谓君子知言，强调的是君子要懂得言，善用言，善识言，善察言，善信言，由言知行，由言知心，从而可知人，以行仁之道。

小 结

"尧曰"是《论语》终篇，篇幅很小且疑辨甚多，自古不断有人质疑并出现若干不同版本，以致钱穆先生叹其"定论难求，实为此书一大缺点，亦千古一大憾事"。[1]

但从内容上看，此篇作为《论语》全书终篇，不仅总结孔子思想的核心观点，更站在治理的高度，回望历史，点化现实，并以"君子三知"的主体境界指向未来。全篇共三章：第一章回望历史，名之"圣人遗训"，分别记录尧舜、商汤、武王和孔子关于治国之遗训；第二章点化现实，名之"五美四恶"，以子张问政的形式表明孔子的仁政思想；第三章指向未来，名之"君子三知"，强调要成为君子，必须知命以顺天行大道，知礼以善治天下，知言以行仁之道。

总之，遵循圣人遗训，践行仁政方略，秉持君子三知，以顺天行大道，善治天下，行仁之道，这就是《论语》终篇对全书做出的总结，并给出了未济升维的方向。

第三节　导读《道德经·圣人之道》

"圣人之道"是《道德经》终章，点化老子道为不争的思想。

原文

信言不美，美言不信。

善者不辩，辩者不善。

---

[1] 钱穆：《论语新解》，钱穆先生著作[新校本]，372页，北京，九州出版社，2018。

知者不博，博者不知。

圣人不积。既以为人，己愈有；既以与人，己愈多。

天之道，利而不害；圣人之道，为而不争。

> **专栏 20-2　　　　　既以与人，己愈多**
>
> 2014年11月21日，习近平主席在对斐济进行国事访问之际，在《斐济时报》等当地报纸发表题为《永远做太平洋岛国人民的真诚朋友》的署名文章，引用《道德经》第81章老子语。他说：
>
> "我们要做合作共赢、共同发展的好伙伴。'**既以为人，己愈有；既以与人，己愈多。**'……中国将永远做太平洋岛国人民的真诚朋友，愿同太平洋岛国一道努力，携手开创双方关系更加美好的明天！"
>
> 　　　　　　　　　　　　　　　　　　　　　　　　　来源：人民网

解意试译

这一章以格言方式总结老子思想，表达老子的未济观，强调圣人之道的本质在于不争而升维。

老子说：

信实之真言求其朴，无须华美的辞藻；华美的巧言求其丽，缺乏信实的内容。

善者高格而低调，其言止于理，不屑于辩；辩者高调而低格，其言浮于辞，虚伪不善。

知者谋于道，但不一定博学；博学者见多识广，却非谋道的知者。

圣人无私，故不存占有之心，他尽量帮助别人，自己反而更充足；他尽量给予别人，自己反而更丰富。

天之大道，利于万物而绝不伤害之；圣人之道，在于为而不争，于不争中升维。

小　结

《道德经》第81章为全书终章，表达老子的圣人之道思想。

这段精炼的文字有三层含义：首先说明圣人之德在于不美、不辩、不博，以区别于美言、辨者、博者的不信、不善、不知；其次说明圣人之行在于公益不积，通过持续的"为人"和"与人"的利他行为及其在更高的精神层面所带来"己愈有""己愈多"的结果，强调"圣人不积"的公益本质，在于从物质财富的"为"和"与"升维到精神层面的"有"和"多"；最后从升维的视角说明天之道或圣人之道，正是因为处在更高的维度，才有"利而不害""为而不争"的表现。换言之，只有提升到更高维度，才能理解"为而不争"这一圣人之道的本质。

第四节　导读《周易·未济》

"未济"是《周易》的第64卦。未济卦坎下离上，火在水上，其象为未济，主题是未济升维。

未济卦第六十四

原文

（卦辞）未济。亨。小狐汔济，濡其尾，无攸利。

（象辞）火在水上，未济。君子以慎辨物居方。

初六。濡其尾，吝。

九二。曳其轮，贞吉。

六三。未济，征凶，利涉大川。

九四。贞吉，悔亡。震用伐鬼方，三年有赏于大国。

六五。贞吉无悔。君子之光，有孚吉。

上九。有孚于饮酒，无咎。濡其首，有孚失是。

解意试译

（主题）坎下离上，其象为未济，主题是尚未完成，有待升维。

（卦义）未济，事未成之时也。未达彼岸，功亏一篑，寻道路穷，隐喻升维。

（卦象）水火不交，阴阳不正，君子谨慎治理，区别大小轻重，使各归其所，各得其用。

初六（以阴居阳）。勉强渡河，身心疲惫，前路惟艰。

九二（以阳居阴）。荷重而行，守正吉祥。

六三（以阴居阳）。尚未成功，出征有险；奋力拼搏，劫后余生。

九四（以阳居阴）。坚守正道，吉而无悔；跟随高宗，征伐鬼方，三年捷归，受赏于殷。

六五（以阴居阳）。守正吉祥，无怨无悔，君子之光，诚信吉祥。
上九（以阳居阴）。庆功酒宴，精诚所至；至诚无我，至空升维。

小 结

火水未济，火在水上，以未济为象。序卦曰："物不可穷也，故受之以未济，终焉。"强调万物不通，阴阳不正，尽管付出了很多努力，却遇到众多麻烦，身心疲惫不堪，这是未济的尚未完成之困象，隐喻只有升维才有转机。君子当此之象，要谨慎治理，区别大小轻重，使各归其所，各得其用，才能突破这一维度的局限，最终上升到更高的维度，从未济走向新的大道。

第五节 讨论：未济的智慧

本章尝试将《论语》终篇"尧曰"、《道德经》终章"圣人之道"与《周易》终卦"未济"，置于统一的未济主题之下，引导学生进行较为深入的学习和领悟。

"尧曰"是《论语》终篇，是其中篇幅最小但疑辨最多的一篇。钱穆先生详考了若干不同版本及其疑辨，称之为《论语》"一大缺点"。但细读此篇，作为《论语》全书之末，亦足以立，堪称全书总结和走向升维的"未济"之笔，可见纵使历来有所谓"伪造""剽窃""散入"等种种猜测、质疑和批评，然而成文并流传下来的终是宝典。此篇仅有三章：第一章回望历史，记载了尧舜、商汤、武王和孔子治国之遗训；第二章点化现实，阐明孔子主张的"尊五美、摒四恶"之仁政思想；第三章指向未来，强调知命，知礼，知言，给出未济升维的方向。

"圣人之道"是《道德经》终章，表达老子的圣人之道及其升维思想。全文可分三段，先以排比对比，说明圣人之德在于不美不辩不博的内敛低调；次以"为人"和"与人"的物质利他带来的"己愈有""己愈多"的精神结果，说明"圣人不积"的公益本质；最后说明只有升维，才能理解"为而不争"这一圣人之道的本质。

"未济"是《周易》终卦，其象火在水上，强调万物不通，阴阳不正，尽管付出了很多努力，却遇到众多麻烦，身心疲惫不堪，这是未济之象。君子当以慎辨物居方，才能突破这一维度的局限，最终上升到更高的维度，从未济走向新的大道。

因此，人生没有终点，未济需要升维，升维走向未来。

作业与思考题

1. 记住尧曰第二十的数字律和记忆小诗。
2. 思考和感悟孔子"五美四恶"的思想境界。
3. 若有余力，背诵尧曰篇内容。
4. 小组讨论：以"未济"为题开一个小型讨论会。

参考文献

陈鼓应：《老子今注今译》，北京，商务印书馆，2003。

胡适：《中国哲学史大纲》，南京，江苏人民出版社，2016。

李道平：《周易集解纂疏》（潘雨廷点校），十三经清人注疏，北京，中华书局，1994。

刘宝楠：《论语正义》（高流水点校），十三经清人注疏，北京，中华书局，1990。

刘大钧：《周易概论》，成都，四川出版集团巴蜀书社，2008。

柳诒徵：《中国文化史》（上下），上海，东方出版中心，2007。

楼宇烈（校释）：《老子道德经注》，[魏]王弼注，中华国学文库，北京，中华书局，2021。

钱穆：《孔子传》，钱穆先生著作新校本，北京，九州出版社，2013。

钱穆：《论语新解》，钱穆先生著作新校本，北京，九州出版社，2018。

钱穆：《阳明学述要》，钱穆先生著作新校本，北京，九州出版社，2015。

钱穆：《朱子新学案》（全五卷），钱穆先生著作新校本，北京，九州出版社，2011。

饶尚宽：《老子》，中华经典藏书，北京，中华书局，2006。

束景南：《朱子大传》，上海，复旦大学出版社，2021。

司马迁：《史记》（全十卷），北京，中华书局，1959。

魏源：《老子本义》，上海，上海书店影印出版，1987。

徐芹庭：《细说易经六十四卦》，北京，中国书店，1999。

杨伯峻：《论语译注》，2版，北京，中华书局，2017。

叶长青：《汉书艺文志问答》，上海，华东师范大学出版社，2015。

朱熹：《周易本义》，廖名春点校，易学典籍选刊，北京，中华书局，2009。

后　记

辛丑年末，持续两年的疫情还在肆虐。

我从疫情之初的春季起以线上形式开设的这门课，转眼进入了第三个年头。

这本基于教学大纲和教学实践的教材，终于如期完成并将付梓。

虽感如释重负，依旧心怀忐忑。为了期末见书，须赶在春节前交稿。但我深知作为教材还很不成熟。许多的无奈，除了再三审读外，寄望新学期的课上同学们也能助我一臂之力。

开课以来，这门高年级研究生的选修课得到了同学们的热捧。令我诚惶诚恐。说真的，我既非史学、经学、国学或哲学科班出身，又无童子功，只是在多年致力于公益慈善和社会治理研究中深感传统文化的缺失，于是恶补经典，采用朱熹所倡读经法，先后背下了"四书五经"中经要若干，积累些心得。我所以采用孔夫子不齿的"多学而识之者"，皆因补欠之故。开课后，发现同学们对经典的学习热情很高，不仅选课人数爆满，课堂参与度高，且小组讨论和课下阅读都很活跃，期末的古体作文和背诵亦令我感慨不已。在教学相长中，我们都成长了不少。

中华传统文化源远流长、博大精深，其中蕴含着丰富的修身齐家治国平天下的治理思想。几年前，院里几位热心传统文化的老师共同发起，倡导在自身学习精进的同时为公共管理专业的学生开设一门经典导读课，得到学院领导的鼓励和支持。大家不仅建群讨论，商量如何扩容和分工导读，几位老师还在百忙中一直跟课学习，令我动容。此书且作为靶子，在黑暗处发挥导盲作用的同时供大家批判，由衷期待各位老师的课程和大作早日落定。

疫情过后，我的好友、国学大师孟繁佳将以古礼主持一场我和超师的收徒仪式，清北博巽明德堂将迎来首位高徒——我2021年毕业的博士玉宝。这位出身于清华水利系的高才生，自幼研习经典，几年来一直作为助教随我鞍前马后，这门课和这本书他都助益不少。毕业后他放弃国企高管转行做公益，并申请成为我和超师的生徒,继续合作并共同延伸学问之道。他也将继续担任这门课的编外助教。过去两年担任这门课助教的刘麟和媛青,都给我不少帮助。在此一并致谢。

这门课在教学大纲上每年都安排了外请讲座。孟师多次到清华课堂上来与大家分享。他每次都精心准备,三学时的课一分钟也不休息,同学们居然乐此不疲,对他的讲座赞不绝口。日前他以"中孚卦"为题展开讨论先秦治理思想,精彩纷呈。我原想列一个专题在书中分享其中若干,斟酌再三,还是留待他本人的大作出版吧。在此谨向孟师深表敬意并致谢。

清华大学出版社助力公管学院出版系列教材,本书荣幸入选。多年来给我很多帮助的社科编辑部主任周菁老师负责这套教材,她的认真负责和细心指导以及责任编辑的精益求精,使本书终于面世,在此深表谢忱。

行文之末,引魏源《老子本义》序中下文,以申"述而好古"之雅怀:

著其是,舍其非,原其本,析其歧,庶窃比于述而好古者?

最后,感恩爱妻雪飞给我全部的包容和爱,这是本书得以完成最重要的生活资本。借此祝福即将中考的儿子那路知行合一、健康成长、快乐学习和生活!

双清苑求阙堂主谨识
辛丑年腊月二十